KB190013

주의 손으로 지으신 바라

주의 손으로 지으신 바라

초판 1쇄 인쇄_2024년 6월 25일 | **초판 1쇄 발행**_2024년 6월 30일
지은이_김경태
펴낸이_진성옥 외 1인 | **펴낸곳**_도서출판 한걸음
주소_서울시 용산구 한강대로 76길 11–12 5층 501호
전화_02)2681–2832 | **팩스**_02)943–0935 | **출판등록**_제 2016–000036호
e–mail_jinsungok@empal.com
ISBN_979–11–6186–150–0 03230
※ **책 값은 뒤표지에 있습니다.**
※ 도서출판 한걸음은 도서출판 꿈과희망의 계열사입니다.

과학으로 만나는 하나님 ⑥

주의 손으로
지으신 바라

김경태 지음

한걸음

절망을 딛고 서게 하신 창조주 하나님

중국 후베이 성 우한시에서 코로나 바이러스 확산이 시작되어 감염자가 확인된 것이 2019년 12월이었다. 세상이 지구촌으로 연결되어 있어 바이러스는 전세계로 빠르게 번져 나갔다. 그래서 2년이 채 못되어 2억 3천만 명이 넘는 감염자와 500만 명의 사망자가 발생하였다. 우리나라에서도 코로나 바이러스 유행은 만만치 않았다. 코로나 바이러스 유행이 시작된 지 4년이 지난 지금까지 우리나라의 누적 확진자가 3,500만 명으로 집계된다. 그리고 사망자도 36,000여 명에 이른다. 이렇듯 코로나 바이러스의 감염은 롤러코스트를 타듯 오르내리며 삶의 현장을 피폐하게 만들었다. 어렵고 힘든 고비들을 넘기고 지금은 일상을 회복하여 여행도 자유로워지고 모임도 제한을 받지 않는다. 하지만 아직도 코로나 바이러스의 감염은 여전히 일어나고 있다. 세계적인 유행으로 다가온 코로나 바이러스는 나에게도 많은 생채기를 남겼다. 건강하시던 나의 누님과 매형이 코로나 유행기간에 급작스럽게 돌아가셨다. 오랫동안 이명으로 힘들어 하던 아내는 두 번의 심각한 감염을 경험하고, 오른쪽 청력을 상실하는 후유증을 앓게 되었다. 지금은 큰 소리만 들을 수 있는 약해진 왼쪽 귀의 청력으로 버티고 있다. 거대하게 밀어닥쳤던 전염의 파도는 이제 우리 삶의 한 부분이 되었다.

전 지구적으로 밀물처럼 다가온 유행병에도 불구하고 살아 있게 하시고 꾸준히 칼럼을 쓰게 하신 하나님께 감사드린다. 생명이 있음에 창조주 하나님을 바라보게 된다. 많은 사람들이 육체적으로 힘들어하고, 생업에 큰 타격을 입어 경제적으로 어려움을 호소하는 사람들도 허다하다. 아직도 감염에 대한 두려움으로 정신적으로 우울함을 호소하는 사람들도 있다. 이처럼 눈에 보이지도 않는 바이러스로 인해 우리는 유래 없는 환난을 경험하였다. 이러한 환난 중에 우리가 의지하고 붙들 수 있는 분은 신실하신 하나님뿐이다. "우리가 환난 중에도 즐거워하나니 이는 환난은 인내를, 인내는 연단을, 연단은 소망을 이루는 줄 앎이로다"(롬 5:3-4). 환난을 당한 우리에게 불평하거나 불안해하기보다 즐거워하라고 하신다. 왜냐하면 환난은 우리로 하여금 인내의 열매를 맺도록 하기 때문이다. 환난의 때 낙담하고 무너지는 자는 환난이 영원히 지속될 것으로 착각하기 때문이다. 환난 앞에 좌절하지 않고 인내할 수 있는 이유는 환난의 끝이 있다는 믿음 때문이다. 환난이 주는 유익한 면도 있다. 환난은 연단을 이루기 때문이다. 환난을 지혜롭게 통과한 자는 단단해진다. 쉽게 부서지지 않는다. 환난은 우리를 정신적으로 영적으로 성숙하게 만든다. 지독한 훈련의 과정을 통과한 병사가 일당백 정예군인으로 만들어지듯이 신앙의 용사들도 그렇다. 예수님께서 모진 십자가 고난을 감당하셨기에 모든 이름 위에 뛰어나신 메시야로 우뚝 서셨다. 예수님을 따르는 우리도 환난을 견디어 냄으로써 연단을 이룰 수 있다. 그리고 환난은 우리의 궁극적인 소망, 즉 영원한 하늘나라에 대한 소망을 가지게 한다. 우리의 삶은 이 땅에서의 유한한 삶으로 끝나는 것이 아니다. 인내하며 이겨낸 자에게는 천국에서의 영원한 복락이 주어진다고 하나님께서 약속하셨다. 코로나 팬데믹을 통과한 우리 모두가 정금 같은 신앙으로 단련되길 원한다. 궁극적으로 우리에게 주어질 상급은 아버지 하나님의 칭찬과 찬란한 면류관이다. 주님과 함께 천국에서 영원토록 왕 노릇하는 그날까지 신앙의 지조를 꺾지 않고 환난의 시간을 인내하며 통과하는 지혜로운 자가 되길 소원한다.

아직도 많이 부족한 나에게 매번 하나님의 창조섭리를 표현할 수 있도록 칼럼을 맡겨 주신 "건강과 생명" 월간지 편집자에게 감사드린다. '과학으로 하나님을 만나다'라는 고정 칼럼으로 독자들에게 다가갈 수 있어 참 기쁘다. 특히 매월 마지막 주 따뜻한 안부와 함께 원고 요청을 하며 은근히 재촉하는(?) 장정선 기자님께 감사를 드립니다.

그리고 큰 형님처럼 나를 항상 격려해 주시고 섬김의 본을 보여주시는 이철지 사장님께도 고마움을 전합니다. 또한 나의 글들을 책으로 예쁘게 묶어 주신 진성옥 대표님에게 깊은 감사를 표합니다. 그리고 한동대학교를 믿음의 눈으로 바라보며 이끌어 가시는 최도성 총장님께 감사를 드립니다. 최 총장님은 늘 창조과학의 중요성을 강조하시며 지원해 주시고, 부족한 나의 글에 대해서도 추천사를 써 주셔서 감사합니다. 그리고 내가 교만해지지 않도록 쓴 소리를 아끼지 않고, 날마다 기도로 지원해 주는 나의 동역자 아내에게도 감사를 전합니다. 또한 아름다운 가정으로 하나님의 사랑 안에서 살아가는 아들 요한, 페이튼 부부와 귀여운 손녀 해나에게 지면을 빌려 사랑을 전합니다.

2024년 봄에

김경태

만물의 존재 이유

세상 만물에는 저마다 존재 이유가 있습니다. 간단한 예로서 라디오는 방송국에서 송출되는 콘텐츠를 수신하여 그 내용을 전달하기 위해 만들어졌습니다. 방송국의 주파수를 정확히 잡아 알아들을 수 있는 소리로 전달할 때 그 존재 이유를 찾을 수 있습니다. 이해할 수 없는 소리만이 흘러나온다면 라디오의 존재 목적은 상실하고 맙니다. 이처럼 라디오는 자신이 만들어진 존재 목적을 충실히 이행할 때 자신의 가치를 인정받을 수 있습니다.

세상의 만물이 저절로 생겨난 것이 아닙니다. 하나님의 계획하심 속에 목적을 부여받고 존재하게 되었습니다. 만물과 아울러 사람도 마찬가지입니다. 우리도 분명한 목적을 부여받아 이 땅에 살게 되었습니다. 그러므로 그 목적에 맞게 살아가는 것이 우리의 본분이고, 가치 있는 삶입니다. 이런 믿음은 창조주 하나님을 인정하는 사람만이 가질 수 있는 가치관입니다. 만물이 하나님께서 설계하시고 창조하신 것이라고 믿는다면 하나님께서 주신 존재 이유가 있음을 확신하고 그 이유를 찾을 수 있습니다. 만물의 존재 이유와 이치를 깨닫는 것이 지혜요 신앙인의 가치 체계입니다.

창조주 하나님을 믿는 신앙인이면서 생명 원리를 탐구하는 과학자로서 김경태 교수님은 자연계와 생명을 바라보는 독특한 안목을 가지고 있습니다. 그래서 그는 '과학으로 하나님을 만나다'라는 책을 저술한 바 있습니다. 그리고 같은 시리즈의 책을 연속적으로 출판하였습니다. 두 번째로 '자연, 생명, 그리고 하나님'을 저술하였고, 이어서 '만물이 그로 말미암고'를 펴냈으며 '깊도다 그의 지혜의 부요함이여'와 '지으신 것이 보시기에 좋았더라' 등 총 5권의 단행본을 저술하였습니다. 그리고 이번에 여섯 번째 책 '주의 손으로 지으신 바라'를 출판하였습니다. 김 교수님은 만물이 하나님에 의해 창조된 것으로 믿는 창조과학자로서 동식물의 다양한 생명현상들과 자연계의 오묘한 모습들을 바라보며, 그 가운데 계시는 창조주 하나님의 손길을 발견하여 소개하고 있습니다.

김 교수님은 생명과학을 가르치는 교육자로서 학생들에게 생명의 신비함을 가르치는 일에 남다른 열정을 보였습니다. 그리고 치열한 연구자로서 연구원 및 대학원생들과 함께 실험을 설계하고 얻어진 결과를 놓고 토론하며 하나님께서 창조하신 모습을 발견하고자 노력해 왔습니다. 포스텍에서 32년간의 교육과 연구의 삶을 마무리하고, 이제는 한동대학교에서 교육과 연구에 매진하고 있습니다. 김 교수님은 자신이 알고 있는 것에 머물지 않고 끊임없이 배우고 공부하는 일에 열심을 가지고 있습니다. 매일 쏟아지는 연구 논문들을 읽고 이해하며 최근의 연구 발견들을 습득하는 데 힘을 쏟고 있습니다.

그는 새롭게 깨달은 과학적 사실들에 숨어 있는 하나님의 창조 원리를 찾고자 애를 씁니다. 자연에서 펼쳐지는 오묘한 현상들과 동식물이 살아가면서 보여주는 정교한 생명현상에 감탄하면서 이를 일반인들이 이해하기 쉬운 말로 풀어냅니다. 그리고 놀랍도록 섬세하게 작동하는 자연계와 생명현상의 원리를 바탕으로 신앙의 원리를 찾고자 하였습니다. 어떻게 하면 우리가 하나님 앞에서 올바른 삶을 살 것인가? 어떤 태도로 이 땅을 살아가는 것이 하나님의 뜻인가? 살아가면서 겪게 되는 수많은 상황 속에서 어떤 판단을 해야 하나님께서 기뻐하실 것인가? 하나님의 마음에 흡족한 삶의 방식은 어떠해야 하는지에 대해 스스로 질문하며 나름대로 깨달은 바를 전하려고 하십니다. 김 교수님의 이러한 노력이 이 책을 읽는 독자들에게 전해져서 하나님의 뜻이 우리 삶에 구체화되는 성 육신의 삶이 이루어지길 원합니다. 그는 과학적 원리와 성경적 삶의 원리를 함께 제시하고자 하였습니다. 자연 계시와 성경 속의 특별 계시를 접목하고자 노력하였습니다. 김 교수님은 만물을 있게 하신 창조주 앞에서 피조물인 하나의 존재로서 어떻게 생각하고 말하고 행동해야 하는지 끊임없이 고민하고 있습니다. 김 교수님은 자신이 새롭게 알게 된 과학지식을 많은 사람과 나누길 원하고, 더 나아가 자신이 깨달은 하나님의 의중을 전하고자 노력합니다. 이 책을 통해 하나님의 창조주 되심을 확인하고, 나를 지으신 하나님의 뜻을 찾아볼 수 있는 행복한 시간이 되길 기대합니다.

2024년 봄

한동대학교 총장 **최도성**

/ 제 1장 /
놀라운 인체 기능

/ 제 2장 /

뇌건강을 위해

/ 제 3장 /
백세건강을 위해

/ 제 6장 /
신비한 자연세계

제 1장

놀라운 인체 기능

고추는 맵고 박하사탕은 시원한 이유?

———⋙———

　　대학의 연구실 생활을 들여다보면 몹시 단조롭게 보인다. 잠자는 시간 외에는 대부분 실험실에서 지내는 경우가 많기 때문이다. 급격한 변화가 없고 다람쥐 쳇바퀴 도는 듯한 일정한 삶은 자칫 따분하게 만들 수 있다. 그래서 나는 연구실의 학생들과 함께 식사하는 시간을 자주 가지려고 애를 쓴다. 식사를 하는 동안 자유로운 분위기에서 학생들과 대화를 나눌 수 있어서 좋다. 모두들 연구실에서 자신의 연구 프로젝트에 매달려 씨름하다 보면 바쁘기도 하고 나름대로 스트레스를 받기도 한다. 그래서 딱딱한 연구실 환경을 벗어나 식당에서 맛있는 음식을 나누며 가벼운 주제를 가지고 얘기를 하다 보면, 쫓기듯 하는 마음도 풀어지고 서로 간에 친밀함을 느끼게 된다. 그런데 연구실 멤버들과 식사를 할 때면 신경 써야 할 사항이 있다. 연구실 구성원 가운데 생선회를 전혀 먹지 못하는 사람이 있다. 그래서 포항에서는 물회가 유명하지만 회식 메뉴에는 제외되어야 한다. 그리고 유난히 매운 음식을 좋아하는 학생이 있다. 박사과정을 밟고 있는 여학생인데, 보통 사람들은 감히 엄두조차 못 낼 정도의 매운 음식을 즐긴다. 평소에도 학교 식당 음식은 밋밋하다 하여 먹지 않고, 엄마가 보내준 반찬들로 혼자서 해 먹는다. 그래서 연구실 전 멤버가 식사 교제할 때면 그 학생을 위해서는 아주 특별하게 매운 음식을 따로 부탁한다. 나에게는 입안이 얼얼할 정도로 맵고 화끈거리는 음식인데도 불구하고, 그 학생은 톡 쏘는 맛을 오히려 좋아한다고 말한다.

이처럼 매운 맛을 느끼는 정도는 사람에 따라 다르다. 매운 정도를 정량적으로 정한 기준이 있는데 이를 스코빌 지수(Scoville Heat Unit)라고 일컫는다. 이 지수는 고추의 매운 성분인 캡사이신으로 측정한 척도이다. 순수한 캡사이신의 스코빌 지수를 1,500만으로 정하였다. 따라서 캡사이신의 함량에 따라 스코빌 지수가 정해지는 것이다. 고추 가운데 가장 매운 것은 '페퍼 X'로 불리는 신종고추인데 스코빌 지수로 무려 318만을 기록하고 있다. 그 다음으로는 '캐롤라이나 리퍼'인데 150만 이상이다. 이어서 '나가 바이퍼'라는 고추는 120만~135만 정도 된다. 그 아래로 '부트 졸로키아' 고추가 100만 정도 된다. 이 고추는 인도에서 주로 생산하는데 먹으면 혼이 나갈 정도라고 한다. 그래서 수류탄으로 제조하여 사용한다고 알려져 있다. 그 다음으로는 '도셋나가'라는 고추인데 88만 6천이다. 이와 비슷한 정도의 매운 맛은 '나가 졸로키아'로서 85만 5천이다. 그 아래로 스코빌 지수 10만 ~35만 정도 되는 '하바네로' 고추가 있다. 이 고추로 요리할 때는 반드시 장갑을 껴야 한다고 권면하고 있다. 그 다음으로 우리나라 청양고추가 위치하고 있다. 스코빌 지수로 4,000~12,000 정도 된다. 청양고추는 우리 음식에 많이 사용하고 있다. 우리 주위에는 청양고추를 즐기는 사람들이 꽤 많고, 그것도 매운 고추장에 찍어 먹는 사람이 있다. 나는 매운 맛에 약한 편이라 청양고추를 먹으면 식은 땀이 나고 입안과 혀가 타는 듯한 느낌을 받는다. 이렇게 매운 청양고추보다 약 300배나 매운 '페퍼 X'는 어떻겠는가? 아마 까무러칠 정도로 고통스러울 것이다.

캡사이신은 알칼로이드 계통의 방향족 화합물로서 분자식은 $C_{18}H_{27}NO_3$이다. 캡사이신이 화끈거리는 감각을 유발하는 이유는 열을 감지하는 TRPV1이라는 이온통로에 결합하기 때문이다. TRPV1은 미각기관뿐만 아니라 피부에도 존재하므로 피부에 고추 성분이 묻으면 뜨거운 자극을 느낄 뿐 아니라 피부발진도 일으킬 수 있다. 캡사이신 성분을 지방에 녹인 것이 고추기름이며 음식 조리할 때 넣기도 한다. 음식을 먹을 때 몹시 매워 견디기 힘들 경우, 가장 좋은 방법은 차가운 우유로 입을 헹구는 것이다. 우유에는 유지방이 있어 지용성인 캡사이신을 녹여낸다. 또 우유에 카제인 단백질이 있는데, 카제인이 캡사이신과 결합하여 매운 맛을 줄여준다. 그런데 만일 뜨거운 물을 마시면 매운 맛을 더욱 가중시켜 역효과를 낳는다. 이는 TRPV1이 열을 감지하는 이온통로이기 때문이다. TRPV1은 43도 이상의 열에 활성화되어 뜨거움을 느끼게 하는데, 캡사이신이 결합하면 역치가 떨어져 체온보다 낮은 온도에서도 활성화되어 매운 감각을 유도한다. 그리고 캡사이신은 교감신경을 활성화시켜 체온을 올리고 땀을 뻘뻘 흘리게 만든다.

반면에 우리 몸에는 낮은 온도에 민감하게 반응하는 이온통로가 있다. 박하사탕을 입에 넣으면 입안이 시원해짐을 느낀다. 이는 박하에 들어 있는 멘톨이란 성분이 작용해서 그렇다. 멘톨은 모노테르펜 화합물에 속하는 알코올인데, 분자식은 $C_{10}H_{20}O$로서 시원한 청량감을 느끼게 하는 휘발성 성분이다. 파스나 근육통 크림, 또는 연고에 들어가 있어서 피부에 바르면 시원한 느낌을 갖게 한다. 이는 멘톨 성분이 TRPM8이란 이온통로에 결합하여 활성화시킴으로써 차가움을 쉽게 느끼도록 하기 때문이다. 멘톨이 TRPM8에 붙으면 TRPM8로 하여금 예민하게 만들어 평소에는 미지근하다고 느끼는 온도에서도 활성화됨으로써 시원함을 느끼게 하는 것이다. 이렇게 뜨겁거나 차가운 감각을 느끼게 하는 TRPV1과 TRPM8의 존재를 확인한 사람이 캘리포니아 대학교 데이비드 줄리어스(David Julius)이다. 이 발견으로 그는 2021년 노벨 생리의학상을 수상하였다. TRPM8은 25도 이하의 온도에서 활성화되는데, 이보다 더 차가운 온도인 17도 이하에서 활성화되어 냉통증 감각신호를 유발하는 이온통로가 TRPA1이다. 우리가 더위와 추위를 느낄 수 있는 이유는 이처럼 온도에 반응하는 센서 단백질들이 있기 때문이다. 이들 온도에 반응하는 수용체들이 캡사이신이나 멘톨과 같은 화합물과도 결합할 수 있어서 고추나 박하는 화끈거림이나 시원함을 느끼도록 하는 것이다.

신앙의 삶도 하나님의 말씀에 대해서 분명한 자세를 가져야 한다. 열정적으로 헌신해야 할 경우에는 화끈하게 해야 하고, 사이비 거짓 가르침에 대해서는 차갑고 냉정해야 한다. 세상에 대해 눈치나 보며 미지근한 태도를 보일 때 주님은 강하게 책망하신다. 초대교회 중에 라오디게아 교회를 향해서 예수님은 다음과 같이 경고하셨다. "네가 이같이 미지근하여 더웁지도 아니하고 차지도 아니하니 내 입에서 너를 토하여 내치리라"(계 3:16). 라오디게아는 교통의 요충지였고, 루카스 계곡의 넓고 기름진 땅에서 목양과 목화재배가 활발하여 모직과 면직 산업이 발달한 곳이었다. 그리고 안약을 제조하는 의료 중심 도시였다. 하지만 물이 부족하여 북동쪽 14km 떨어진 골로새로부터 차가운 물을 끌어왔다. 골로새 뒤편에는 만년설이 덮여 있던 바바산이 있어 눈 녹은 차가운 물이 흘렀기 때문이다. 그리고 남쪽으로 9km 떨어진 히에라볼리에서는 뜨거운 온천물이 솟아났는데, 이 물도 라오디게아로 끌어왔다. 차가운 물과 뜨거운 물이 수로를 통해 흘러 오는 동안에 차지도 뜨겁지도 않은 미지근한 물로 변하였다. 주님께서는 이

같은 환경을 빗대어 라오디게아 교회 성도들의 어정쩡한 신앙 상태를 꾸짖으신 것이다. 우리는 사이비 비진리에 대해서는 냉담해야 한다. 또한 세속적 가치관을 우리에게 요구할 때, 이를 용납치 않고 냉정하게 돌아서야 한다. 반면에 주님의 가르침에는 열심으로 뜨겁게 화답해야 한다. 그리고 가난한 자, 낙심한 자, 연약한 자들을 뜨거운 심장으로 끌어안아야 한다. 주님을 따르는 제자로서 여름날 시원한 냉수처럼 살고 싶고, 엄동설한에 따끈한 보리차처럼 살아가길 소원해 본다.

젊고 건강한 사람의 똥이 귀한 이유

조선시대 왕의 주치의를 어의라 불렀다. 어의가 매일 수행하는 업무 가운데 중요한 것이 임금의 똥을 살펴 왕의 건강을 진단하는 일이었다. 어의는 똥의 모양과 색깔, 냄새를 조사할 뿐만 아니라 심지어 맛을 보기까지 하였다. 똥의 색깔이 황금색이나 황갈색을 띠면 건강하다는 표시이다. 반면에 검은 색을 띠면 식도, 위, 십이지장 등에 출혈이 있고, 소화성 궤양이나 위염, 위암 등을 의심할 수 있다. 그리고 색깔이 붉으면 항문 근처에 출혈이 발생했을 가능성이 크다. 또한 똥의 색이 검붉으면 대장 위쪽에서 출혈이 발생했을 수 있고, 갈색이면 적혈구가 파괴되는 질환이 발생했거나 간질환 여부를 짐작해 볼 수 있다. 그리고 회색을 띤다면 담도가 막혀 있을 가능성이 있으므로 담석증이나 담낭염, 만성 췌장염, 간염에 걸렸을 수 있다. 한편 녹색이면 담즙이 완전히 분해되지 않은 상태로 음식이 빠르게 장을 통과할 때 생긴다. 이는 식중독이나 급성 장염, 그리고 과민성 대장증후군이 있음을 말해 준다. 색깔뿐만 아니라 똥의 모양과 양도 중요하다. 대변이 평소보다 가늘어졌다면 부실한 영양상태의 가능성을 점검할 필요가 있다. 즉 무리한 다이어트를 하거나 대장이나 직장에 암이 생길 때 가늘어진다. 반면에 변이 굵어지거나 중간에 끊긴다면 수분이 부족한 경우이다. 그리고 진득한 죽처럼 생긴 똥이나 물 같은 변일 경우에는 음식이 상했거나 불결한 위생 관리 때문일 수도 있다. 혹은 위장에 염증이 생겼거나 심한 스트레스를 겪고 있을 수도 있다. 이처럼 똥의 색깔과 모양을 살펴 건강상태를 미루어 짐작할 수 있다. 이와 아울러 냄새를 파악하는 것도 중요하다. 대변에서 냄새가 나는 것은 당연하지만 너무 심한 악취가 나는 것은 좋지 않다. 시큼한 냄새가 날 경우, 소화불량으로 인한 위산과다 때문에 발생할 수 있다. 비린내가 난다면 장출혈 때문일 수 있고, 썩은 냄새는 대장암으로 인해 조직이 부패하여 발생할 수 있다. 평소에 육류나 인스턴트 식품을 많이 먹는 경우에는 장 내에 변이 오래 머물면서 발효되기 때문에 나쁜 균이 많이 증식한다. 그래서 방귀나 대변에서 지독한 냄새가 날 수 있다. 그러므로 곡물과 섬유질이 풍부한 음식을 함께 섭취하는 것이 좋다. 가장 바람직한 똥은 황금색을 띨 뿐만 아니라 바나나 모양을 가지는 것이다. 즉 직경 2cm 정도의 굵기를 가지며 길이는 약 12~15cm 정도 되고 냄새가 심하지 않아야 한다. 아침마다 어의는 왕의 똥을 세심히 살피고 검사한 후 이를 내시부 최고 직책인 상선에게 알리고, 임금의 밥상을 책임지는 수라간에도 연락하여 수라상에 오를 요리 재료를 조절하도록 하였다.

이처럼 똥은 건강상태를 진단하는데 유용한 정보를 제공한다. 똥의 유익함은 이것만이 아니다. 똥에는 어마어마한 양의 미생물이 들어 있기 때문이다. 똥에 있는 다양한 세균을 식별하고, 특정 세균을 활용하여 병을 치료하고자 하는 방법이 연구되고 있다. 아일랜드의 코크대학교의 존 크라이언(John F. Cryan) 교수 연구팀은 늙은 쥐에게 젊은 쥐의 분변 미생물을 이식하였더니 뇌기능이 향상되었다는 사실을 확인하고, 2021년에 네이처 노화(Nature Aging)라는 잡지에 발표하였다. 연구팀은 3~4개월 지난 젊은 생쥐의 분변 배설물을 20개월 지난 늙은 쥐에게 먹였다. 일주일에 2번씩 2달 동안 분변을 먹였는데, 늙은 생쥐의 뇌기능이 개선되었다는 것이다. 젊은 생쥐의 분변을 먹은 늙은 생쥐의 뇌를 조사해 보니, 학습과 기억을 담당하는 해마 부위의 신경세포 연결이 늘어났고, 미로 장치에서 더 빨리 빠져나오는 등 학습능력이 크게 향상되었다. 이는 젊은 생쥐의 장내 미생물이 늙은 생쥐의 장에 이식되어 정착함으로써 이루어진 변화이다. 다시 말해서 젊은 생쥐의 장에 살고 있던 유익균들이 늙은 쥐의 장에 있던 유해균들을 몰아내고 서식함으로써 뇌기능에까지 영향을 미친 것이다. 이는 장내 환경과 뇌조직 간에 정보교환이 이루어지고 있음을 의미한다. 장에서 유익균들이 우세하면 이들에 의해 생성된 짧은 사슬의 지방산과 아미노산들, 당이 결합된 펩타이드 등 대사물들이 장으로 연결된 신경계를 자극한다. 그러면 신경신호가 뇌로 전달되어 뇌기능에 영향을 주고 조절하는 것이다. 장내 미생물의 수는 우리 몸을 이루는 전체 세포수의 10배나 될 정도로 어마어마한데, 10^{13}~10^{14}개에 이르며 세균, 곰팡이, 원생동물 등 다양한 미생물이 군집을 이루고 있다. 이러한 미생물 군집은 항생제를 사용하거나 환경 스트레스의 유무, 영양 공급의 특성, 식중독 균의 감염 등에 따라 쉽게 변할 수 있다. 그리고 장에 존재하는 세균의 다양성도 노화가 됨에 따라 함께 감소한다. 따라서 나이 들면 장과 뇌 사이의 정보교환 효율도 떨어진다. 이처럼 젊은 생쥐의 똥을 이용한 늙은 생쥐의 뇌기능 회복 실험결과를 사람에게 바로 적용할 수는 없겠지만, 젊고 건강한 사람의 똥은 앞으로 매우 유용하게 활용될 수 있으리라 전망된다. 아마도 미래에는 젊고 건강하며 똑똑한 사람의 똥을 보관하는 사업체가 늘어나고, 건강한 똥에 들어 있는 미생물들을 분리하여 배양하고 특성을 규명하는 작업이 활발하게 이루어질 것이다. 그래서 질병이나 신체상태에 따라 적절한 분변이나 미생물을 이식하여 치료하고자 하는 시술이 통상적으로 이루어지리라 본다. 그리고 장내 세균을 이식하고 나면 이들 세균들이 장에서 잘 정착하도록 돕는 것도 중요하다. 신선한 야채와 식이섬유가 풍부한 음식을 먹음으로써 좋은 미생물들이 활발하게 자라도록 하여 장 표면에 넓게 활착하도록 만들어야 한다. 한편 인스턴트 식품이나 고지방 식품들을 피하여 나쁜 미생물들의 성장을 억제할 필요가 있다.

똥은 냄새나고 더러우며 피해야 할 것으로 인식한다. 성경에서도 세상적인 가치를 따르는 것들에 대하여 똥으로 취급하며 멀리하라고 강조한다. 사도 바울이 빌립보 교회를 위해 보낸 편지에 다음과 같은 말씀이 있다. "또한 모든 것을 해로 여김은 내 주 그리스도 예수를 아는 지식이 가장 고상하기 때문이라 내가 그를 위하여 모든 것을 잃어버리고 배설물로 여김은 그리스도를 얻고 그 안에서 발견되려 함이니 내가 가진 의는 율법에서 난 것이 아니요 오직 그리스도를 믿음으로 말미암은 것이니 곧 믿음으로 하나님께로부터 난 의라"(빌3: 8-9). 바울은 엘리트 유대인이었다. 태어난 지 8일 만에 할례를 받고, 베냐민 지파로서 정통 히브리인이며 율법에 정통한 바리새인이었다. 그리고 유대교를 신봉하였고, 그리스도를 따르던 무리를 핍박하며, 율법적으로는 흠이 없는 자로 자부하였다. 그럼에도 이 모든 것들을 배설물, 즉 똥으로 여겼다. 왜냐하면 주님께서 가르치신 복음으로 인한 구원의 진리가 너무 귀하기 때문이었다. 다시 말해서 구원의 감격을 누리고 하늘나라의 시민으로 살아감이 세상적인 지위와 자랑보다 더 귀하다는 것을 강조하기 위해서였다. 세상에서 귀하게 생각하는 가치들 자체가 똥이라는 말은 아니다. 바울은 가말리엘 문하에서 배운 율법교육을 통해 성경에 대한 해박한 지식을 가졌다. 이 지식은 신약 27 권 가운데 13권의 성경을 기록한 토대가 되었다. 그리고 그는 유대인 이었지만 로마 시민권을 가지고 있었다. 그가 소아시아와 마케도니아 지방을 다니며 복음을 전할 때 심한 핍박을 당하곤 하였다. 그럴 때 바울은 자신이 로마 시민권자임을 밝혀 위기를 벗어나기도 하였다. 세상에서 열심히 일하며 경력을 쌓고, 영향력 있는 위치로 올라가며 권위를 갖게 되는 일 자체가 배설물이 아니다. 자칫 이를 하찮게 여기 며 소홀히 하여 세상에서 자신이 해야 할 일들을 등한히 하는 것은 주 님의 영광을 가리는 일이다. 우리는 누구보다도 세상에서 열심히 살 아야 한다. 세상사람들로부터 손가락질을 받지 않아야 한다. 다만 세 상적 가치나 지위를 최우선으로 두는 어리석음을 범하지 말아야 한 다. 이러한 것들은 그리스도 안에서 깨닫는 진리와 누리는 영광과 비 교할 때는 똥과 같기 때문이다. 그렇지만 신앙인은 주님께서 주신 지 혜와 능력으로 이 땅에서 누구보다도 더욱 진지한 태도로 최선을 다 해야 한다. 그러므로 진실하고 헌신된 그리스도인들로 살아가고 있는 자에게는 세상적 경험과 지식, 권한들도 배설물처럼 여겨지는 쓸모없 는 것이 아니라 영원한 가치를 실현하는데 활용될 수 있다.

나이 들수록 운동해야 하는 이유

나이가 들어가면 우리 몸에서는 다양한 현상이 나타난다. 몸의 순발력과 정교함이 떨어진다. 그리고 여러 조직 및 장기들의 기능이 예전만 못하다는 것을 느낀다. 나는 가끔 좋은 일이 있을 때마다 연구실 학생들과 음식을 나누며 파티를 한다. 논문이 출판되거나 멤버 중에 생일을 맞이한 경우, 축하하기 위해 같이 음식점에 가거나 피자를 시켜 먹기도 한다. 젊은 청년시절에는 피자 한판을 다 먹기도 했다. 그러나 요즘은 2쪽 정도면 충분하다. 소화능력이 떨어졌음을 확실히 느낀다. 그리고 노화가 되면 우리 몸의 세포 간에 일어나는 정보교환도 약해진다. 또한 유전체의 불안정성이 증가하여 암 발생이 많아지기도 한다. 또 염색체 말단의 텔로미어가 짧아지는 현상이 나타난다. 이와 아울러 DNA 염기에 메틸기가 붙거나 DNA 사슬을 두르고 있는 히스톤 단백질에 생화학적 변형을 초래하는 후성유전학적 변화가 누적된다. 그리고 체내 단백질들의 정교한 항상성이 점차 사라지게 된다. 또 세포노화도 발생하여 영양소 감지기능의 쇠퇴가 따라온다. 그리고 세포 내 에너지 발전소인 미토콘드리아의 기능이 떨어진다. 또한 몸의 각 조직에는 조직재생에 필요한 줄기세포들이 존재하는데, 이들 줄기세포의 수가 감소하는 것도 노화현상의 특징 중 하나이다.

그런데 노화가 되더라도 운동을 지속하면 근육의 줄기세포가 활성화된다는 사실을 발견하였다. 스탠포드 대학교 의과대학의 토마스 란도(Thomas A. Rando) 교수 연구팀은 2020년 네이처 메타볼리즘(Nature Metabolism) 저널에 이 현상을 발표하였다. 즉 운동을 지속하면 나이가 들어도 근육의 재생능력이 회복될 수 있음을 실험적으로 증명한 것이다. 노화가 진행되면 몸의 각 조직이 손상되었을 때, 수리하는 기능이 떨어진다. 이러한 현상은 골격근에서도 나타난다. 골격근에 존재하는 줄기세포는 젊을 때 활발하게 재생되지만 나이가 들면 비효율적으로 변한다. 따라서 근기능이 점차 쇠퇴하는 것이다. 이처럼 근육줄기세포의 기능적 감소에도 불구하고, 이를 활발하게 깨울 수 있음을 발견한 것이다. 잠자던 근육줄기세포를 깨우는 전략 중 하나가 운동이다. 운동의 유익한 점은 익히 잘 알고 있지만, 조직 재생의 측면에서도 골격근에 미치는 긍정적 영향을 확인한 것이다.

연구팀은 생쥐의 우리에 쳇바퀴를 설치하여 생쥐가 원할 때는 언제든지 회전 운동을 할 수 있도록 했다. 태어난 지 서너 달 지난 젊은 생쥐와 18~22개월 된 늙은 생쥐를 대상으로 실험하였으며, 3주 동안 실시하였다. 운동을 시작한 지 1주일 이내에 어린 생쥐와 늙은 생쥐는 각각 밤마다 10 ± 2km와 4.9 ± 2.7km를 달리며 안정적인 운동패턴을 보였다. 이처럼 단기적이며 격렬하지 않은 자발적인 운동으로 근육줄기세포의 숫자가 늘어나는 것은 아니었다. 하지만 바퀴달리기 운동이 늙은 생쥐의 근육 회복을 가속화하고, 휴지기의 근육줄기세포 기능을 향상시킨다는 사실을 발견하였다. 이렇게 근육줄기세포가 활성화되는 능력은 나이가 들면서 발현이 감소하는 사이클린 단백질(Cyclin D1)의 복구에 달려 있었다. 사이클린 단백질은 세포가 분열하는 동안 특정 주기에 증가하여 사이클린 의존성 단백질 인산화 효소를 활성화시켜 세포분열이 정상적으로 일어나게 만든다. 그런데 세포가 분열을 멈추고 휴지기로 들어가면 사이클린 단백질의 주기적인 발현은 일어나지 않는다. 그런데 자발적으로 하는 운동은 오랫동안 휴지기에서 잠자고 있던 근육줄기세포를 깨웠다. 이렇게 근육줄기세포를 다시 활발하게 만든 것은 사이클린 단백질의 발현증가로 인함이었다. 결론적으로, 자발적이며 적당한 운동은 근육이 손상될 때 수리기능을 강화할 뿐만 아니라 늙은 생쥐의 근육에 있는 줄기세포의 기능도 증가시켰다. 이는 젊은 생쥐의 근육줄기세포에 발현되는 사이클린 단백질과 비슷한 수준으로 회복되었기 때문이다.

운동이 주는 유익한 점은 참으로 많은 것 같다. 나이가 들어도 운동을 반드시 해야 하는 많은 이유 중의 하나가 추가된 셈이다. 노화로 인한 근기능 위축을 억제하기 위해서는 잠자고 있던 줄기세포를 깨워야 하는데, 운동이 묘책이라는 것이다. 신앙의 삶에서도 오래 전 경험했던 감격의 순간들이 화석으로 변해 생동력을 잃어버렸다면 다시 깨워야 한다. 하나님의 사랑을 만지고 보고 듣고 체험함으로써 불타올랐던 예전의 열정을 되살려야 한다. 믿음의 조상 아브라함에게도 싸늘하게 식었던 신앙의 열정을 되살리는 계기가 있었다. 초대교회 스데반 집사님이 순교하시기 직전 전했던 마지막 설교에서 아브라함의 영적 각성에 대해 설명하고 있다. "우리 조상 아브라함이 하란에 있기 전 메소보다미아에 있을 때에 영광의 하나님이 그에게 보여 이르시되 네 고향과 친척을 떠나 내가 네게 보일 땅으로 가라 하시니 아브라함이 갈대아 사람의 땅을 떠나 하란에 거하다가 그의 아버지가 죽으매 하나님이 그를 거기서 너희 지금 사는 이 땅으로 옮기셨느니라"(행 7:2-4). 아브라함이 메소포타미아 지방 갈대아 우르에 살고 있을 때, 영광의 하나님께서 나타나 그 땅을 떠나라고 하시자 마지못해 우르를 떠났지만 하란에 머물고 말았다. 그러다가 아버지가 죽은 후 하나님께서 다시 하란에서부터 가나안 땅으로 옮기게 하셨다는 내용이다. 아브라함이 고향 땅 우르에서 살 때 영광스러운 하나님을 만났다. 이는 너무나 두렵기도 하였고 신비스러운 사건이었다. 아브라함은 자신이 믿고 있던 토착신과는 비교가 되지 않는 너무나 위엄 있고 영화로운 하나님을 만나면서 그분의 지시를 따르지 않을 수 없었다. 그래서 순종하는 마음으로 자신의 고향과 친척을 떠나라는 하나님의 뜻을 따르게 되었다. 하지만 고향을 떠나 타지로 거처를 옮기는 일은 쉽지 않았다. 낯설고 험악한 환경이 그에게 펼쳐지고, 미래에 대한 불안함이 그를 사로잡았다. 그래서 가나안 땅으로 넘어가지 못하고, 메소포타미아의 변방 하란에 주저앉고 만 것이다. 아버지 데라와 함께 하란까지 이동했다가 그곳에 눌러 앉아 세월을 보내고 있었다. 하나님을 만난 감동과 은혜는 옅어지고, 현실과 적당히 타협하며 살았다. 그러는 가운데 그를 찾아왔던 영광스러운 하나님에 대한 기억은 점차 흐려지고 있었다. 그런데 육신적으로 의지하던 아버지 데라가 죽자 의기소침해지고 허전한 마음을 가눌 길 없었다. 그때 하나님께서는 아브라함에게 다시 나타나셨다. "여호와께서 아브람에게 이르시되 너는 너의 고향과 친척과 아버지의 집을 떠나 내가 네게 보여 줄 땅으로 가라…… 이에 아브람이 여호와의 말씀을 따라갔고 롯도 그와 함께 갔으며 아브람이 하란을 떠날 때에 칠십오 세였더라"(창 12:1-5). 아브라함이 75세 되던 해, 하나님께서는 아브라함을 다시 만나 주셨다. 그러자 아브라함은 마침내 하란을 떠나 약속의 땅 가나안으로 진입하였다. 너무나 광대하시며 권능과 영광의 신이신 하나님께서 재차 아브라함을 만나 주시며 그의 잠자고 있던 믿음을 일깨웠다. 하나님에 대한 아브라함의 믿음에 다시 불꽃이 튀는 순간이었다. 우리가 하나님을 만날 때, 우리의 영적 신앙은 활기를 띠게 된다. 하나님과의 만남은 말씀을 통해서 이루어진다. 우리가 구원을 얻고 감격하여 신앙생활을 시작하지만 시간이 흐르면서 열정은 식어지고, 신앙의 삶은 나태해지며, 권태를 느끼고, 무기력해지기 쉽다. 이럴 때 우리는 성경 말씀으로부터 하나님을 다시 만나야 한다. 말씀에서 새로운 깨달음을 얻음으로써 다시 일어설 수 있다. 말씀을 펼칠 때, 성령님의 기름 부으심이 필요하다. 성령님의 도우심으로 영적 안목이 밝아져야 한다. 그래야 말씀에 기록된 영광스런 하나님을 다시 만날 수 있기 때문이다. 말씀으로 인해 내 마음이 요동칠 때, 형식적인 믿음의 삶에서 생동감 있는 신앙의 자세로 바뀌게 된다. 율법적이며 정체된 우리의 삶에 새로운 신앙의 활력이 솟아오른다. 말씀에서 깨달은 대로 순종하고자 일어나게 된다. 주님께서는 만물을 통치하시던 하늘의 보좌를 버리고, 이 땅에 인간의 몸으로 오셔서 나의 죄와 허물을 모두 담당하시고, 죽음으로써 나의 죄값을 치르셨다. 나를 위해 십자가 희생을 감당하신 주님의 사랑에 감격했던 첫사랑을 회복해야 한다. 내 신앙의 초점을 하나님께 고정시키고, 말씀을 통해 주님과의 지속적인 만남을 통해 영적 활력을 회복해야 한다. 그래야 고목나무처럼 생기 없던 우리 신앙이 다시 깨어나 활기를 띨 것이다. 나이가 들어도 운동을 하면 근육줄기세포가 깨어나 근육의 위축을 저지하고 기능이 회복되듯이 나의 침체된 신앙도 말씀 속에서 하나님을 만남으로써 다시 생동감을 찾을 수 있다. 지속적인 영적 깨우침을 통해 성령의 열매가 풍성히 열리는 삶이 되길 소원한다.

날씬하게 만드는 유전자가 있나?

———————— ✝ ————————

개발도상국에 비해 경제적으로 풍요로운 선진국들에게서 사회적으로 문제가 되고 있는 것 중의 하나가 비만이다. 선진국에서는 많은 사람들이 비만으로 인한 다양한 합병증을 경험하고 있다. 우리나라에도 비만인구가 증가하고 있다. 먹지 못해 굶주리는 사람에 비해 체중의 지나친 증가를 걱정하는 사람들이 훨씬 많은 편이다. 내 주위의 분들을 살펴보면 대부분 젊었을 때보다 퉁퉁해지고 아랫배가 나온 모습을 보여주고 있다. 나 자신도 예외는 아니다. 그런데 내가 섬기는 교회의 한 장로님은 마르고 날씬한 체형을 유지하고 있다. 그는 암벽등반을 좋아해서 청년 시절에는 공휴일마다 어김없이 깎아지른 바위 암벽을 오르곤 하였다. 포스코에서 일하는 그는 짬이 나면 전국의 유명한 산을 등반하였다. 그리고 테니스처럼 여럿이 함께 운동할 기회가 있으면 즐거워한다. 오래 전 스키장에 함께 갔을 때였다. 나는 초급과정 스키를 배우느라 쩔쩔매고 있었는데 그는 균형잡기가 더 어려운 스노보드를 시작하였다. 몇 번 넘어지는 시행착오 끝에 곧바로 중급코스를 타고 내려오는 남다른 운동신경을 보여주었다. 지금도 그의 몸에는 군살이 거의 없고 근육질로 잘 다져져 있다. 환갑을 넘은 나이이지만 그의 복부에는 왕(王) 자가 새겨질 정도로 탄탄한 몸매를 자랑하고 있다. 세월의 흐름으로 얼굴에는 주름이 늘었고, 머리 숱은 줄 어들었지만 아직도 청년 때의 호리호리함을 유지하고 있다. 그는 말 보다 행동이 앞서는 사람이다. 어렵고 귀찮은 일이라도 자신이 해야 할 일을 미적대지 않고 실천한다. 날렵한 몸매처럼 교회에서도 주일 학교 등 여러 부서에서 민첩하게 묵묵히 열심을 다해 섬기고 있다.

우리 사회는 먹을 것이 풍성해졌다. 그래서 쉽게 비만해질 수 있는 환경이다. 그럼에도 불구하고 개인별로 상당한 차이를 보여주고 있 다. 같은 양의 음식을 먹더라도 쉽게 뚱뚱해지는 사람이 있는가 하면 비둔하지 않고 매끈한 체형을 유지하는 분들이 있다. 먹는 음식의 양 과 섭취하는 칼로리에 비례하지 않는 현상이 있다. 왜 그럴까? 많이 먹어도 비만해지지 않는 이유가 있나?

지금까지 많은 연구가 비만하게 만드는 유전자를 찾아 확인하는데 초점을 맞추었다. 그런데 날씬하게 만드는 유전자가 있음을 알았다. 오스트리아, 호주, 스위스, 스웨덴 등 다국적 연구팀이 날씬한 몸매 를 유지하는데 기능하는 결정적인 유전자를 발견하였다. 그들은 이 유전자의 작용을 밝혀 2020년 셀(Cell) 지에 논문으로 발표하였다. 연 구팀은 에스토니아 국민들 47,102명을 대상으로 조사를 진행하였다. 이 집단에서 식이 장애나 내분비 시스템에 영향을 미칠 수 있는 약을 복용하는 사람, 그리고 임신부나 직업적 운동선수 등을 제외하고 일 반 사람들을 대상으로 조사하였다. 20~44살 사이의 건강한 남녀를 대상으로 유전체를 분석하였다. 이 집단에서 마르고 야윈 사람 881명 과 평균 이상의 체중을 가진 3,173명을 구별하였다. 각 집단을 대상 으로 유전체 분석을 수행한 결과, 많은 유전자들 가운데 ALK라는 유 전자에 주목하게 되었다. ALK는 수용체 단백질로서 세포막에 존재 한다. ALK는 인산화 효소활성을 지니고 있으며 활성화되면 기질 단백질의 티로신 아미노산을 인산화시켜 신호를 전달한다. 이 ALK 유전자는 비소세포 폐암과 깊은 관련이 있다는 사실이 알려져 있었다. ALK 유전자는 폐암환자의 2~7%에서 다른 유전자와 융합되어 재배열되는 것으로 나타난다. 이로 인해 ALK가 활성화되면 세포증식이 증가하고, 세포사멸이 억제되어 암발생이 일어나게 된다. 따라서 ALK 저해제가 항암제로 개발되어 사용하고 있다. 그런데 ALK가 대사작용 및 다른 여러 생리작용에 미치는 영향에 대해서는 아직도 불분명하였다. 이번에 사람들의 표본집단에 대한 유전체 분석연구를 통해 ALK가 날씬한 체형을 유지하는데 관련되어 있음을 새롭게 발견한 것이다. 연구팀은 초파리에게서 ALK의 발현을 억제하였을 때, 중성지방의 수치가 감소되는 것을 확인하였다. 이를 바탕으로 생쥐의 ALK를 유전자 적중 방법으로 없앤 후, 기능을 검증하였다. 그랬더니 지방 함량이 높은 먹이를 섭취케 해도 대조군에 비해 체중 증가가 느리고 비만해지지 않았다. 그렇다면 ALK 활성이 어떻게 비만에 영향을 미칠까? 연구팀은 뇌의 시상하부에 ALK 유전자가 발현되어 있음을 알았다. ALK를 발현하는 시상하부의 신경은 교감신경의 활성을 조절하였다. 그래서 ALK를 억제하면 교감신경이 활성화되고, 교감신경은 지방조직에 노르아드레날린 자극을 가해 지방분해를 촉진시켰다. 따라서 ALK 활성을 제어하여 에너지 소비를 촉진함으로써 체중 증가를 둔하게 하고 비만에 대한 저항성을 나타내는 것이다.

우리 몸에는 대사작용을 조절하는 다양한 유전자들이 존재하여 지방 축적이나 지방분해 등에 관여한다. 에너지 저장이 필요할 때와 이를 끄집어내어 사용해야 할 경우를 대비하는 것이다. 그러므로 대사조절 관련 유전자들의 발현에 균형이 이루어질 때, 건강하고도 날렵한 몸의 기능을 유지할 수 있다. 성경에 보면 다윗의 용사 가운데 주

군을 위해 목숨까지 아끼지 아니하고 충성을 다한 자들의 이름이 나열되어 있다. 이들 가운데 용감한 세 용사에 관한 일화가 소개되어 있다. "삼십 두목 중 세 사람이 곡식 벨 때에 아둘람 굴에 내려가 다윗에게 나아갔는데 때에 블레셋 사람의 한 무리가 르바임 골짜기에 진쳤더라. 그때에 다윗은 산성에 있고, 그때에 블레셋 사람의 요새는 베들레헴에 있는지라. 다윗이 소원하여 이르되 베들레헴 성문 곁 우물 물을 누가 내게 마시게 할까 하매, 세 용사가 블레셋 사람의 진영을 돌파하고 지나가서 베들레헴 성문 곁 우물 물을 길어 가지고, 다윗에게로 왔으나 다윗이 마시기를 기뻐하지 아니하고, 그 물을 여호와께 부어 드리며 이르되, 여호와여 내가 나를 위하여 결단코 이런 일을 하지 아니하리이다. 이는 목숨을 걸고 갔던 사람들의 피가 아니니이까! 하고 마시기를 즐겨하지 아니하니라. 세 용사가 이런 일을 행하였더라."(삼하 23:13-17). 다윗의 휘하에 있던 장수들 가운데 최고의 장수로 손꼽히는 요셉밧세벳, 엘르아살, 삼마의 행적에 관한 성경의 기록이다. 요셉밧세벳은 적군 팔백 명과 싸워서 그들을 한꺼번에 죽인 인물이었다. 엘르아살은 블레셋과의 전투에서 이스라엘 군인들이 모두 후퇴한 뒤에도 홀로 남아 블레셋 군사들과 맞서 싸운 불퇴전의 맹장이었다. 그가 얼마나 현란하게 싸웠는지 그의 손에 칼자루가 붙어 있는 듯하다고 했다. 또한 삼마는 녹두 밭 한가운데 버티고 서서 블레셋 군인들을 맞아 담대히 싸워 큰 승리를 거두었다. 이 장수들은 다윗이 사울왕에게 쫓겨 아둘람 굴에 은신할 당시에 찾아온 사람들이었다. 이들은 전쟁 중 위험을 무릅쓰고 적진 속의 우물물을 길어 와 갈증을 호소하는 그들의 지도자에게 바쳤다. 이들의 무용담이 펼쳐졌던 곳은 베들레헴이었는데 다윗의 고향이다. 당시에 베들레헴은 블레셋에 의해 점령당해 있었다. 이를 탈환하기 위해 전쟁에 돌입한 것이다. 블레셋 군대는 베들레헴에 요새를 구축하여 강한 방어막을 치고 있었다. 서로 대치하여 전투를 치르던 상황에서 목이 말랐던 다윗은 장수들을 보며 베들레헴 성문 곁에 우물이 있는데 누가 그 물을 마시게 할 수 있을까 하고 탄식하였다. 이를 들은 세 장수는 블레셋 군대의 진을 뚫고 나아가 우물물을 길어 온 것이다. 죽기를 각오한 돌파 작전이었다. 그러 하기에 다윗은 그들의 손에 들린 물을 차마 마실 수 없었다. 그 물은 세 장수의 피와 생명이었기 때문이다. 다윗은 자신의 갈증을 해소하고자 충성스러운 용사를 잃어버릴 뻔했던 사실을 자책하였다. 생명처럼 소중한 그 물을 자신이 마시지 않고 하나님께 바치며 부어드렸다. 이 모습을 본 장수들은 자신의 지도자에 대해 더욱 신뢰하였을 것이다. 용맹했던 세 장수는 아마도 몸이 매우 민첩하고 날렵하였으리라 짐작된다. 비둔하고 육중하였다면 블레셋의 촘촘한 방어망을 뚫기가 쉽지 않았을 것이다. 그들은 몸을 은폐해 가며 신속하게 움직였고, 서로를 엄호해 줌으로써 성문 곁 우물에 이르러 물을 길어 올 수 있었으리라 여겨진다. 이들은 담대하였으며 충성스러웠다. 그리고 적군의 진과 지형지물을 파악하고 활용하는 슬기로움을 지니고 있었다. 이와 아울러 그들은 계획한 전술을 수행할 수 있는 날렵하고도 강인한 몸을 가지고 있었다. 그러기에 적진 속의 우물에서 물을 길어 올 수 있었던 것이다. 우리는 이 땅에서 영적전투에 임하고 있다. 세상에는 우리를 주저 앉게 만들고 좌절하게 하는 온갖 유혹의 진지들이 가득하다. 사탄이 우는 사자같이 삼킬 자를 찾아다니는 세상이다. 예수님을 대장으로 섬기는 우리는 세상의 위협 앞에서 두려워하지 않는 담대함을 지녀야 한다. 또한 주님의 명령을 실행에 옮기는 충성스러움과 주저하지 않고 즉시 실천하는 날렵함을 갖추어야 한다. 그럴 때 주님께서 신뢰하시는 군사들의 명단에 우리의 이름을 올릴 수 있을 것이다. 대장 되시는 주님께서 보시기에 지혜롭고 충성스러운 믿음의 군사로 인정받기 위하여 영적 날렵함을 유지하기를 소원해 본다.

비만도 유전되나?

───────◁❯▷───────

　가끔 길을 가다 보면 뚱뚱한 엄마의 손을 잡고 걸어 가는 뚱뚱한 아이를 보게 된다. 이는 엄마의 요리 솜씨가 훌륭하기 때문일지도 모른다. 엄마가 맛있는 음식을 잘 만드니 아이들과 온 가족이 과식하여 몸집이 커진 것이 아닐까 생각된다. 또 다른 이유로는 가족들의 음식에 대한 선호도가 비슷하기 때문으로 여겨진다. 열량이 높은 고지방, 고단백 음식을 좋아하는 경우, 가족 전체가 뚱뚱해질 수도 있으리라 생각된다. 이처럼 후천적인 식습관과는 달리 비만 체질이 유전될 수 있다는 연구 결과가 있다. 과체중의 엄마로부터 태어난 아이는 어릴 때나 청소년기, 그리고 어른이 되어 비만해지기 쉽다는 것이다. 엄마가 비만해지는 식습관을 가질 때, 엄마의 세포 내 염색체에 후성유전학적 변화를 초래하게 되고 이 형질이 자녀에게 전달될 수 있음이 밝혀졌다.

　후성유전학이란 유전자의 염기서열이 바뀌지 않은 상태에서 유전자 발현의 변화가 일어나는 것을 연구하는 분야이다. DNA의 염기 가운데 사이토신(cytosine)에 메틸기가 붙거나 DNA 사슬이 감고 있는 히스톤 단백질에 변형이 일어나면 염색사의 구조가 바뀌게 된다. 예를 들어 히스톤 단백질에 메틸기, 아세틸기, 인산기, 유비퀴틴 등이 붙을 수 있다. 그러면 이 부위의 유전자 발현이 달라진다. 왜냐하면 히스톤에 감겨 있는 DNA 사슬의 구조가 느슨해지거나 혹은 응축되기 때문이다. 특정 부위의 DNA 사슬이 응축되면 그 부위에 존재하는 유전자는 발현하기 어려워진다. 반면에 DNA 사슬구조가 느슨해지면 전사에 필요한 단백질 인자들과 효소들이 그곳으로 쉽게 들어가 작용함으로써 mRNA를 만들고, 이어서 단백질로 번역이 용이해진다. 이런 후성유전학적 변화는 외부 또는 환경요인으로부터 기인하게 된다. 그래서 유전자의 염기서열이 동일하더라도 그 유전자의 발현 정도는 개체에 따라 차이가 나기 때문에 생리학적 기능이나 활성이 달라진다. 이러한 변화는 세포분열을 통해 새롭게 생성되는 세포에도 전달되어 나타날 수 있고, 생식세포에 영향을 미치게 되면 여러 세대에 걸쳐 유전자 발현 변화가 전해질 수도 있다.

이처럼 후성유전학적 변형이 엄마의 세포에 일어나면 태아에게도 영향을 미치게 된다. 비만한 산모들의 임신은 임신성 당뇨, 고혈압질환, 조산, 제왕절개 등 합병증의 위험을 증가시킨다. 뚱뚱한 엄마에게서 태어난 아이는 소아비만과 심혈관 및 대사 질환의 위험이 높아지며 신경정신건강과 인지기능에도 장애를 일으키기 쉽다. 엄마의비만은 태반에 구조적 및 생리적 상태의 변화를 일으킨다. 그래서 태아에게 영향을 미친다. 태반의 영양분 운반 능력과 신생아의 출생체중과는 밀접한 관련이 있다. 비만하면 태반의 혈관 가지치기 형성에도 문제가 발생하여 태반 혈류를 감소시키는 경우가 발생할 수 있다. 비만 산모의 아이들은 신생아 기간에 고인슐린혈증과 저혈당증에 걸리기 쉽다. 이는 일부 뚱뚱한 산모들에게서 나타나는 임신성 당뇨 때문이다. 동물연구를 통해서도 새끼를 밴 뚱뚱한 동물은 인슐린 저항성으로 인해 배아의 혈당수치를 증가시키며, 췌장 베타세포의 성숙을 가속화시킨다. 그래서 태어난 새끼는 손상된 포도당 내성을 가진다. 이뿐 아니라 뚱뚱한 엄마로부터 비만 관련 다양한 호르몬들이 분비되어 태아에게 영향을 준다. 이처럼 엄마의 식습관은 본인의 혈당 조절 능력과 기능에 영향을 미칠 뿐만 아니라 자녀들의 대사기능에도 장애를 초래할 수 있다. 획기적인 식습관의 변화를 주지 않고, 음식이나 운동습관 등을 그대로 지속한다면 다음 세대까지 문제가 이어질 수 있음을 말해 준다. 다시 말해서 한 가정의 올바른 식습관과 문화는 대를 이어 긍정적인 영향을 줄 수 있다는 것이다.

신앙의 삶에도 부모의 경건함은 자손에까지 영향을 준다. 사도 바울이 끝까지 사랑하고 신뢰했던 동역자 디모데의 가정이 그렇다. "내가 밤낮 간구하는 가운데 쉬지 않고 너를 생각하여 청결한 양심으로 조상적부터 섬겨오는 하나님께 감사하고, 네 눈물을 생각하여 너 보기를 원함은 내 기쁨이 가득하게 하려 함이니 이는 네 속에 거짓이 없는 믿음이 있음을 생각함이라. 이 믿음은 먼저 네 외조모 로이스와 네 어머니 유니게 속에 있더니 네 속에도 있는 줄을 확신하노라."(딤후 1:3-5). 사도 바울은 디모데가 청결한 양심을 가지고 있다고 칭찬하였다. 이 모습은 외할머니와 어머니에게서 온 것임을 말하고 있다. 디모데는 헬라인 아버지와 유대인 어머니 사이에서 태어났다. 디모데는 루스드라를 방문한 사도 바울의 눈에 띄었는데, 루스드라뿐만 아니라 인근 도시인 이고니온의 교회들로부터도 칭송을 받고 있었다. 성경은 디모데를 거짓 없는 믿음의 소유자로 표현하고 있다. 바울은 그를 신앙의 아들로 삼고, 유대의 관습에 따라 할례를 행한 다음, 함께 전도여행을 하였다. 바울은 데살로니가 교회, 고린도 교회, 에베소 교회에 디모데를 파견하여 목회하도록 부탁하기도 하였다. 디모데는 젊은 나이에도 불구하고 경건함과 말씀에 대한 깊은 이해를 바탕으로 바울과 동역하며 초대교회를 든든히 세웠다. 이처럼 디모데가 훌륭한 복음의 일군으로 성장할 수 있었던 것은 값진 신앙의 유산을 물려받았기 때문이다. 외할머니 로이스와 어머니 유니게의 신앙 유전자가 그에게 전달되었다. 그는 믿음의 가정에서 경건한 신앙훈련을 받고 자랐다. 외할머니의 믿음이 어머니에게 전수되고, 어머니의 신앙이 아들 디모데에게 계승되어 초대교회 지도자로서 선한 영향을 끼친 것이다. 대를 이어 성경을 가르치는 가정환경에서 자란 디모데는 성경에 능통하였고, 하나님을 경외하며 말씀대로 순종하는 삶을 살았다. 어머니 유니게는 비록 이방인과 결혼하였지만 '하나님을 경외하다'라는 의미의 이름을 가진 것으로 보아 훌륭한 믿음의 사람이었음을 짐작할 수 있다. 이는 자신의 어머니 로이스로부터 아름다운 신앙의 유산을 물려 받았다는 증거이다. 외할머니로부터 내려오는 영적 문화가 손자에게까지 이어져 거룩한 믿음의 계보가 계승됨을 보여주고 있다. 신앙생활에서도 좋은 습관을 가지는 것은 참으로 중요하다. 위대한 신앙은 거룩한 습관을 통해 이루어지기 때문이다. 그리고 아름다운 신앙의 습관은 대대로 이어질 수 있다. 육신의 삶과 아울러 영적인 삶에서도 건강한 습관이 체질화되길 원한다. 그래서 신체적, 정신적 건강과 아울러 영적으로도 훌륭한 믿음의 가문이 많아지길 소원해 본다.

간헐적 단식은 유익한가?

———— ✦ ————

내가 어린 시절을 보냈던 1960년대는 참으로 어려웠던 시기였다. 한국전쟁으로 인해 온 나라가 폐허로 변해버렸고, 건실한 경제적 기반을 아직도 구축하지 못하였던 때였다. 가난으로 힘들어 하던 우리나라는 미국의 원조를 받아 근근이 생활하였다. 내가 초등학교 다닐적에 점심시간마다 옥수수 빵을 나눠주었다. 미국에서 보내준 옥수수로 빵을 만들어 배급하였던 것이다. 당시 우리나라 대부분의 가정은 경제적으로 몹시 가난하였다. 우리 집도 예외는 아니었다. 몇 번에 걸친 아버지의 사업 실패로 우리 가정은 매우 궁핍하였다. 어머니께서는 6명이나 되는 자식들을 어떻게 먹이며 키울 것인가 늘 걱정하셨다. 가난한 형편임에도 불구하고 자식들을 굶기지 않고, 어떡하든지 공부를 시키기 위해 노심초사하시던 어머니 생각이 간절하다.

세계 최빈국이던 우리나라는 오늘날에 이르기까지 비약적인 발전을 거듭하였다. 제조업 기반이 형편없었지만 수출만이 살 길이다 라는 구호를 부르짖으며, 무엇이든지 만들어 팔기 위해 발로 뛰었다. 여자들은 치렁치렁한 머리카락을 잘랐고, 이를 가발로 만들어 수출하였다. 솜씨 있는 노동력을 이용하여 값싼 옷과 섬유제품, 운동화 등을 만들어 팔았다. 베트남 전쟁이 터지면서 군대를 파병하고, 베트남으로 많은 물자를 수출하며 경제에 활력을 불어넣었다. 그리고 젊은 사람들은 서독의 탄광과 병원으로 일하러 갔고, 중동의 건설현장에서 구슬땀을 흘렸다. 우리도 한번 잘 살아 보세 하며 허리띠를 졸라 매었다. 성실하고 근면한 모습으로 치열하게 살아왔기에 지금은 경제적으로 살 만한 나라가 되었다. 주변을 둘러보아도 먹을 것을 구하지 못해 굶주리고 있는 가정을 보기가 드문 세상이 되었다. 아주 쉽게 기름지고 맛있는 음식들을 즐기는 환경이 되었다. 거리마다 다양한 종류의 식당들이 넘쳐난다. 적은 비용으로 배부르게 먹을 수 있는 음식들이 널려 있다. 우리는 역사상 가장 풍요로운 시대에 살고 있는 것이다. 끼니를 걱정하던 우리가 이제는 너무 많이 먹어 걱정하는 시대가 되었다.

통계에 의하면 19세 이상 성인 가운데 체질량지수가 25 이상으로 비만한 남성은 40%가 넘는다. 이와 아울러 아동 청소년의 비만율도 점차 증가하는 추세에 있다. 뚱뚱해지면 고혈압, 고지혈증, 당뇨병을 앓기 쉽다. 그리고 지방간, 담석, 월경이상, 불임, 관절이상 등 여러 질환으로 고생할 수 있다. 그래서 지나치게 비만해지는 것을 경계하며 이를 완화시키기 위한 방법들이 제안되고 있다. 그중의 하나가 간헐적 단식이다. 간헐적 단식은 영양을 과도하게 섭취하는 습관을 고치는 것이다. 음식을 너무 많이 먹음으로써 우리의 소화기관이 혹사당하는 것을 시정하는 방법이다. 그래서 일정 시간 공복을 유지하면서 소화기관이 휴식을 취하도록 해 주는 방법이다. 간헐적 단식의 몇 가지 방법이 소개되고 있다. 우선 아침 금식을 실시하는 방법이다. 16시간 금식하고, 8시간 동안 식사를 하는 패턴이다. 즉 오후 6시에 저녁식사를 하고 다음 날 정오에 점심식사를 함으로써 16시간 동안 금식하는 방법이다. 또 다른 방법은 단기단식을 하는 것이다. 주중 5

일 동안은 정상적으로 식사하고, 나머지 2일 동안 아침, 점심을 먹지 않는 방법이다. 이처럼 금식을 가끔 실행하면 유익한 점이 많다고 연구자들은 보고하고 있다. 장(腸)의 치료를 돕고 염증을 줄여준다고 한다. 그리고 호르몬 민감도가 개선되며 성장 호르몬의 분비가 늘어난다. 또한 지방을 태워 연소하므로 지방 축적을 줄일 수 있다. 그래서 비만과 2형 당뇨치료에 좋다는 보고도 있고, 천식 증상의 완화에도 효과가 있다고 한다. 특별히 금식은 백혈구 가운데 단핵구(monocytes) 세포의 순환량을 줄여주는 효과가 있다고 2019년 셀(Cell)이란 잡지에 발표되었다. 미국 뉴욕시에 있는 마운트 시나이 의과대학의 미리암 메라드(Miriam Merad) 교수 연구팀은 단기간의 단식을 통해 단핵구 세포의 대사 및 염증 활동을 감소시키고, 순환하는 단핵구 세포의 수를 급격하게 줄일 수 있음을 보고하였다.

칼로리 제한은 염증성 질환과 자가면역 질환을 개선하는 것으로 알려져 있다. 그러나 칼로리 섭취를 줄이거나 단식을 통해 체내 염증 반응을 억제하는 분자 메커니즘에 대해서는 잘 알지 못하였다. 그런데 메라드 교수 연구팀은 단식의 염증억제 기전을 밝혔다. 단식은 간세포에서 저에너지 상태를 감지하는 AMPK 효소를 활성화시키고, 이는 PPARα라는 전사조절인자를 자극한다. 그래서 단핵구, 대식세포, 임파구를 자극하여 염증 반응을 유도하는 단백질인 CCL2의 생성을 억제하여 골수에서 혈액으로 이동하는 단핵구 세포의 수를 감소시킨다고 한다. 특히 미생물 감염으로 인한 전염성 급성 염증이나 손상된 조직을 수리하는데 필요한 단핵구 세포의 동원 능력은 훼손시키지 않는다. 다만 만성적 염증 질환을 개선한다는 것을 보여주었다. 이러한 결과는 칼로리 섭취에 따른 세포 내 에너지 센서가 혈액과 조직의 면역력을 조절한다는 것을 알려준다. 그리고 식습관과 염증성 질환 간에 상관관계가 있음을 말한다. 간헐적인 단식이 단기적으로 혈액과 조직에서 단핵구 세포의 숫자를 조절할 수 있음을 보았다. 에너지 섭취를 줄이면 혈액에 순환하는 단핵구 세포의 감소가 일어나고, 단핵구 세포의 대사작용과 염증 활동이 억제된다. 따라서 반복적인 단기 단식이나 칼로리 제한은 혈액과 말초 조직에 존재하는 단핵구 세포를 줄임으로써 염증성 질환에 대한 민감성을 감소시킬 수 있다. 실제로 순환하는 단핵구 세포의 숫자를 측정할 때 이 사실과 일치함을 알았다. 과체중과 비만인 사람에게서는 단핵구 세포의 숫자가 증가하며, 단식할 때는 말초조직의 염증 세포가 감소하였다. 그래서 단식하면 염증 반응을 전체적으로 개선시켰다.

우리의 영적 삶에서도 금식할 때가 있다. 위급한 상황에 처할 때, 우리가 먼저 해야 할 일은 금식하며 하나님께 기도하는 것이다. 국가적으로 민족 앞에 위기가 닥칠 때 허리를 동이고 금식하며 주님께 절실한 마음으로 부르짖어야 한다. 그리고 개인적인 삶에서 큰 걱정이나 슬픔이 찾아올 때도 금식의 기도가 필요하다. 하나님의 비상한 간섭을 요청하기 위함이다. 살아가면서 내 힘으로 해결할 수 없는 일이 참으로 많음을 우리는 알고 있다. 이럴 때 나를 사랑하시고 나의 삶을 불꽃 같은 눈으로 감찰하시는 하나님의 도움이 필요하다. 그래서 우리는 금식하며 주님을 의뢰해야 한다. 또한 우리가 심각한 범죄를 했을 때 금식하며 회개해야 한다. 다시는 동일한 죄를 범하지 않겠다는 마음으로 애통하며 금식을 통해 표현하는 것이다. 다윗왕은 신하의 아내 밧세바와 불륜을 범함으로써 아이를 갖게 되었다. 그런데 그 아이가 병들어 죽게 되자 음식을 거부하며 밤새도록 땅에 엎드려 기도하였다. 병으로 괴로워하는 아이를 보면서 다윗은 자신의 범죄에 대해 자책하며 통회하였다. 금식기도는 나의 뜻을 관철하기 위함이 아니고, 하나님의 긍휼하심을 기대하는 것이다. 그리고 나의 이웃에게 어려움이 닥쳤을 때도 금식하며 형제의 아픔에 동참함이 필요하다. "나는 저희가 병들었을 때에 굵은 베옷을 입으며 금식하여 내 영혼을 괴롭게 하였더니 내 기도가 내 품으로 돌아왔도다."(시 35:14). 친구의 병 낫기를 위해 금식하며 기도했더니 그 기도의 효과가 내게로 되돌아왔다고 성경은 말한다. 이는 어려움을 당한 형제 자매들을 위해 금식 기도할 때, 우리 자신에게도 큰 복이 임함을 알 수 있다. 금식하는 동안 배고픔이 엄습하며 힘이 빠지고 귀가 멍멍해지며 일에 집중하기 어려워짐을 경험한다. 이로써 나 스스로가 얼마나 연약한지 깨닫게 된다. 금식은 우리를 겸손하게 만든다. 금식은 나의 연약함을 주님 앞에 인정하는 것이다. 그러기에 하나님의 도우심을 겸손하게 바라게 된다. 간절히 주님의 얼굴을 찾기 위해 금식하며 나아갈 때, 우리의 영적 면역력은 증가하며 죄와 싸워 이길 수 있다. 옷을 찢고 머리에 재를 뿌리며 하나님께 통곡하며 금식하는 가운데 우리의 삶에는 반전이 일어나고, 사막에 강이 흐르며 광야에 대로가 생기는 은혜가 베풀어짐을 경험하는 자가 되길 소원한다.

튼튼 골격으로 활달한 삶을

―――――――――――〜―――――――――――

　내가 형님처럼 따르고 좋아하는 선배 장로님이 있다. 올해 칠순을 맞이한 그를 축하하기 위해 두 가정이 만났다. 교외에 위치한 호젓한 이태리 음식점을 찾아 식사를 나누며 축하해 주고 교제하는 시간을 가졌다. 그는 다산 정약용의 형님인 정약전 선생의 후손이다. 정약전 선생은 천주교 신앙을 접했다는 이유로 흑산도로 귀양 갔다가 그곳 연해에 서식하는 물고기와 해양생물 등에 대한 정보를 집대성하여 '자산어보(玆山魚譜)'를 저술한 바 있다. 선배 장로님은 조선시대 명망 높은 사대부 학자 가문의 후손으로서 뼈대 있는 집안 출신이다. 그래서인지 몰라도 그의 인품은 훌륭하고 점잖으시다. 그리고 성품만 훌륭한 것이 아니다. 비록 자그마하지만 다부진 몸매를 가지고 있다. 어깨가 딱 벌어지고 건장한 체격을 유지하고 있는데, 그의 팔뚝과 종아리 근육은 나와 비교하여 거의 두 배는 된다. 그는 주말마다 테니스를 하며, 골프도 자주 치고, 팔굽혀펴기 등 운동을 꾸준히 하신다. 그리고 부인 권사님은 요리 솜씨가 좋아 영양이 풍부하고 맛있는 음식으로 장로님을 늘 챙겨 주시기 때문에 그는 지금도 젊은이 못지않은 체력을 자랑하고 있다. 지금도 팔굽혀펴기는 100개도 넘게 할 수 있다고 하신다. 이렇게 건강하고 단단한 체격을 유지하고 있음은 평소에 부지런히 몸을 관리함으로써 그의 뼈대가 튼튼함을 말해 주고 있다.

성인의 몸에는 206개의 뼈가 있다. 이들이 관절을 이루고 인대, 힘줄, 근육, 연골 등과 함께 골격을 만든다. 뼈는 우리 몸을 지탱하고 근육과 함께 작용하여 우리로 하여금 움직이게 한다. 이와 아울러 뇌, 심장, 폐 등 주요 장기들을 외부 손상으로부터 보호하는 역할도 한다. 뼈에는 칼슘 39%, 인산 17%, 탄산 9.8%, 적은 양의 칼륨(포타슘), 나트륨(소디움), 마그네슘 등의 미네랄 성분들이 존재한다. 그리고 유기물로서 콜라젠 단백질이 33% 정도 차지한다. 즉 콜라젠 단백질의 망상구조에 인산칼슘이 침투하여 굳어짐으로써 딱딱한 뼈대를 형성한다. 하지만 이처럼 단단한 골격으로 유지되어야 할 뼈도 나이가 듦에 따라 골밀도가 점차 감소되고 약해진다. 그러므로 나이 들어감에 따라 뼈를 건강하게 유지하는 일은 매우 중요하다. 왜냐하면 활발히 움직이며 활력 있게 살아가기 위해서 꼭 필요하기 때문이다.

뼈의 건강을 유지하기 위해서는 첫째로 운동을 해야 한다. 여러 운동 가운데 뼈에 스트레스를 가하는 운동이 좋다. 그러면 미네랄 성분의 재순환을 자극하여 뼈로 하여금 하중에 견딜 수 있도록 적응하게 만든다. 그래서 체조, 걷기, 조깅, 줄넘기 등 체중으로 무게가 실리는 운동을 하면 뼈가 굵어지고 강해진다. 또한 아령이나 역기 들기와 같은 운동도 도움이 되고, 윗몸 일으키기나 팔굽혀펴기, 무릎굽혀펴기 등과 같은 저항운동도 뼈 건강에 좋다. 뼈는 골격 형성이 마무리되더라도 강도와 단단함은 끊임없이 변화한다. 만일 몇 주 동안 아무런 운동도 하지 않고 앉아 있거나 누워만 있으면 뼈 무게의 1/3은 줄어들 것이고, 심히 약해지며 체형도 바뀌고 말 것이다.

뼈 건강을 위해 두 번째로는 호르몬 조절의 균형이 이루어져야 한다. 성장 호르몬과 갑상선 호르몬 티록신은 뼈의 성장을 돕는다. 그리고 에스트로젠과 안드로젠과 같은 성 호르몬은 골아세포(osteoblast)를 자극하여 뼈 성분의 합성을 촉진하게 만든다. 또한 칼시토닌과 부갑상선 호르몬 간에 적절한 균형이 이루어져야 한다. 칼시토닌 호르몬은 갑상선의 난포방세포인 C 세포로부터 분비되는데, 파골세포(osteoclast)의 활성을 억제하고, 콩팥에서 칼슘이온을 체외로 분비하도록 촉진한다. 반면에 부갑상선 호르몬은 목 부위에 있는 부갑상선에서 합성되어 분비되며, 파골세포를 자극하여 활발하게 작용하게 하고, 소장에서 칼슘이온의 흡수를 촉진한다. 그리고 콩팥에서 칼슘이온의 분비를 억제한다. 이렇게 두 호르몬이 길항적으로 작용하는 이유는 혈액이나 세포외액에 적정한 농도의 칼슘이온을 항상 유지토록 함이다. 즉 혈중 농도를 9~10mg/dL 정도로 유지해야 한다. 이는 우리 몸에서 일어나는 모든 생리적 작용에 칼슘이온이 필수적으로 사용되기 때문이다. 즉 근육의 수축과 신경세포의 신경신호전달, 호르몬 분비 등에 칼슘이온은 매우 중요한 신호로 작용한다. 그러므로 혈장의 칼슘 농도가 줄어들면, 부갑상선 호르몬이 분비되어 파골세포를 활성화시켜 산과 단백질 분해효소를 분비하게 함으로써 뼈를 녹여 칼슘이온이 유리되도록 한다. 그리고 콩팥에서 칼슘이온의 배출을 막고, 소장에서는 칼슘이온의 흡수를 도와 체액에서 칼슘 농도가 올라가도록 조절한다. 반면에 칼슘이온 농도가 높아지면 칼시토닌 호르몬이 분비된다. 칼시토닌은 골아세포를 자극하여 뼈 형성 작업을 활발하게 만들어 혈중 칼슘이온이 뼈로 옮겨가도록 만든다. 그리고 콩팥에서 오줌을 통해 칼슘의 배출을 증가시키고, 소장에서는 칼슘의 흡수를 억제함으로써 체액에서 칼슘 농도를 떨어트려 적정 농도의 칼슘이 유지되도록 한다. 이들 호르몬 외에 칼시트리올(calcitriol)이라는 호르몬도 칼슘이온의 항상성에 기여하고 있다. 칼시트리올은 소화기관으로부터 칼슘이온과 인산염의 흡수를 촉진하여 혈액 내 칼슘이온 농도를 높이는 기능을 한다. 칼시트리올의 합성은 비타민 D로부터 시작한다. 비타민 D_3가 간에서 칼시페디올(calcifediol)로 만들어진 다음, 콩팥에서 칼시트리올로 전환된다. 그리고 비타민 D_3는 피부에서 자외선의 자극을 받아 합성될 수 있다. 그런데 자외선은 비타민 D의 합성을 촉진하지만 피부노화를 가속화시키기도 한다. 그래서 피부가 자외선에 노출되지 않도록 자외선 차단 크림을 바르거나 모자 등을 쓰기도 하는데, 이럴 경우 비타민 D를 섭취해 주는 것이 좋다.

뼈 건강을 위해 세 번째로 중요한 것은 영양공급이다. 비타민 C는 골아세포의 분화를 돕고 콜라겐 합성을 촉진시킨다. 그리고 비타민 A는 골아세포를 자극하여 뼈 형성을 돕는다. 또한 비타민 K와 B_{12}는 뼈 단백질의 합성을 증가시킨다. 따라서 비타민 K가 많이 함유되어 있는 시금치, 케일, 브로콜리와 같은 녹색 채소와 계란과 우유 등을 섭취하는 것이 좋다. 그리고 감귤, 딸기, 피망 등에는 비타민 C가 많고, 육류와 계란, 유제품에는 비타민 B_{12}가 많이 들어 있다. 그러므로 뼈 형성에 필요한 비타민들을 함유한 식품들을 섭취해야 한다. 이와 아울러 칼슘과 인산염이 풍부한 음식도 충분히 먹어야 한다. 뼈째 먹는 멸치와 콩, 두유, 견과류, 치즈 등은 높은 칼슘 함량을 자랑하므로 챙겨 먹어야 한다.

젊을 때는 튼튼한 골격을 유지하지만 그 강도가 시간에 따라 서서히 감소한다. 이러한 골감소 현상은 30대 후반부터 시작한다. 여성의 경우, 매 10년마다 8%씩 줄어들고, 남성은 매 10년마다 3%씩 감소한다. 그런데 골감소가 심각하고 빠르게 진행될 때, 뼈에 구멍이 생기는 골다공증이 발생할 수 있다. 특히 성 호르몬의 생산이 눈에 띄게 줄어드는 갱년기에 이르면 골밀도가 현저하게 떨어지는 경우가 있다. 그래서 45세 이상 여성의 29%가 골다공증으로 고생하며, 남자는 18%가 골다공증에 시달린다. 이처럼 뼈가 약해지면 어지간한 충격에도 쉽게 부러진다. 노인들이 넘어지거나 떨어져 낙상할 때 뼈가 부러져 거동을 못하는 경우가 많다. 그래서 누워 있다 보면 신체 전반의 기능이 함께 약해지는 것을 본다. 특히 고관절이나 척추에 골절이 발생할 경우 후유증으로 인해 사망에 이르기도 한다.

이처럼 바른 자세와 활발한 움직임을 위해서는 단단한 골격이 유지되어야 한다. 믿음의 삶에서도 마찬가지다. 강인한 신앙의 뼈대를 세우기 위해서는 하나님을 아는 지식이 자라가야 한다. 하나님을 바로 알기 위해서는 하나님께서 우리에게 주신 말씀을 사랑하고 부지런히 공부해야 한다. 이것이 신앙의 뼈대가 된다. 뼈대가 튼튼한 신앙은 휘청거리지 않는다. 예수님께서도 주님의 말을 듣고 행하는 자는 반석 위에 집을 지은 자라 하셨다. 반석에 골조를 세우고 지은 집은 창수가 나고 바람이 불어 부딪히더라도 무너지지 않는다. 사도 바울은 에베소 교회에게 보낸 서신에서 이처럼 말했다. "우리가 다 하나님의 아들을 믿는 것과 아는 일에 하나가 되어 온전한 사람을 이루어 그리스도의 장성한 분량이 충만한 데까지 이르리니 이는 우리가 이제부터 어린 아이가 되지 아니하여 사람의 속임수와 간사한 유혹에 빠져 온갖 교훈의 풍조에 밀려 요동하지 않게 하려 함이라"(엡 3:13-14). 이 땅을 살아가면서 우리가 처한 상황에 휘둘리지 않고, 감정에 휘말리지 않기 위해서는 요동치 않는 믿음의 자세가 요구된다. 세상의 교훈과 풍조를 따르지 않고, 서로 간에 비방과 분란을 피하기 위해서는 꿋꿋한 신앙의 뼈대가 있어야 한다. 이를 위해서 하나님의 아들을 믿는 것과 아는 일에 힘써야 한다. 그래서 그리스도의 장성한 분량에 이르기까지 자라가야 한다. 신앙의 삶에서 경험할 수 있는 가장 중요한 문제들에 대해서 성경은 가르치고 있다. 성경적 원리, 즉 교리에 대한 이해가 깊어져야 한다. 그래야 사람의 속임수나 간사한 유혹을 이겨낼 수 있다. 하나님의 말씀을 통해 나 자신과 세상을 바라보는 가치관을 확립하고, 일관된 삶의 자세를 유지해야 한다. 이는 믿음의 뼈대가 든든할 때 가능한 일이다. 하나님의 말씀에 대한 지식이 부족한 신앙은 마치 뼈대 없이 흐물거리는 몸과 같다. 말씀으로 뼈대를 만들지 않은 채 신앙생활 하는 것은 위험하다. 때와 상황에 따라 흔들리고 변하기 때문이다. 그래서 일관성 없는 신앙의 삶이 되고 만다. 하나님의 말씀이 가르치는 삶의 원리는 시대를 초월하여 변하지 않는다. 이제부터라도 성경적 가르침을 조직적으로 요약하고 설명한 교리부터 차근차근 공부하여 신앙의 골격을 세워야겠다고 다짐해 본다.

모세혈관이 튼튼해야 몸이 건강하다

─────────⋈─────────

　대학 2학년 때, 기숙사비를 아끼기 위해 혼자서 자취를 하였다. 학교에서 멀리 떨어진 곳에 월세가 싼 방을 구하고 자전거로 통학하였다. 처음 얼마 동안은 아침밥도 해 먹고, 수업을 마치고 돌아와서는 저녁밥을 지어먹기도 하였다. 하지만 날씨가 쌀쌀해지면서 아침에 일찍 일어나 쌀을 씻고 밥을 한다는 것이 여간 성가신 일이 아니었다. 그리고 냄비에 밥을 짓더라도 반찬이 문제였다. 여러 반찬을 만들 실력이 없던 나는 주로 멸치를 고추장에 찍어 먹거나 김에 밥을 싸 간장에 찍어 먹곤 하였다. 그래서 자취 생활할 때 제대로 차려진 식사를 한 기억이 별로 없다. 밤 늦은 시간까지 리포트 작성하느라 씨름했을 때는 늦잠을 자 아침식사도 거르고 학교로 가는 경우가 많았다. 그럴 때면 오전 수업에 집중하기가 쉽지 않았다. 그리고 수업이 끝난 후 점심식사 때는 허겁지겁 과식하는 경우가 많았다. 혈기 왕성한 시절이었지만, 먹는 것이 부실하다 보니 힘이 없었고, 공부할 때도 열정적으로 하지 못했던 것 같다.

　우리 몸은 끊임없이 에너지를 공급받아야 살 수 있다. 그래서 식사를 통해 음식을 먹는 것이다. 세포는 자신이 필요로 하는 에너지를 매일 섭취하는 영양분을 대사하는 과정을 통해 만든다. 세포는 영양분이 가지고 있는 화학 에너지를 산화시켜 ATP라는 생체 에너지를 얻는다. 영양분이 산화되기 위해서는 산소가 필요하며, 최종적인 산화물로 이산화탄소가 만들어져 배출된다. 그러므로 영양분과 산소를 끊임없이 공급해 주는 수송 시스템이 있어야 한다. 이 역할을 수행하는 것이 바로 순환기관이다. 이와 아울러 산소를 공기로부터 받아들이기 위해서는 호흡기관이 작동해야 한다. 건강한 사람은 1분당 12~15회 빈도로 숨쉬기를 하며, 1분에 약 9리터의 공기를 들이마신다. 그런데 달릴 때는 훨씬 많은 양의 공기를 마셔야 하는데, 무려 55리터의 공기를 마신다. 폐로 들어온 산소는 혈관 안으로 확산되어 혈액 속의 적혈구에 들어 있는 헤모글로빈 분자와 결합한다. 그러면 혈액은 산소를 듬뿍 함유하고서 폐로부터 심장으로 이동하고, 심장에서는 펌프 작용에 의해 온몸으로 수송된다. 우리는 보통 하루에 1.5kg 정도의 음식을 섭취한다. 소화기관에서는 음식을 소화하여 세포가 흡수하기 쉽도록 영양분을 잘게 부수어 혈액으로 보낸다. 그러면 영양분들이 혈장으로 녹아 들어가 온몸의 세포로 전달되는 것이다.

혈액에 녹아 있는 산소와 영양분들을 조직의 세포로 전달하는 과정에서 절대적인 역할을 하는 것이 모세혈관이다. 모세혈관은 심장을 떠나 혈액이 흐르는 관류 가운데 가장 미세한 직경을 가진 혈관이다. 세동맥과 세정맥을 연결하면서 그물 모양을 하고 있다. 모세혈관은 한 층의 내피세포로 이루어져 있어 혈액과 조직세포 사이에 물질교환이 원활하게 이루어지게 한다. 모세혈관은 굵기가 10μm 정도여서 적혈구 하나가 겨우 지나갈 수 있는 작은 관이다. 세동맥과 연결된 모세혈관은 조직세포에 비해 상대적으로 산소와 영양분이 풍부하다. 그래서 혈액 속의 영양분과 산소가 조직으로 건너간다. 반면에 세정맥으로 이어지는 모세혈관은 조직으로부터 이산화탄소와 대사 노폐물을 받아 심장으로 돌아간다. 모세혈관의 입구에는 괄약근이 있어 모세혈관의 혈류를 조절한다. 그리고 혈관벽에는 민무늬근이 위치하여 수축할 때는 모세혈관의 직경이 작아져 흐르는 혈액의 양이 줄어든다. 반면에 이완되면 혈관이 굵어져 혈액 양이 증가한다. 모세혈관 내 혈액이 밖으로 빠져나와 조직에 고여 있을 때, 이를 부종이라 한다. 특히 염증이 발생하면 모세혈관의 투과성이 증가하여 붓게 된다. 그리고 피부에 실핏줄이 보이거나 붉게 보이는 경우는 피부 가까이 위치한 모세혈관의 확장으로 인한 것이다. 모세혈관은 우리 몸의 말초조직으로 필수 영양소와 산소를 전달하는 한편, 세포가 대사하고 남은 부산물을 청소하는 작업을 함께 수행한다.

이렇게 모세혈관의 혈류를 조절하는 괄약근이 뇌조직에도 있음이 밝혀졌다. 덴마크 코펜하겐 대학교의 쇠렌 그루브 교수팀은 뇌조직에 존재하는 괄약근을 이광자 공초점 현미경으로 확인하고, 이를 2020년 '네이처 커뮤니케이션즈(Nature Communications)' 잡지에 발표했다. 연구팀이 확인한 모세혈관의 괄약근은 '자동 온도조절 장치'와 흡사한 기능을 하였다. 즉 나뭇가지처럼 펼쳐진 모세혈관들 사이에 압력을 분배하는 것이다. 괄약근이 이완되면 혈액의 유입량이 늘어나 모세혈관 경로상의 압력이 높아지고, 괄약근이 수축되면 혈관 압력이 낮아진다. 마치 경작지에 물을 대는 수문처럼 역할을 한다. 수문이 활짝 열리면 물이 논으로 흘러 들어가 골고루 나눠지고, 반대로 닫히면 메마르게 되는 것처럼 말이다. 뇌조직에 혈액이 원활하게 공급되지 않으면 뇌졸중과 편두통이, 또는 알츠하이머 치매와 같은 퇴행성 뇌질환이 발생할 수 있다. 뇌에서 혈류는 대단히 중요하다. 뇌는 우리가 호흡하여 받아들이는 산소의 15%를 사용하며, 우리 온몸이 생산하는 에너지의 20%를 사용한다. 그러므로 세동맥에서 모세혈관을 거쳐 세

정맥으로 흐를 때 영양분, 산소, 이산화탄소, 노폐물 등의 교환이 순조로워야 한다. 그렇지 않으면 뇌기능의 심각한 장애가 발생할 수 있다. 정상적인 뇌기능을 유지함에 있어서 적절한 혈압과 혈액량이 조절되어야 하는데, 이때 괄약근이 결정적인 역할을 하는 것으로 보고 있다.

이처럼 모세혈관은 눈에 보이지도 않을 정도로 가는 혈관이지만 그 역할은 매우 중요하다. 각 조직의 모든 세포들과 물질교환을 하는 파트너이다. 그러므로 모세혈관의 건강을 유지하는 것이 곧 몸을 튼튼히 하는 일이다. 고지방 가공식품을 즐기다 보면 모세혈관은 힘을 잃게 된다. 이와 동시에 말초조직도 시름시름 앓게 된다. 온몸의 조직은 서로 간에 적절한 물질 전달과 소통이 이루어져야 한다. 영적 건강도 마찬가지다. 우리와 하나님과의 소통이 제대로 이루어져야 건강한 영의 삶을 유지할 수 있다. 하나님께서는 계시와 교훈과 훈계, 그리고 경고를 선지자나 사도들을 통해 우리에게 말씀하셨다. 이를 제대로 이해하고 깨닫는 대로 순종해야 한다. 오늘날 하나님께서는 성경을 통해 자신의 뜻을 알려주시는 소통방식을 선호하신다. 이스라엘 민족의 포로귀환 시대에 학사 에스라는 신앙의 재건을 위해 힘을 쏟았다. 그는 아론의 16대 손이었고, 레위 지파로서 제사장 가문 출신이었다. 그는 평생에 걸쳐 성경을 연구하고 가르쳤다. 에스라가 사용한 방법이 하나님의 말씀을 백성들에게 읽어주고 해석하는 것이었다. 하나님의 명령과 뜻을 성경통독으로 백성들에게 전달한 것이다. 일찍이 북 이스라엘은 앗시리아에 의해 멸망당하고, 남 유다는 136년 후에 바빌로니아로 인해 망했다. 이 과정 중에 많은 유대의 귀족들은 바벨론으로 끌려가게 되었다. 처음 포로로 잡혀간 지 70년 만에 바빌로니아의 뒤를 이어 패권을 차지한 페르시아의 고레스 황제가 포로의 귀환을 허용하는 칙령을 발표하였다. 그래서 BC 537년 스룹바벨 총독과 대제사장 예수아 및 레위 족속을 중심으로 50,000여 명의 유대인들이 1차로 돌아와 예루살렘 성전을 재건하였다. 이후 아닥사스다 1세가 포로 귀환을 허락함으로써 BC 458년, 에스라 선지자가 1,750여 명의 백성들을 이끌고 예루살렘으로 돌아왔다. 에스라는 영적 부흥과 갱신을 위해 노력하였다. 그 땅에 살고 있던 이스라엘 백성들이 이방인들과 혼인하여 이방신을 섬기며 살고 있는 것을 보고서 울며 죄를 자복하고, 이방여인들을 내어 보내도록 조치하였다. 그리고 BC 444년에 느헤미야 총독이 유대 백성들을 이끌고 3차로 귀환하였다. 그는 토착민들의 집요한 방해에도 불구하고 백성들을 독려하며 52일 만에 무너진 예루살렘 성벽을 중건하였다. 이후 느헤미야는 학사 에스라와 이스라엘 백성들을 수문 앞 광장으로 불러 모았다. 남녀노소, 노인, 아이 모두 모였다. 에스라는 그곳에서 새벽부터 정오까지 율법책을 낭독하였다. 온 무리는 일제히 자리에서 일어나 에스라가 낭독하는 율법에 귀를 기울이며 아멘으로 응답하였다. 백성들은 하나님의 말씀을 들으며 깨달음을 얻고, 울면서 새로운 삶을 결단하였다. 영적 대각성이 일어난 것이다. 하나님의 말씀이 사람들에게 전달될 때, 마음에 찔림과 감동이 일어났다. 오랫동안 하나님과 멀어진 삶을 살았던 유대 백성들은 성경의 말씀이 선포될 때, 마음이 녹아내렸다. 율법이 지시하고 가르치는 대로 살고자 하는 강한 열망을 가지게 되었다. 하나님의 말씀으로 인한 소통이 있었기 때문이다. 성경을 낭독하고, 그 뜻을 해석하여 사람들에게 전달할 때, 극적인 변화가 일어났다. 세속적 삶의 태도가 성경적 삶으로 변화되었다. 성경통독으로 영적 소통이 일어난 결과이다. 살아가는 동안 우리에게는 끊임없이 하나님의 뜻이 전해져야 한다. 그래야 켜켜이 쌓여 굳어져 있는 옛 생각을 버리고, 주님이 기뻐하시는 가치관으로 삶을 바라볼 수 있다. 매 순간 나의 삶에서 주님의 뜻을 이루어 가는 말씀의 소통 현장이 활발하게 되길 간절히 기도해 본다.

고통스런 통증이 몸에 있는 이유

—————⸎—————

　해외 출장을 다녀온 이후 밀린 일들을 처리하느라 며칠 동안 무리를 했더니 몸살이 났다. 다리에 힘이 빠지고 후들거리며, 두통이 있어 머리가 지끈지끈 아파왔다. 그리고 열도 나서 정신이 몽롱해졌다. 몸살뿐만 아니라 바이러스나 세균에 감염될 때도 우리 몸에는 염증 반응이 일어나 아픔을 느끼고 드러눕게 만든다. 또한 몸에 상처를 입을 때에도 우리는 날카로운 통증을 느낀다. 이처럼 우리에게는 아프다는 감각이 있는데 그 이유가 무엇일까? 통증을 오래도록 느끼고 싶은 사람은 없다. 통증은 우리로 하여금 기분 나쁘게 하고 우울하게 만들기 때문이다. 가능하면 아픔의 고통에서 빨리 벗어나고 싶어 한다. 나는 아플 때마다 증상을 설명하며 자문을 구하는 교회의 의사친구가 있다. 내가 나이가 많아 형님 동생하며 친하게 지낸다. 이 분은 레이저 시술을 잘 하는데, 피부의 흉터나 점을 없애는데 독보적인 노하우를 가지고 있다. 피부치료뿐만 아니라 독감을 비롯한 여러 질환에 대해서도 해박한 지식을 가지고 있으며 질병에 따라 적절한 처방을 내린다. 그는 찾아오는 환자들에게 매우 친절하다. 이와 아울러 세심하며 정성스럽게 치료를 하므로 환자들에게 인기가 높다. 그는 병원치료가 없는 날이면 여가를 이용하여 다양한 스포츠를 즐기는데, 젊었을 때는 수상 요트를 즐겼다. 바람에 의지하여 파도를 가르며 바다를 지날 때, 얼굴에 스치는 상쾌한 바람과 탁 트인 바다를 질주하는 짜릿함은 그 무엇과 비교할 수 없을 정도로 신나게 만든다고 한다. 그런데 어느 여름날, 요트에 몸을 싣고 빠르게 달리던 중 갑자기 나타난 배와 부딪혀 크게 다치는 사고를 당한 적이 있었다. 여러 군데 뼈가 부러지고, 큰 상처를 입었으며 오랫동안 수술과 치료를 받았다. 병원에 입원해 있는 동안 너무 통증이 심하고 괴로워서 죽고 싶은 심정이 들기도 하였다고 한다. 온몸이 부서지고 심하게 망가져 예전처럼 회복할 수나 있을지 불안해하며 우울감과 함께 심적 고통으로 매우 힘든 시간을 보냈다고 한다. 지금은 다행스럽게 건강을 회복하여 부인 권사님과 함께 부부의사로서 병원 운영을 잘하고 있다. 그는 장로로서 지역교회를 열심히 섬기며, 매년 실시하는 영성훈련에도 빠짐없이 열심히 봉사하고 있다. 그리고 캄보디아 노동자들을 위한 문화센터를 마련하고, 부인 권사님과 함께 주일저녁마다 예배와 성경공부를 통해 주님의 사랑을 전하고 있기도 하다.

통증이란 이처럼 참기 힘든 고통으로 다가온다. '통증이란 실제적 또는 잠재적인 조직 손상과 관련하여 표현되는 감각적이고 정서적인 불유쾌한 감정'이라고 국제통증학회는 정의하였다. 우리는 유해자극을 받았을 때, 아픔을 느끼는 통각이 있고, 육체적 감각작용과 더불어 감정까지 수반되는 복합적인 증상을 통증이라 한다. 이에 더 나아가 두려움, 미래에 대한 불안, 스트레스, 그리고 자주 변하는 심리적 상태 등으로 인해 삶에 부정적인 생각과 태도를 갖게 만든다. 따라서 아프다고 느끼는 통각이 불편한 감정과 결합하여 통증이 되고, 이로 인해 삶에 대한 생각까지 염세적으로 변할 때, 우리는 고통을 당한다고 표현할 수 있다. 통증은 급성과 만성이 있다. 급성 통증은 질병이 발생하거나 상처로 인해 조직의 손상이 생길 때 나타난다. 대개의 경우, 조직의 치유가 온전히 이루어지는 3개월을 넘지 않는다. 그래서 급성 통증은 생물학적 증상이라 할 수 있고 진단이 쉽다. 그리고 통증이 있으므로 약간의 불안감을 느낄 수도 있다. 하지만 급성 통증은 약물로 제어할 수 있고, 약물중독의 위험은 거의 없는 편이다. 반면에 만성 통증은 증상이라고 하기보다는 질병으로 간주된다. 조직의 손상이 회복된 뒤에도 지속적인 통증을 느끼기 때문이다. 만성 통증은 지금 처하고 있는 환경이나 스트레스의 강도, 감정 변화에 따라 영향을 받는다. 따라서 무디고 깊은 통증을 느끼며, 정서불안과 우울증까지 동반할 수 있다. 만성 통증을 진정시키기 위해서는 비마약성 진통제를 주로 사용하지만 약물중독의 위험이 수반된다. 또한 치료가 깔끔하게 되지 않고 오래 끌 수 있다.

통증이 유발되는 것은 우리 몸에 다양한 침해수용체(nociceptor)들이 있기 때문이다. 침해수용체는 온도 변화, 기계적 및 물리적 변화, 화학 물질 등에 의해 활성화된다. 즉 아주 차갑거나 뜨거운 것에 접촉할 경우 통증을 느낀다. 그리고 피부가 날카로운 도구에 의해 찔리거나 심한 압력을 받을 때도 침해수용체는 자극을 받아 통증을 유발한다. 또한 염산이나 황산 같은 화학 물질에 노출될 때도 이들 수용체는 활성화된다. 그리고 조직이 손상될 때 유리되는 브래디키닌(bradykinin), 프로스타글란딘(prostaglandin), P 인자(substance P) 등에 의해 통각 수용체는 더욱 민감하게 된다. 말초조직의 통각신경으로부터 통각정보는 척수로 전달되고, 이어서 뇌로 전달되어 감각을 인식하게 한다. 침해수용체 가운데 열 자극이 가해졌을 때 반응하는 인자는 바닐로이드(vanilloid) 수용체 TRPV1으로 알려져 있다. 43℃ 이상 되는 열 자극이 주어지면 열리는 이온통로이다. 그러면 세포 안으로 양이온들이 유입되고 탈분극이 일어나 통각신경을 자극한다. 이 수용체는 고추의 매운 성분인 캡사이신(capsaicin)에 의해서도 열린다. 그래서 고추를 먹을 때 입에 불이 나는 듯한 느낌을 갖는 것이다. 한편 기계적 자극을 감지하여 통각을 일으키는 수용체는 캐나다 맥길대의 레자 샤리프-나에이니 교수팀에 의해 발견되었다. 연구팀은 통각신경의 세포막에 존재하는 TACAN이라는 단백질의 기능을 확인하고 2020년 셀(Cell) 잡지에 발표하였다. TACAN 단백질은 물리적 압력이 가해지면 열리는 이온통로이다. 조직이 강한 압력을 받을 때, TACAN이 활성화되어 세포 안으로 양이온이 흐르도록 한다. 그래서 생체조직의 물리적 변화를 전기적 신호로 바꾸는 역할을 한다. 연구팀은 생체에서 이 단백질의 기능을 규명하기 위해 TACAN 유전자를 소실한 생쥐를 이용하여 실험하였다. 이 생쥐는 물리적 압력을 받아도 통각을 느끼지 못하였다. 이처럼 통증은 피부조직과 점막 같은 표면조직에서 발생하기도 하고, 뼈와 관절, 근육을 둘러 싸고 있는 막이나 근육, 인대 등 조직의 깊은 곳에서도 생긴다. 이러한 조직에서 발생하는 통증은 가만히 있으면 덜하다. 그런데 움직이면 더 아프고 쑤신다. 이와 아울러 내장에도 침해성 수용체가 존재한다. 복부의 장기조직에 문제가 발생하면, 깊고도 쥐어짜는 경련성의 통증양상을 보인다. 심장의 관상동맥이 막히거나 장폐색, 복막염 등에 의해 발생하는 통증이다. 이러한 침해수용체로 인한 통증과는 다른 통증도 있다. 신경계의 손상이나 기능장애로 인해 발생하는 신경병증성 통증이다. 예를 들어 대상포진과 같은 염증으로 발생하는 신경통이 그렇다. 이 경우에는 통증이 지속되며, 발작적으로 화끈거리며, 칼로 베는 듯한 아픔이 있다. 평범한 자극에도 통증이 발생할 수 있고, 과민하게 반응이 나타나기도 한다. 만일 척수나 뇌까지 신경손상이 확대되면 치료가 매우 어려워진다.

이처럼 다양한 원인에 의해 여러 종류의 통증이 발생한다. 이는 우리 몸에 이상이 발생했다는 신호이다. 경고를 인지하여 적절히 치료하라는 것이다. 이는 우리의 생존에 꼭 필요한 반응이다. 하지만 통증은 참기가 몹시 힘들다. 그러기에 우리에게 강한 경고의 신호로 작용하는 것이다. 정도의 차이는 있지만 통증을 쉽게 생각하는 사람을 보지 못했다. 그런데 나를 위해 최악의 고통을 당하신 분이 있다. 만물의 주인이요 통치자이신 예수님이시다. 그는 인간의 몸을 입고 이 땅에 오셨다. 그는 나의 죄값을 대신 치르기 위해 십자가 형벌을 홀로 받으셨다. 예수님께서 당하신 고통은 가장 야만적이요 가장 무자비한 사형방법으로 인한 것이었다. 두 손과 양 발에 대못이 박혔다. 뼈와 살이 으스러지면서 오는 고통을 어찌 참으셨을까? 가시 면류관이 머리 위에 씌워졌다. 이마를 찌르고, 머리를 움직일 때마다 후비어 파는 아픔은 얼마나 심했을까? 또한 무수한 채찍질을 당해야 했다. 쇳조각이 붙은 채찍은 온몸을 휘감아 살점을 떨어트리는데, 그 고통을 어이 견디셨을까? 예수님의 몸을 매어 달았던 십자가는 높이 세워졌다. 이때 예수님의 몸은 체중 때문에 아래로 처졌다. 못박힌 손과 발에서 오는 찢어지는 통증은 얼마나 심했을까? 옆구리에 창이 깊숙이 들어왔다. 몸에 들어온 창은 피부조직과 복부에 깊은 상처를 만들었다. 이로 인한 견딜 수 없는 고통을 어떻게 감당하셨을까? 주님은 상상할 수 없는 통증을 십자가 상에서 느끼셨다. 예수님은 이러한 고통과 고난을 당하지 않아도 되는 분이었다. 하지만 나 때문에 잔인한 형틀을 짊어지셨다. 지극히 무익한 나를 살리려고 말이다. "친히 나무에 달려 그 몸으로 우리 죄를 담당하셨으니 이는 우리로 죄에 대하여 죽고 의에 대하여 살게 하려 하심이라. 그가 채찍에 맞음으로 너희는 나음을 얻었나니"(벧전 2:24). 이러한 주님의 놀랍고도 한없는 사랑 그리고 희생(犧牲)을 어찌 갚을 것인가!

음악으로 통증을 다스릴 수 있다

————✠————

　집에서 가까운 개인병원을 방문했을 때, 로비나 휴게실에 잔잔한 음악이 흘러나오는 경우를 가끔 경험하게 된다. 병원장 의사의 취향에 따라 클래식 음악이 흘러나오기도 하고, 복음성가나 찬송가 연주가 들리기도 한다. 병원에서 은은하게 흐르는 음악은 환자들에게 도움이 될까? 심리적 안정을 유도하여 질병에 대한 걱정이 줄어들게 할까? 혹은 질병으로 인한 아픔을 실제적으로 감소시키는 효과가 있는가? 그렇다. 음악에 귀를 기울이다 보면 환자들의 감각을 자극하게 되고, 이로 인해 증상이 개선되거나 치료 효과가 증대된다는 결과가 있다. 특히 치매환자들로 하여금 다양한 감각을 느끼도록 하면 인지기능과 일상활동 능력이 향상된다는 것이다. 전문 요양시설에 계시는 중증 치매환자들을 두 그룹으로 나누어 한 그룹에게는 오감(五感)을 자극하는 프로그램을 12주 동안 진행하였더니 대조군에 비해 의사소통이나 배변조절 등 일상 활동에 뚜렷한 개선을 보여주었다는 것이다. 즉 음악을 들려주고, 침대의 흔들거림을 경험하게 하거나 어항의 물고기를 관찰하도록 하였다. 그리고 부드러운 인형을 만지고 쓰다듬고 대화하게 하였고, 이불 위에서 뒹굴기 등 다양한 자세를 취하도록 하였다. 그랬더니 언어구사, 시간, 장소를 구별하는 인지기능이 향상되었다. 반면에 자극을 받지 않은 비교그룹은 인지기능이 오히려 더 떨어졌다.

1960년대 초에는 치과치료에 음악과 같은 소리자극이 진통 효과를 유도할 수 있다는 보고가 있었다. 이와 아울러 음악은 수술 때나 시술 후 생기는 통증과 아울러 심지어 난치성 통증까지 완화시킬 수 있다는 결과도 있다. 다양한 장르의 음악이 효과를 보였고, 자연에서 나는 소리도 비슷한 정도까지 고통을 덜어줄 수 있다고 알려졌다. 따라서 음악의 고유한 특성, 즉 음악의 멜로디나 화음뿐만 아니라 청각을 자극하는 적절한 소리도 진통 효과를 유도할 수 있다고 한다. 하지만 그것이 어떻게 작동하는지 여전히 알려져 있지 않았다. 기능성 자기공명영상(MRI)을 이용한 연구를 통해 뇌의 여러 영역이 음악의 통증 억제기능에 관여함을 알았다. 이 가운데 뇌의 시상(thalamus)은 청각 및 체감각을 포함한 다중 모드의 감각정보를 전달한다. 그리고 통증 관련 뇌영역과 상호 연결하여 다양한 감각을 식별하고 통증의 정서적 상태를 처리한다. 특히, 체감각을 처리하는 시상의 활동은 음악과 같은 청각 자극에 의해 영향을 받을 수 있다. 따라서 시상은 청각과 체신경 감각 처리를 위한 다리 역할을 할 수 있는 것이다. 그런데 이와 관련된 신경세포의 유형과 소리에 의한 진통을 매개하는 시상과 청각 피질 간의 연결회로에 대해서는 자세히 알려져 있지 않았다.

그런데 중국과학기술원의 지장(Zhi Zhang) 교수를 중심으로 한 연구팀이 뇌의 청각피질이 통증과 관련된 뇌영역, 즉 시상과 기능적으로 연결되어 있음을 밝힘으로써 2022년 사이언스(Science)에 발표하였다. 그들은 생쥐의 뒷발이나 앞발에 염증 유발 물질을 주사한 후, 소리자극을 줄 때 통증 감각을 어떻게 느끼는지 관찰하였다. 연구팀은 소리에 의한 진통 효과가 주변 소음에 비해 5데시벨 정도 높을 때 일어남을 알았다. 즉 시끄럽고 강한 소리보다는 비교적 낮은 소리 신호에 의해서 진통 작용이 일어남을 보여준다. 뒷발에 통증을 유발시킨 경우, 5데시벨 소리를 들려줄 때 청각피질에서 시상의 후핵으로 신호를 전달하는 신경세포의 기능을 억제하여 통증을 감소시켰다. 반면에 앞발에 통증을 유발한 경우에는 청각피질에서 시상의 배측후핵으로 입력되는 신경신호를 억제하였다. 따라서 서로 다른 위치에서 유발되는 통증신호는 시상의 다른 영역에서 각각 처리되고, 대뇌의 청각피질에서 오는 신경신호에 의해 억제될 수 있음을 보여주었다. 이 두 회로에서 신경신호는 글루탐산이 신경전달물질로 작용하고 있다. 청각피질과 시상을 연결하는 각 회로를 인위적으로 활성화시키면 소리신호가 없더라도 앞발이나 뒷발에서 오는 통증 감각을 약화시켰다. 연구팀은 통증 처리과정에서 청각 시스템의 역할을 확인함으로써 소리에 의한 진통 기능의 기초가 되는 대뇌피질과 시상 간의 신경회로를 밝혀낼 수 있었다. 생쥐의 경우, 소리자극을 통한 진통 효과는 불안이나 스트레스의 감소에 의해 이루어진 것이 아니었다. 또한 소리를 들려주지 않더라도 진통 효과가 최소 2일 동안 지속된다는 점을 고려할 때, 들리는 소리로 인한 주의 분산이 통증 감소에 영향을 미칠 수 있을 가능성도 배제되었다. 사람의 경우에는 생쥐에서 밝혀진 것보다 더 복잡하다. 음악으로 인한 진통의 기초가 되는 신경 메커니즘은 의심할 여지없이 대뇌피질, 선조체(striatum), 중뇌(midbrain)의 도파민 시스템을 포함하여 통증 처리에 관련된 여러 영역이 반응한다. 따라서 대뇌의 청각피질로부터 신호를 받는 다른 뇌 영역에 대한 연구가 이루어지면 전체적인 기전을 이해하는 데 도움이 될 것으로 본다.

이처럼 음악은 통증 치료에 대단히 효과적이라는 사실을 확인하였다. 우리는 일생 동안 하나님을 찬양하기 위해 지음 받은 존재이다.

"내가 여호와를 찬송하리니 이는 나를 후대하심이로다"(시 13:6). 우리가 하나님을 찬양하는 이유는 하나님께서 쓸모없는 우리를 구원하시고, 하늘나라의 백성으로 삼아 주셨기 때문이다. 버려지만도 못한 우리를 영화로운 하나님의 자녀로 후대하셨으니 아버지 하나님을 찬양하고 또 찬양함이 마땅하다. 우리가 하나님을 찬양할 때, 우리가 부르는 찬양의 소리는 귀를 통해 대뇌 청각피질을 자극하여 육신의 질병으로 인한 통증을 줄여줄 수 있다. 이와 아울러 마음의 불안과 좌절로 인한 심적 고통도 줄어들 수 있다. "내 영혼아 네가 어찌하여 낙망하며 어찌하여 내 속에서 불안하여 하는고. 너는 하나님을 바라라 나는 내 얼굴을 도우시는 내 하나님을 오히려 찬송하리로다."(시 42:11). 하나님께서는 기쁠 때도 찬양을 하고, 낙망하여 마음이 무거울 때도 우리에게 찬양하라고 말씀하신다. 바울은 전도여행 중에 찬양의 능력을 경험한 적이 있다. 아시아에서 전도하려고 하였지만 성령의 지시하심으로 유럽으로 건너간 바울과 실라는 빌립보에서 며칠을 지내며 복음을 전하였다. 그곳에서 귀신들려 점을 치던 여종이 바울 일행을 따라다니며 '이 사람들은 지극히 높은 하나님의 종으로서 구원의 길을 너희에게 전하는 자'고 반복해서 외쳤다. 계속해서 이런 말을 해대니까 바울은 괴로워하다가 '예수 그리스도의 이름으로 내가 네게 명하노니 그에게서 나오라'고 명하였고, 귀신은 그녀를 떠나갔다. 그러자 여종은 더이상 점을 치지 못하게 되었다. 이에 여종을 통해 돈을 잘 벌던 주인은 화가 나서 바울 일행을 로마의 풍속을 해치는 자들로 고발하여 감옥에 갇히게 하였다. 옷을 벗기고 매를 치고, 발에는 쇠사슬로 만든 차꼬를 채웠다. 그렇지만 캄캄한 한밤중 깊은 감옥에서 그들은 두려워 떨기보다는 찬송을 부르기 시작했다. "한밤중에 바울과 실라가 기도하고 노래로 하나님을 찬양하매 죄수들이 그들의 말을 듣는데 갑자기 큰 지진이 나서 감옥의 기초가 흔들리고 즉시 모든 문이 열리며 모든 사람의 결박이 풀리니라."(행 16:25-26). 하나님의 일을 하다가 고초를 겪은 바울과 실라는 하나님을 원망하기보다는 하나님을 노래하였다. 감옥에서 부른 그들의 찬송은 여러가지로 은혜를 누리게 하였다. 먼저 매 맞은 몸에서 오는 통증을 가라앉히는 작용을 하였을 것이다. 두 번째는 자신의 마음에 도사리고 있는 불안함과 두려움이 주는 마음의 통증을 사라지게 만들었을 것이다. 세 번째는 감옥 안에 갇힌 다른 죄수들에게 하나님에 대한 신비로운 믿음을 전할 수 있는 기회가 될 수 있었다. 지독한 매를 맞고 쇠사슬에 묶인 채로 감옥에 억류되어 있는 자들이 어떻게 노래로 찬양할 수 있을까! 신기해하고 하나님에 대해 경외감을 가지는 계기가 되었을 것이다. 마지막으로 그들이 찬양할 때 터가 흔들리고 감옥의 문이 열리는 기적을 경험하였다. 이처럼 하나님의 자녀로서 목소리 높여 부르는 노래는 복이다. 노래와 아울러 나팔과 수금과 소고를 동원하여 연주하는 찬양의 소리도 육체적인 고통뿐만 아니라 마음의 괴로움까지도 치유할 수 있는 능력을 가지고 있다. 그리고 상상을 뛰어넘는 기적을 일으키는 원동력이 될 수 있다. 어느 곳에서나 어느 때든지 찬양하라고 하신 것은 찬양이 우리에게 몸과 마음의 고통에서 벗어나 행복해질 수 있는 비결이기 때문이다. 이제부터 영원까지 노래와 악기를 동원하여 찬송이 항상 나와 함께 하는 삶이 되길 소원한다.

잠을 못 자면 죽는 이유

잠을 잘 자는 것은 생존에 필수적이다. 수면에 심각한 손상이 있을 때, 사망할 수 있다는 사실을 볼 때 잠의 중요성을 짐작할 수 있다. 잠이란 동물들이 움직이지 않고, 자극에 반응하지 않는 상태다. 얼핏 보면 비생산적으로 비쳐지는 잠은 신체의 다양한 기능과 매우 밀접한 관계를 가진다. 인지기능, 면역작용, 신진대사와 같은 생리적 반응이 수면과 깊은 관계가 있다. 많은 임상 및 실험 연구는 건강에 해악을 끼치는 불충분한 수면에 대해 말해 주고 있다. 수면을 제한하면 개, 쥐, 바퀴벌레, 파리 등을 포함한 다양한 모델 동물에서 조기 사망으로 이어졌다. 이처럼 잠은 생존에 필수적인데 왜 그럴까? 잠은 뇌신경세포의 작용으로 생성되기 때문에 수면 부족에 따른 죽음은 뇌기능의 저하 때문으로 추측되었다. 이는 수면 결핍 후, 현저한 인지력 저하를 관찰할 수 있으므로 신빙성을 더한다. 잠을 잘 자야 뇌기능이 회복되는데 두 가지 작용 때문으로 이해하고 있다. 첫 번째는 깨어 활동하는 동안 시냅스들이 주로 형성되고, 시냅스들의 가지치기와 정리가 잠자는 동안 일어난다는 것이다. 두 번째는 뇌에 축적된 노폐물과 유해물질을 잠잘 때 제거하는 것이다. 따라서 잠은 뇌의 정상기능을 위해 꼭 필요한 생리작용이다. 수면이 망가지면 인지기능에 장애가 생길 뿐만 아니라 위장기능, 면역활성, 대사작용 및 순환계 활동에도 심각한 장애가 발생한다. 이런 현상들이 신경계의 기능 변화로 인해 생기는 2차적인 결과인지, 혹은 수면 부족으로 인한 직접적이고도 독립적인 영향 때문인지는 불분명하다. 또한 이런 장애들 가운데 어떤 것이 조기 사망에 기여하는지도 불분명하다. 수면의 역할 가운데 또 하나 중요하게 제안된 기능은 뇌조직에 대한 산화 스트레스 예방이다. 수면 장애가 있을 때, 뇌조직의 항산화 반응에 변화가 있음을 보고하고 있다. 그렇지만 수면 부족에 의해 뇌조직의 해부학적 변화는 크지 않은 것으로 관찰되었다. 그래서 다른 연구팀은 뇌조직 이외 다른 장기에서 산화 스트레스의 징후를 찾고자 하였다. 생쥐를 비롯한 설치류를 대상으로 장기간 수면 장애를 유도하였을 때, 간이나 내장 기관에서 항산화 방어기작이 약해짐을 발견하였다. 이러한 정보들을 바탕으로 하버드 대학교의 드라가나 로굴자(Dragana Rogulja) 교수팀은 수면을 지속적으로 방해하였을 때, 내장에서 활성산소가 많이 발생함을 발견하였다. 그리고 내장에서 활성산소의 축적이 생존에 치명적이라는 사실을 확인하고, 2020년 셀(Cell)지에 논문을 발표하였다.

그들은 초파리를 이용하여 수면과 수명과의 상관관계를 조사하였다. 초파리가 잠을 자지 못하도록 계속 흔들어 주거나 온도를 변화시킨 다음, 생존기간을 조사하였다. 이때 죽음에 이르기까지 다양한 조직에서의 세포손상 정도를 살펴보았다. 여러 장기들 중에 내장에 활성산소의 축적과 조직의 손상이 두드러짐을 발견하였다. 잠을 자지 않으면 활동량이 증가하므로 대사작용도 증가한다. 활동에 필요한 에너지를 신진대사로 얻기 때문이다. 생체 에너지는 ATP인데, 주로 미토콘드리아에서 합성된다. 즉 포도당과 같은 영양소가 산소에 의해 산화되면서 ATP가 만들어진다. 이때 활성산소도 함께 생성된다. 대부분의 활성산소는 세포 내 항산화 효소들의 작용으로 제거된다. 하지만 과잉의 활성산소가 발생하게 되면, 제거되지 않고 남아 있는 것에 의해 강력한 산화작용이 무차별적으로 세포 내에서 일어난다. 활성산소는 불안정하면서도 고도의 반응성을 가지고 있다. 조직에서 내재적으로 생성된 활성산소는 세포의 중요한 신호로 작용한다. 하지만 생성량이 너무 많아 세포의 항산화 능력을 초과할 정도가 되면, 해로운 연쇄 반응을 촉발시킨다. 즉 반응성이 매우 높은 활성산소는 세포 내 DNA와 단백질, 그리고 지질과 같은 고분자들과 맹렬하게 반응하여 불안정하게 만든다. 즉 DNA의 손상을 유도하거나 단백질의 기능을 망가뜨린다. 그러면 세포는 견디지 못하고 사멸하는 것이다. 이렇게 강한 반응성을 지닌 활성산소가 수면이 부족할 때, 내장에 주로 축적됨을 발견하였다. 과다한 활성산소의 작용으로 인해 내장 조직이 손상되고, 결국 소화 흡수 기능이 망가지게 된다. 이뿐 아니다. 활성산소는 장내 미생물에 대한 살균작용으로 미생물의 종류와 분포를 변화시킬 수 있다. 그러면 장내 면역기능의 변화를 초래할 수 있다. 또다른 보고에 의하면, 불충분하고 제때 수면을 취하지 못하면 대장암의 발생이 높아진다고 한다. 그리고 수면 부족은 염증 발생의 원인 중의 하나로 인식되고 있으며, 면역세포에도 스트레스를 가해 다른 장기의 손상으로 이어질 수 있다. 그러므로 지속적인 수면 장애는 생존에 위협적인 원인이 될 수 있다. 수면을 박탈한 후 다시 잠을 자게 하면, 내장의 산화적 스트레스가 점차 사라진다. 또한 항산화 물질을 먹이거나 항산화 효소를 내장에서 발현시키면, 수면 부족에 의한 조기사망이 억제됨을 확인하였다. 이러한 결과는 초파리와 아울러 생쥐에서도 관찰되었다. 생쥐의 정상적인 수면을 지속적으로 방해했을 때, 소장과 대장에서 활성산소가 축적되었고, 산화적 스트레스를 유발하였다.

이처럼 잠은 우리에게 반드시 필요한 생리적 활동이다. 수면 시간에는 비활동적 상태가 되므로 시간을 허비하는 것처럼 보이지만 실제로 잠은 우리의 생존에 필수적이다. 잠이 보약인 것이다. 매일 잠자리에 들면서 깊은 잠을 이룰 수 있다는 것은 얼마나 다행한 일인지 모른다. 그런데 우리로 하여금 잠 못 이루게 하는 많은 요인들이 있다. 마음에 근심이 있을 때, 그리고 낙심하여 좌절할 때, 우리는 뒤척이는 밤을 보낸다. 이런 우리에게 주님은 말씀하신다. "그러므로 내가 너희에게 이르노니 목숨을 위하여 무엇을 먹을까 무엇을 마실까 몸을 위하여 무엇을 입을까 염려하지 말라. 목숨이 음식보다 중하지 아니하며 몸이 의복보다 중하지 아니하냐! 공중의 새를 보라. 심지도 않고 거두지도 않고 창고에 모아 들이지도 아니하되 너희 하늘 아버지께서 기르시나니 너희는 이것들보다 귀하지 아니하냐! 너희 중에 누가 염려함으로 그 키를 한 자라도 더할 수 있겠느냐! 또 너희가 어찌 의복을 위하여 염려하느냐! 들의 백합화가 어떻게 자라는가 생각하여 보라. 수고도 아니하고 길쌈도 아니하느니라. 그러나 내가 너희에게 말하노니 솔로몬의 모든 영광으로도 입은 것이 이 꽃 하나만 같지 못하였느니라. 오늘 있다가 내일 아궁이에 던져지는 들풀도 하나님이 이렇게 입히시거든 하물며 너희일까 보냐! 믿음이 작은 자들아 그러므로 염려하여 이르기를 무엇을 먹을까 무엇을 마실까 무엇을 입을까 하지 말라."(마 6:25-31) 우리는 염려하며 사는 존재이다. 하지만 하나님께서 우리를 돌보시므로 염려를 내려놓을 줄 알아야 한다. 새들도 살아가게 하시고, 들의 풀도 꽃을 피우며 열매를 맺어 살아가게 하시는 분이 하나님이시다. 공중의 새와 들에 피는 꽃과는 비교 불가능할 정도로 귀한 존재가 우리다. 하나님께서 우리를 사랑의 대상으로 삼으시고 지켜 주시고 필요한 것을 공급하신다. 우리가 애를 쓴다고 키를 한 자나 더할 수 있겠는가? 내가 염려한다고 문제가 해결되는가? 아니다. 내가 해야 할 일은 나로 근심케 하는 것들을 주님 앞에 내어 놓는 것이다. 주님께 나의 염려를 아뢸 때, 그 어려움은 더이상 내 것이 아니라는 믿음을 주님께서는 요구하신다. 시시때때로 다가오는 걱정거리를 주님께서 처리해 주실 것으로 믿고 살아갈 때, 우리는 평안한 잠을 잘 수 있다. 오늘도 하나님의 품에서 달콤한 잠을 기대해 본다.

잠은 얼마나 자야 좋을까?

—————— ⤚ ——————

 내가 잘 아는 한 분은 대기업에서 정년으로 은퇴한 이후 갑자기 찾아온 불면증으로 힘들어하고 있다. 은퇴하고서 홀가분한 마음으로 여유로운 삶을 누릴 수 있게 되었지만 밤에 잠을 못 이루는 바람에 정상적인 삶을 누리지 못하고 있다. 수면제를 처방받아 복용하기도 하였으나 습관성이 될까 두려웠고, 아침에 일어나도 정신이 맑지 않아 조금씩 줄여 나가다가 이제는 끊어버렸다. 또 하루에 3만보 이상 걸으라는 의사의 조언에 따라 열심히 걸으며 몸을 피곤하게 만들었지만 밤에는 말똥말똥 잠이 오지 않아 괴롭다고 한다. 그리고 주위의 권유에 따라 명상을 해 보기도 하고, 마음을 편하게 가지는 학습훈련에 참가해 보기도 하였지만 큰 효과를 보지 못하였다. 요즈음은 수면에 해롭다고 생각되는 카페인 음료를 멀리하고, 스트레스 받을 일에는 끼어들지 않으려 조심하고 있다. 밤마다 잠을 못 자면 어쩌나 걱정하는 예민함이 남아 있지만 아내와 더불어 기도하며 가족들의 응원에 힘입어 불면을 극복하려 애를 쓰고 있다.

 우리는 일생의 거의 1/3에 해당하는 시간 동안 잠을 자며 휴식을 취한다. 잠은 기억의 통합과 감정 처리를 포함하여 인지기능 및 심리적 건강 유지에 중요한 역할을 담당한다. 잠자는 동안 뇌 속에 쌓이는 폐기물을 청소함으로써 뇌신경을 보호한다. 평소에 가지는 수면 시간에 변화가 발생하면, 심장 및 뇌혈관 질환이 발생하였거나 치매를 포함한 여러 퇴행성 뇌질환 및 정신 의학적 장애가 생겼을 가능성이 많다. 매일 4~5시간 미만의 짧은 잠을 자면 사망률은 증가한다. 그리고 노화되면서 수면에 다양한 장애가 일어나기도 한다. 수면 패턴의 변화로 잠드는 것이 어렵거나 수면의 양과 질이 감소하여 수면 효율성의 감소가 생기는 것은 노화 과정의 중요한 특징이다. 따라서 수면 장애는 대체적으로 고령 인구에 널리 퍼져 있으며 인지 저하를 동반할 수 있다. 이와 관련하여 최근의 연구에 의하면 수면 기간과 인지 저하 사이에 역 U자형 연관성을 보여주었다. 즉 수면 기간이 4시간 미만이거나 10시간 이상 될 때 유해하다는 결과를 얻었다. 또한 야간 수면 시간과 뇌조직에서 실타래처럼 엉키는 아밀로이드 단백질의 축적량 사이에도 U자형 연관성이 관찰되었다. 비정상적 수면은 노인의 뇌구조에 해로운 변화를 일으켰다. 55세 이상 사람들을 대상으로 조사해 보면 한 시간의 수면 시간이 줄어들 때, 뇌척수액이 들어 있는 뇌실의 부피가 0.59% 증가하였다. 이는 뇌신경 조직의 감소가 수반되었다는 것을 말한다. 그리고 수면 시간이 짧아지면 뇌에서 신경다발 조직으로 구성된 백질(white matter)의 미세 구조에 손상이 발생하였다. 따라서 수면 조절에 관여하는 뇌 영역이 위축되어 잠을 이루는데 어려움을 겪게 되는 것이다.

중국의 푸단대학교와 영국 케임브리지 대학교의 공동 연구팀은 수면 기간, 인지기능 및 정신건강 사이의 연관성을 조사하여 2023년 네이처 노화(Nature Aging)라는 잡지에 결과를 발표하였다. 연구팀은 영국 바이오뱅크에 저장되어 있는 38세에서 73세 사이의 약 50만 명에 대한 데이터를 분석하였다. 그들을 대상으로 수면 시간과 아울러 다양한 정신건강상태 및 인지능력 사이에 비선형적인 연관성이 존재하는지 조사하였다. 그리고 뇌영상 자료를 이용하여 수면 시간과 뇌구조 간의 관계도 조사하였다. 연구팀의 결과에 의하면, 약 7시간 자는 것이 이상적이고 알맞은 야간 수면 시간으로 판명되었다. 이전의 연구 결과처럼, 잠을 부족하게 자거나 잠을 너무 오래 과도하게 자면 좋지 않다는 결과를 보여주었다. 즉 부족하거나 지나친 수면은 주의를 기울여 새로운 것을 기억하는 능력을 떨어뜨렸다. 그리고 배우고 학습하는 가운데 문제를 해결하여 결정을 내리는 능력에 감소를 초래하였다. 이들은 39세에서 52세 사이의 그룹과 53세에서 61세 그룹, 62세에서 70세 그룹을 나누고, 각 그룹 소속 사람들을 대상으로 시각 자극에 따른 반응시간, 미래기억, 우울증, 강박증에 대해 분석하였다. 그 결과 각 그룹에서 7시간 자는 사람들이 자극에 대해 가장 일찍 반응하고, 앞으로의 일을 기억해내는 시간도 짧았다. 뿐만 아니라 우울증과 강박증과 같은 정신건강 문제도 가장 적은 것으로 나타났다. 물론 나이가 적은 그룹이 많은 그룹에 비해 각 조사항목에서 좋은 점수를 받았지만 연령대로 나뉘어진 각 그룹 안에서는 7시간 수면을 취한 사람의 수행능력과 정신건강이 가장 좋았다. 그리고 이어서 44세에서 59세, 60세에서 67세, 68세에서 82세 그룹으로 나누어 뇌영상 검사로 뇌구조를 조사하였다. 이 분석에서도 각 그룹 내 7시간 자는 사람들의 뇌구조가 가장 건강한 것으로 나타났다. 즉 대뇌피질의 부피, 피질하 영역의 부피, 안와전두피질 부피, 해마 영역의 부피가 모두 컸다. 이는 비슷한 연령대에서 7시간 자는 사람들의 인지기능과 관련된 대뇌 영역의 부피가 잠을 적게 자거나 너무 많이 자는 사람들에 비해 크다는 것을 말해 준다. 따라서 최상의 인지기능과 뇌건강을 유지하기 위해서는 7시간의 수면이 적절하다는 결론을 얻은 것이다. 하지만 이번 연구에서 활용한 수면 시간 데이터는 사람들의 총 수면 시간에 대한 분석일 뿐이고 수면의 질, 즉 밤에 얼마나 자주 깨는지에 대해서는 고려하지 않았다. 수면 시간과 질에는 개인차가 크다. 우리가 얼마나 오래 잠을 자는지, 우리가 선호하는 수면 시간과 함께 밤에 몇 번 일어나는지는 개인에 따라 그리고 연령에 따라 매우 다양하다. 잠은 역동적이고, 각자 다른 수면 패턴을 가지고 있는데, 중요한 것은 우리 각 개인이 필요로 하는 적정 수면이 어떠한지 평가하는 것이다.

이번 연구는 하루에 7시간 정도 자는 것이 인지능력이나 정신건강에 좋다는 가이드라인을 제시했다는 점에서 의미를 찾을 수 있다. 성경에서도 하나님께서 우리에게 잠을 주셨음을 말하고 있다. "이는 내가 그 피곤한 심령을 만족케 하며 무릇 슬픈 심령을 상쾌케 하였음이니라 하시기로, 내가 깨어 보니 내 잠이 달았더라"(렘 31:25-26). 일상의 삶에서 오는 피곤함과 심적 어려움을 단잠으로 해결해 주신다고 성경은 말한다. 하루 종일 열심히 일한 후, 갖게 되는 꿀잠은 피로를 씻어줄 뿐만 아니라 다시 일하고자 하는 의욕을 준다. 또한 걱정스러운 일이 찾아와 나를 고민하게 만들더라도 하룻밤 단잠을 자고 나면, 어제의 그 일이 그렇게 심각하게 여겨지지 않음을 경험한다. 전능하신 하나님을 섬기며 의지하는 우리는 근심과 걱정을 주님께 맡기고 단잠을 잘 수 있다. 하나님 아버지께서 나에게 슬픔을 이길 힘을 주시고, 염려를 극복할 수 있는 길을 보여주시기 때문이다. 한편 너무 오래 침상에서 뒹굴며 게으른 자에게도 하나님의 말씀은 경고하고 있다. "게으른 자여 네가 어느 때까지 눕겠느냐 네가 어느 때에 잠이 깨어 일어나겠느냐 좀더 자자, 좀더 졸자, 손을 모으고 좀더 눕자 하면 네 빈궁이 강도같이 오며 네 곤핍이 군사같이 이르리라"(잠 6:9-11). 해야 할 일들을 뒤로 미룬 채, 좀 더 자자, 좀더 졸자, 좀더 눕자 하며 빈둥거리면 빈궁과 곤핍이 강도같이 이른다고 말한다. 하나님께서는 우리에게 매일 어둔 밤을 주시며 휴식하게 하신다. 이는 밝은 날 열심히 일하는 것을 전제로 한다. 낮에 최선을 다해 일하는 자에게는 밤의 휴식과 잠이 달콤하다. 너무 오래 자면 가난으로 궁핍해진다. 뿐만 아니라 너무 오래 자면 정신건강과 인지능력의 손상이 발생한다. 우리에게 적절한 시간 동안 잠을 주시며, 깨어 있는 동안 열심히 일하게 하시는 하나님께 감사드린다. 오늘도 낮에는 정성을 다해 수고를 마다하지 않고, 저녁에는 편안한 휴식과 잠을 누리는 복된 하루 되길 소망한다.

신경 쓰면 소화불량 걸리는 이유

———— ✠ ————

　우리는 중요한 일을 앞두고 노심초사(勞心焦思) 마음을 졸이며 신경 쓰는 경우가 가끔 있다. 대학입학 시험을 칠 때나 일하고 싶은 회사의 면접을 앞두고 있을 때, 종종 심한 스트레스를 경험한다. 그럴 때면 입맛도 떨어지고, 속이 쓰리며 음식을 먹고 싶은 생각도 사라진다. 음식을 먹더라도 제대로 소화시키지도 못한다. 심해지면 속이 더부룩하고 설사나 토하기도 한다. 이처럼 심리적 스트레스를 오랫동안 경험하다 보면 장염이 유발된다. 만성적인 장염을 이미 앓고 있을 때는 더욱 악화되기도 한다. 궤양성 대장염이나 크론병과 같은 염증성 장질환의 경우, 스트레스를 받을 때 증상이 더욱 심해진다. 궤양성 대장염은 염증이 대장에 국한되어 생기고, 30대 중후반에 흔하게 나타나는데, 주로 장 점막의 얕은 부분에 연속적으로 생김으로써 혈변이 나타난다. 이보다 증상이 심한 크론병은 10~20대 환자가 많고, 입부터 항문에 이르기까지 소화관 전체에 염증이 산발적으로 여러 곳에 발생할 수 있다. 그래서 복통, 설사 등의 증상이 수개월 이상 지속되고, 특별한 이유 없이 체중의 감소가 눈에 띄게 나타난다. 이러한 염증성 장질환의 원인에 대해서는 아직 알려져 있지 않다. 그런데 복통 및 소화불량을 일으키는 장질환의 발생 기전과 치료에 대한 실마리가 미국 펜실베니아 대학 의과대학의 크리스토프 타이스(Christoph A. Thaiss) 교수팀에 의해 밝혀졌다.

　연구팀은 만성적인 스트레스가 어떻게 장염을 유발할 수 있는지 일련의 신호전달 경로를 밝혀 2023년 셀(Cell) 잡지에 발표하였다. 이들은 생쥐를 일주일 동안 매일 3시간씩 작은 원통에 집어넣어 꼼짝 못하게 함으로써 심한 압박 스트레스를 받도록 했다. 그리고 덱스트란 소디움 설페이트(dextran sodium sulfate)란 약물을 투여하여 염증성 장질환을 유발시켰다. 그런 다음 고통스러운 상황을 인식하는 것과 장염의 발생 간의 상관관계를 조사하였다. 우리가 스트레스를 받을 때 분비되는 호르몬은 잘 알려져 있다. 스트레스 상황을 뇌가 인지하면 시상하부에서 CRH(corticotropin-releasing hormone)라는 호르몬을 분비한다. CRH는 뇌하수체 전엽에 자극을 가하여 ACTH(adrenocorticotropic hormone)라는 호르몬을 분비케 만든다. 이렇게 분비된 ACTH는 혈액을 따라 이동하여 콩팥 위에 있는 부신피질을 자극함으로써 당질코르티코이드(glucocorticoid)라는 스테로이드 호르몬을 방출시키도록 한다. 당질코르티코이드는 장내 신경계에 존재하는 신경교세포에 작용한다는 사실을 연구팀은 발견하고, 스트레스 호르몬에 의해 활성화되는 신호경로를 조사하였다. 당질코르티코이드에 의해 자극을 받은 장내 신경교세포는 단핵구(monocyte)와 같은 면역세포를 장조직으로 유인하는 CSF1(colony stimulating factor 1)이라는 신호를 방출한다. 이로 인해 장조직에 침투하여 몰려든 면역세포들은 TNF(tumor necrosis factor)라는 염증유도물질들을 분비함으로써 주변 장조직에 심각한 장염을 일으키는 것이다. 한편 당질코르티코이드는 장 내 신경세포를 억제하여 아세틸콜린 분비를 저하시켰다. 뿐만 아니라 TGF-β2(Transforming growth factor beta 2)가 생성되어 자극함으로써 장(腸) 신경계의 신경세포 성숙을 더디게 만들었다. 그래서 신경과 장근육 간의 연결이 제대로 이루어지지 않아 신경세포에 의한 장근육의 효율적인 조절이 일어나지 않는다. 이로 인해 장근육의 운동장애가 발생하여 소화능력을 떨어뜨린다는 사실을 확인하였다. 이처럼 스트레스에 의한 장염 유발의 핵심인자가 당질코르티코이드임을 규명하였다. 연구팀이 당질코르티코이드 호르몬을 차단하는 약물을 투여했을 때, 대장 내시경으로 본 생쥐의 장내 염증과 손상 정도는 차단제를 주지 않은 그룹에 비해 3배나 줄어들었음을 확인하였다. 이는 장과 뇌가 해부학적으로는 멀리 떨어져 있지만 기능적으로 긴밀하게 서로 영향을 주고받는다는 사실을 말해 준다.

이러한 연구 결과는 우리가 복통과 설사를 경험할 때, 상한 음식이나 식중독에 의한 경우가 아니라면 장에 발생한 염증을 제어하는 약물을 복용함과 아울러 정신적 스트레스를 다스리는 치료도 병행해야 함을 일깨워준다. 우리가 불안해하고 두려워할 때, 뇌는 이를 인지하여 신체의 전반적인 생리현상에 영향을 미친다. 그래서 신체의 건강 유지에 뇌기능이 밀접하게 관여하고 기여하고 있음을 말해 준다. 하나님은 자녀된 우리에게 정신적 고통을 벗어나게 하심으로써 몸과 마음이 상하지 않기를 원하신다. 다윗은 자신이 처한 암담한 상황 속에서 하나님께 기도하며 이를 해결해 주신 손길을 경험하고 노래하였다. "내가 여호와를 기다리고 기다렸더니 귀를 기울이사 나의 부르짖음을 들으셨도다. 나를 기가 막힐 웅덩이와 수렁에서 끌어 올리시고 내 발을 반석 위에 두사 내 걸음을 견고하게 하셨도다"(시 40:1-2). 다윗은 자신이 기가 막힐 웅덩이와 수렁에 빠져 있었던 때가 있었음을 고백하고 있다. 소름이 돋고 할 말을 잃어버릴 끔찍한 때가 있었다. 그는 상상하기도 싫은 일을 당했다. 자신이 아끼고 사랑하던 아들 압살롬으로부터 반역을 당한 것이다. 그는 아들에게 쫓겨나 피난 길에 올라야 했다. 얼마나 황급했는지 머리를 가리우고, 신발도 신지 못하고 맨발로 울며 도피할 수밖에 없었다. 다윗과 함께 피난가지 못하고 궁에 남겨진 다윗의 후궁들 10명은 많은 사람들이 보는 앞에서 압살롬에 의해 동침을 강요당해야 했다. 그리고 평소 다윗을 탐탁하게 여기지 않던 사울 집안의 시므이는 도망가는 다윗을 향해 저주를 퍼붓고 돌을 던졌다. 정말 낙심되고 분통이 터질 일이었다. 어찌하여 자신의 삶에서 이런 수치를 당하게 되었는지 전혀 예상하지 못하였다. 참으로 어처구니없는 고통이 그에게 다가온 곳이다. 이 때문에 다윗은 깊은 웅덩이와 수렁에 빠졌다고 표현하였다. 웅덩이는 물이 들어 있는 깊은 구덩이요 수렁은 진흙으로 질퍽한 늪이다. 자신의 힘으로는 도저히 빠져나올 수 없는 곳이다. 그러니까 다윗은 어찌할 줄 몰라 허우적거릴 수밖에 없는 암담한 상황에 처해졌었다는 것이다. 그는 감당할 수 없는 스트레스로 몸과 마음이 심히 곤고했던 시기를 지나고 있었다. 이때 그가 했던 일은 오직 하나님께 부르짖는 것뿐이었다. 하나님께 처절하고도 간절한 기도를 드렸고, 그 기도를 들으신 하나님께서 자신을 반석 위에 세워 더이상 걸음이 빠지지 않도록 견고하게 해 주셨다고 노래하고 있다. 몸부림칠수록 깊이 빠져드는 늪에 있다가 이제는 단단한 바위 위에 세워졌다. 이제는 더이상 빠질 염려를 하지 않아도 되는 것이다. 견고한 바위 위에 발을 딛고 있으니까 말이다. 우리의 처지와 형편을 아시고, 눈동자같이 우리를 지키시는 아버지 하나님께서는 사막을 강으로 변하게 하신다. 하나님은 반전의 명수이시다. 우리가 상상하지 못할 방법과 전혀 예상치 못한 때에 반전을 이루신다. 이러한 반전을 이끌어내는 방법이 기도이다. 심한 고난으로 진액이 쇠하여 나의 기도소리가 희미하고 가냘프게 들릴지라도 하나님께서는 이를 외면치 않으신다. 나의 기도를 들으시고 나를 깊은 웅덩이와 수렁으로부터 꺼내 주시는 하나님 아버지가 계시기에 우리는 행복한 사람이다. 견딜 수 없을 것 같은 험악한 일들이 내게 몰려올지라도 내가 정신적으로 좌절하지 않는 것은 하나님께서 나의 아버지가 되시기 때문이다. 아무리 두렵거나 억울하더라도 깊은 고민이 나를 수렁으로 빠트리지 못한다. 왜냐하면 하나님께서 나의 기도를 들으시기 때문이다. 하나님의 자녀는 만성적인 스트레스에 시달리지 않는다. 우리에게는 지금도 살아 계셔서 나를 보호하시는 하나님이 계시기 때문이다. 이제부터 우리는 어려움 앞에서 낙담하고, 전전긍긍하며 신경 쓰다가 소화불량에 빠질 일은 없다. 나를 지극히 사랑하시고 함께 하시는 하나님 아버지가 곁에 계시기에 그렇다. 하나님을 온전히 신뢰함으로써 정신도 육신도 건강하게 지낼 수 있는 우리는 진정으로 복된 자다.

타는 목마름을 느끼는 이유

───────── ✠ ─────────

　스페인 북부에는 해마다 10만 명 이상의 사람들이 찾는 순례길이 있다. 스페인의 산티아고 데 콤포스텔라로 향하는 길이다. 거의 800km에 달하는데, 하루 20km를 걸어도 40일 정도 걸린다. 우리나라 제주도에도 경관이 참으로 아름다운 올레길이 있다. 나와 아내는 제주에서 휴가를 보내면서 올레길을 걸은 적이 있다. 제주도의 올레길은 총 26개의 코스로 구성되어 있고, 각 코스는 15~20km 정도 된다. 총 길이가 425km나 된다. 매일 한 코스씩 걸어도 26일이나 걸리는 셈이다. 제주도의 해안지역을 따라 코스를 만들어 섬을 일주할 수 있도록 만들어져 있다. 탁 트인 바다를 끼고 걷다가 골목길, 산길을 따라 걸어가기도 하며, 아담하게 솟아오른 동산, 즉 오름에 올랐다가 내려오기도 한다. 걷는 동안 눈앞에 펼쳐지는 멋진 풍광, 맑은 공기, 그리고 토속음식 등 맛집을 즐길 수 있다. 올레길을 걸을 때면 꼭 챙기는 것이 있다. 안내책자와 간식과 물이다. 길을 찾아 걷다 보면 허기를 느낄 때가 있고, 목이 자주 마르다. 그래서 자주 수분을 보충하며 걷는다.

　갈증은 체액이 부족할 때 나타나는 증상 중 하나이다. 우리 몸에서 물 성분이 손실되거나 빠져나가면 탈수가 일어나 목마름을 느낀다.

또한 탈수가 아니더라도 나트륨이나 칼륨 등 전해질 이온 농도가 일시적으로 높아져도 갈증을 일으킨다. 그래서 땀을 많이 흘리거나 음식을 짜게 먹으면 갈증이 나는 것이다. 다시 말해서 갈증을 유발하는 자극은 두 가지이다. 즉 탈수로 인한 체액 부피의 감소가 일어날 때와 전해질이 많아져 삼투성이 증가하는 때이다. 이를 각각 저혈량 갈증과 삼투성 갈증으로 표현한다. 이 두 가지 갈증은 다른 패턴의 음료 섭취를 유발한다. 뇌가 체액 부피의 감소를 감지하는 저혈량 갈증에는 물과 소금의 섭취를 활발하게 유도한다. 하지만 삼투압의 증가를 감지하는 삼투성 갈증에는 물만 섭취하여 과도한 삼투압 스트레스를 완화시킨다. 그래서 적정한 삼투압을 유지함과 동시에 적절한 체액 및 혈액량이 되게끔 회복시킨다. 운동을 하거나 열심히 걷는 중에 땀을 많이 흘리게 되면 대부분 두 가지의 갈증 상태가 발생한다. 따라서 물과 함께 적절한 염분 섭취가 함께 이루어지도록 해야 한다.

우리의 뇌에서 갈증을 감지하는 곳은 뇌활 아래쪽의 SFO(subfornical organ)와 제 3뇌실 앞쪽 아래 편에 위치한 OVLT(Organum Vasculosum Lamina Terminalis) 영역이다. 이 부위들에는 혈뇌장벽이 없어서 혈액의 부피와 전해질 양을 바로 감지할 수 있을 뿐만 아니라 그 변화에 따른 신경신호를 발생한다. 이 부위의 신경세포들을 면밀히 조사하여 갈증으로 인한 신경신호 활성화 패턴을 보고한 논문이 발표되었다. 캘리포니아 공과대학교의 유키 오카(Yuki Oka) 교수팀이 연구를 주도하여 2020년 네이처(Nature)에 결과를 게재하였다. 연구팀에 의하면, 저혈량 갈증과 삼투성 갈증에 대해 각기 다른 신경세포들이 반응한다고 한다. 연구팀은 단세포 RNA 염기서열 결정법을 사용하여 다른 유형의 갈증신호를 유발하는 신경세포들을 식별할 수 있었다. 즉 SFO와 OVLT 부위에 다양한 종류의 흥분성 신경세포와 억제성 신경세포가 있음을 밝혀냈다. 그리고 세포들의 독특한 신경회로가 삼투압과 저혈액 스트레스하에서 따로 활성화된다는 것을 확인하였다. 연구팀은 복강에 소금물을 주입하여 삼투성 갈증을 유도하였다. 그리고 물의 공급을 제한하여 저혈액 갈증을 유도하였다. 각각의 갈증 상태에서 활성화되는 신경세포들을 찾았다. 삼투성 갈증에는 릴랙신(relaxin)이란 호르몬의 수용체가 많이 발현된 신경세포들이 활성화되었다. 한편 저혈액 갈증에는 다이놀핀 전구(prodynorphin) 펩타이드를 발현하는 신경세포들이 활발하게 반응하였다. 동일한 신경세포들이 두 가지 갈증을 모두 인식하는 것이 아니고, 서로 다른 그룹의 신경세포들이 각각의 갈증 자극에 대해 반응한다는 사실을 밝힌 것이다. 이 결과는 우리의 뇌가 물이 필요한지 혹은 물과 염분이 모두 필요한지를 정확히 구별할 수 있음을 보여준다.

이처럼 우리는 두 가지 유형의 갈증을 다르게 감지하는 시스템을 갖추고 있다. 그래서 상황에 따라 적절한 체액 보충을 하게 함으로써 혈액량의 부족이나 염분의 농도를 적정치로 유지하게 한다. 우리의 영(靈)도 신령한 음료가 필요하다. 육신이나 영이나 물을 마시지 않으면 생명을 유지할 수 없다. 오래 전 이스라엘 민족은 이집트의 압제에서 벗어나 가나안 땅으로 이주했던 역사적인 사건을 경험하였다. 그들은 메마른 광야를 지나야만 했고, 목이 말라 간절히 물을 찾았던 적도 있었다. 야곱이 가족을 이끌고 이집트로 이주한 이후 430년이 지나는 동안 히브리인들은 크게 번성하였다. 이집트의 통치세력은 큰 세력을 이룬 히브리 민족을 경계하기 시작했다. 그래서 히브리 백성들을 억누르며 폭압정치를 펼쳤다. 이에 고통을 호소하던 이스라엘 민족에게 하나님께서는 모세를 지도자로 보내어 그들을 이집트 밖으로 탈출하도록 하였다. 출애굽 여정에서 그들이 가장 먼저 만난 장애물은 홍해였다. 하지만 하나님께서는 바다를 좌우로 갈라 마른 땅이 드러나게 하시고 길을 만들어 이스라엘 백성들로 하여금 안전하게 건너게 하셨다. 홍해를 건넌 백성들의 앞에 놓여 있는 땅은 척박한 땅 광야였다. 젖과 꿀이 흐르는 약속의 땅 가나안으로 입성하기 위해서는 반드시 지나가야 할 땅이었다. 광야를 지나지 아니하고는 가나안에 이를 수 없다. 그런데 광야는 만만한 땅이 아니었다. 그곳에는 먹을 음식과 마실 물이 없었다. 그래서 하나님께서는 만나를 하늘로부터 내리시고, 메추라기를 떨어뜨림으로써 떡과 고기를 먹을 수 있었다. 그러는 가운데 이스라엘 민족이 광야를 지나면서 르비딤이란 곳에 진을 쳤을 때, 마실 물이 전혀 없었다. 심한 갈증으로 괴로워하던 백성들은 영도자 모세를 원망하며, 왜 이곳에서 우리와 우리 자녀, 그리고 가축을 목말라 죽게 하느냐고 따졌다. 모세는 급박한 상황을 하나님께 아뢰었고, 하나님께서는 호렙산에 있는 반석을 치라고 명하셨다. 모세는 장로들을 데리고 백성 앞을 지나 하나님께서 지시하신 반석에 이르러 지팡이로 내려쳤는데, 그곳에서 물이 콸콸 흘러나왔다. 이처럼 반석에서 샘물이 터져 나온 사건에 대해 바울은 "다 같은 신령한 음료를 마셨으니 이는 저희를 따르는 신령한 반석으로부터 마셨으매 그 반석은 곧 그리스도시라"(고전 10:4)고 기록하고 있다. 메마른 광야를 지나던 이스라엘 백성들의 목마름을 해결해 주었던 반석이 바로 예수님을 상징하고 있음을 말해 주고 있다. 광야길의 반석으로부터 흘러나온 물은 이스라엘 백성들과 육축들의 목마름을 해소하였는데, 이 사건을 통해 우리의 영적 목마름을 위해서는 반석이신 예수님이 필요하다는 사실을 알려 주고 있는 것이다. 예수님은 신령한 물을 공급하시는 분이시다. 예수님께서 사마리아 땅을 지나면서 수가성에 이르러 한 여인을 만났을 때였다. 우물에서 물을 길러 나온 여인에게 주님께서는 말씀하셨다. "내가 주는 물을 마시는 자는 영원히 목마르지 아니하리니 내가 주는 물은 그 속에서 영생하도록 솟아나는 샘물이 되리라"(요 4:14). 우리의 영혼에 생명을 주시는 유일한 분이 예수님이다. 예수님을 나의 주 나의 하나님으로 고백하고, 그 분께서 주시는 영생의 물을 마신 자가 복이 있는 사람이다. 왜냐하면 육신은 곧 스러지지만 영혼의 생명은 영원하기 때문이다. 나에게 반드시 필요한 것은 육신의 목마름을 해소하는 깨끗한 물뿐만 아니라 영적 갈증을 해결하는 신령한 물이다. 내가 주님을 찬양하고 그를 기뻐하는 이유는 예수님께서 나의 영적 갈증을 해결해 주시는 유일한 분이시기 때문이다.

안아 주면 포근한 이유

＜◦＞

　미국 캘리포니아에 살고 있는 아들 집을 오랜만에 방문했다. 서로 멀리 떨어져 있는 관계로 자주 만나지는 못하지만 일 년에 한두 차례는 만나 가족의 정을 나누고 있다. 하지만 코로나 유행이 시작되면서부터 여행이 제한되어 서로 만나지 못했다. 2년여 동안 영상통화로만 서로의 사정과 형편을 묻곤 했다. 그런데 얼어붙었던 해외여행이 조금씩 풀리는 상황으로 변하자 아들 부부는 우리와 만나고 싶다며 항공권을 사서 우리에게 보내 주었다. 해외여행을 위한 수속절차가 까다롭고 번거로움에도 불구하고 오랜만에 가족을 볼 수 있다는 설렘을 안고 떠났다. 아들 내외도 보고 싶었고, 새롭게 수리하고 단장했다는 아들 집의 살림살이도 궁금하였다. 그러나 무엇보다도 예쁜 손녀가 얼마나 자랐는지 궁금하였다. 당시에 만 4살이 된 손녀딸은 말도 부쩍 많아지고, 키가 자라 어엿한 소녀의 모습으로 변해 있었다. 손녀는 우리를 보자 처음에는 어색해 했지만 내가 먼저 달려가 꼭 안아 주었다. 손녀를 안고서 보고 싶었고 많이 사랑한다 라고 말을 해 주자 활짝 웃으며 기뻐했다. 손녀는 할아버지와 할머니를 직접 만났다는 기쁨에 쑥스러움은 이내 사라지고, 곧 활발해지며 수다스러워졌다. 음악에 맞춰 춤을 추기도 하고, 동요를 부르며 그동안 배워 온 실력을 자랑하였다. 손녀를 안아 주고 얼굴을 맞대며 스킨십을 할 때, 우리는 서로 친밀감을 느끼며 포근하고 따뜻한 감정을 맛볼 수 있었다.

　이처럼 서로 포옹하거나 혹은 악수할 때나 뺨을 비빌 때면 서로 간에 독특한 촉감을 느끼고 신뢰의 감정을 경험하게 된다. 왜 그럴까? 이는 우리 피부에 촉각을 담당하는 수용체가 있기 때문이다. 우리는 오감을 가진다. 시각, 청각, 후각, 미각, 그리고 촉각이다. 시각은 일차적으로 눈이 담당하고, 청각은 귀, 후각은 코, 미각은 혀와 입에서 담당하여 감각신호를 발생시킨다. 피부에도 감각기관이 있어 촉각에 대해 전기적 신호를 발생하고, 이를 뇌로 보내어 어떤 자극인지 구별하게 한다. 피부에는 다양한 촉각 수용체들이 있어 여러 자극들에 대해 독특한 반응을 나타낸다. 이처럼 기계적 자극에 반응하는 수용체 조직으로는 마이스너 소체(Meissner's corpouscle), 메르켈 원반(Merkel's disk)들이 있고, 이들은 단지 몇 밀리미터 넓이의 좁은 지역의 자극을 인식하는 수용장을 가진다. 반면에 파치니안 소체(Pacinian corpuscle)들과 루피니 말단(Ruffini's ending) 등은 전체 손가락이나 손바닥의 반 정도를 아우르는 넓은 수용장을 가진다. 이와 아울러 피부에 난 털도 민감한 감각 수용계로 작용한다. 이는 피부에 묻혀 있는 털의 모낭을 신경말단들이 감싸고 있기 때문이다. 그래서 털을 건드리면 신경말단이 자극을 받아 촉각신호를 발생하는 것이다. 이처럼 다양한 촉각 수용계들이 있어서 만지거나 쓰다듬어 줄 때는 편안한 기분을 느끼고, 꼬집으면 통증을 느낀다. 그렇다면 피부에 가해지는 다양한 자극을 어떻게 감지하여 전기신호를 만들고 인식하게 되는가? 이에 대한 해답을 미국 스크립스 연구소의 아뎀 파타푸티언 교수가 촉감을 담당하는 실체를 규명함으로써 얻을 수 있었다. 그는 이 연구를 통해 온도 센서 수용체를 발견한 데이비드 줄리어스 교수와 함께 2021년 노벨 생리의학상을 수상하였다. 파타푸티언 교수 연구팀은 2010년에 촉각을 감지하는 수용체 단백질인 Piezo1과 Piezo2를 발견하였고, 이들은 기계적 자극에 따라 반응하는 이온통로임을 확인하였다. 파타푸티언 교수는 생물정보학 방법을 통해 뜨거운 온도를 감지하는 수용체 단백질인 TRPV1과 아미노산 서열이 비슷한 73종의 단백질을 도출하였다. 그리고 이들 각자에 대한 유전자 발현을 억제시킨 다음, 기계적 자극으로 세포막을 변형시켰을 때 이온 흐름이 생기는지 여부를 생물물리학적 방법으로 실험하였다. 다시 말해서 세포막의 늘어짐이나 장력 변화에 따라 전기신호를 발생시키는 세포주를 선별하고, 이 세포에서 후보 유전자를 하나씩 차례로 결손시켜 반응을 점검하였다. 그래서 마침내 Piezo1과 Piezo2를 없앴을 때, 기계적 자극에 따른 전기신호가 사라짐을 확인함으로써 촉각 수용체를 발견한 것이다. 이 가운데 Piezo2는 피부에 존재하는 촉각 반응세포인 메르켈 원반 조직과 감각신경에 많이 발현되어 있음을 알았다. Piezo2 수용체는 팔과 다리의 위치가 어디인지를 파악하는데 도움을 준다. 이와 아울러 방광에 오줌이 가득하여 팽팽해진 것도 느끼게 하고, 숨을 들이쉬고 내쉴 때 허파의 팽창과 수축도 감지하는데 관여하고 있다.

피부는 우리 몸의 감각기관 중 가장 넓고 큰 곳이다. 만지거나 누르거나 찌르거나 비틀거나 가렵거나 칼로 베일 때, 각각의 자극을 구별할 수 있는 다양한 촉각 조직들을 가지고 있다. 그래서 각각의 자극에 대해 독특한 반응을 일으키고, 이에 대해 우리의 뇌는 전달된 신경신호를 해석하여 적절한 대응을 하도록 만든다. 아프고 괴로운 자극에 대해서는 회피하게 하고, 부드러운 자극에 의해서는 사랑스럽고 포근한 감정을 유발시켜 반복적인 자극을 원하게 한다. 예수님께서 이 땅에 오셔서 사역하실 동안에도 많은 사람들을 만지며 치료해 주시고 위로해 주셨다. "예수께서 한 동네에 계실 때에 온 몸에 나병 들린 사람이 있어 예수를 보고 엎드려 구하여 이르되 주여 원하시면 나를 깨끗하게 하실 수 있나이다 하니 예수께서 손을 내밀어 그에게 대시며 이르시되 내가 원하노니 깨끗함을 받으라 하신대 나병이 곧 떠나니라"(눅 5:12-13). 예수님은 진물이 흐르고 흉측하게 변한 한센병 환자의 피부를 손으로 어루만지셨다. 당시의 사람들은 한센병 환자를 멀리하고 기피하였지만 예수님은 그를 측은히 여기고 용납하신다는 표시였다. 예수님의 부드러운 손길을 느낀 환자는 큰 위로를 받았을 것이다. 사회와 가족으로부터 격리되어 외면당한 채 비참함을 경험하며 살아야 했던 그였기에 예수님의 어루만지심은 커다란 감동으로 다가왔을 것이다. 불결한 그의 피부를 거리낌 없이 만지시고 치유를 선포하시는 주님은 그에게 진정한 위로자요 치료자였다. 주님은 육신의 질병을 고쳐 주셨을 뿐만 아니라 거절감과 상실감으로 인해 절망 속에 빠져 있던 그의 마음의 병도 회복시켜 주셨다. 이와 같이 예수님은 고통에 처한 자들을 만지심으로 소망을 주셨을 뿐만 아니라 안아 주시고 쓰다듬어 주심으로 사랑을 표하시고 용기를 주시기도 하였다. "예수께서 앉으사 열두 제자를 불러서 이르시되 누구든지 첫째가 되고자 하면 뭇 사람의 끝이 되며 뭇 사람을 섬기는 자가 되어야 하리라 하시고, 어린 아이 하나를 데려다가 그들 가운데 세우시고 안으시며, 제자들에게 이르시되 누구든지 내 이름으로 이런 어린 아이 하나를 영접하면 곧 나를 영접함이요 누구든지 나를 영접하면 나를 영접함이 아니요 나를 보내신 이를 영접함이니라"(막 9: 35-37). 예수님은 어린 아이를 꼭 안아 주셨다. 아이에 대한 예수님의 사랑을 제자들로 하여금 목격하게 하시고, 어른으로서 아이를 업신여기지 못하게 하셨다. 이와 함께 아이의 순수함과 연약함을 상기시키며, 제자들에게 다스리는 자가 아니라 서로 섬기며 겸손한 자가 되라고 가르치셨다. 세상에서 큰 자가 하늘나라에서도 큰 자가 되는 것은 아니라고 말씀하셨다. 작은 아이처럼 행하는 자가 천국에서 첫째가 되고, 큰 자가 될 수 있음을 가르치셨다. 역설적인 예수님의 가르침에 대해 품에 안긴 아이도 똑똑히 들었을 것이다. 예수님이 안아 주신 아이는 비록 어렸지만 주님의 따뜻한 품을 기억하며 그때의 가르침을 일생 동안 상기하며 살았을 것이다. 아마도 훌륭한 그리스도인으로 성장하여 겸손하게 이웃을 섬기며 지냈을 것으로 추측해 본다.

주님께서 아이를 안아 주셨듯이 우리도 사랑하는 가족을 안아 주는 연습을 많이 하면 좋겠다. 안아 줄 때 오해와 불신이 사그라지고 마음의 안정을 누리며 신뢰하고 서로 간에 사랑을 느낄 수 있다. 촉감을 느낄 수 있도록 피부에 수용체들을 허락하신 하나님께 감사드리며, 서로 만날 때마다 손을 맞잡고, 등을 토닥이며 위로해 주고 격려하는 가정과 공동체가 되길 소원한다. 마음의 불안과 두려움을 몰아내는 가장 좋은 처방이 따스한 손길을 내밀어 잡아 주는 것이라 믿는다.

연인끼리 키스는 왜 할까?

———————◇———————

    2023년 여자 축구 월드컵 대회가 호주와 뉴질랜드에서 열렸다. 결승에 스페인과 영국이 올라 시드니 경기장에서 맞붙었다. 치열한 접전 끝에 스페인이 1:0으로 이김으로써 우승컵을 들어올렸다. 결승전 경기가 끝나고 시상식이 진행되면서 스페인 축구협회장이던 루비알레스는 너무 흥분한 나머지 선수들에게 격한 축하 인사를 나누었다. 어깨를 감싸며 축하하던 그는 선수 중 한 명에게 일방적으로 키스를 퍼부었다. 이렇게 여자 선수에게 기습적으로 강제 키스를 했던 루비알레스 회장은 여론의 강한 비난을 받게 되었다. 성추행 논란으로 비화되고, 이 일이 일파만파로 퍼지자 축구계뿐만 아니라 정치권으로부터도 사퇴압력을 받았다. 이와 아울러 스페인 여자축구대표팀 선수들은 축구협회장이 퇴출될 때까지 대표팀 경기를 거부하겠다고 천명하였다. 그리고 국제축구연맹은 루비알레스 회장의 권한을 90일 간 정지시키는 징계를 내렸다.

    이처럼 사람들은 손을 잡고 악수하는 것으로 그치지 않고, 입술을 맞대는 키스를 왜 하는 걸까? 이는 체성감각을 담당하는 기능과 운동 기능을 담당하는 대뇌피질의 영역의 넓이에 그 원인이 있다. 대뇌피질의 감각중추에서 손이나 얼굴에서 오는 감각을 느끼고 처리하는 영역은 매우 크다. 특히 얼굴에서 입술로부터 오는 감각을 처리하는 영역이 아주 넓다. 마찬가지로 대뇌피질의 운동중추에서도 손이나 얼굴, 그리고 입술의 근육을 조절하는 영역이 다른 곳에 비해 훨씬 넓다. 뇌에서 감각을 인지하는 피질영역의 상대적인 넓이와 운동기능을 관장하는 피질영역의 넓이에 따라 사람의 모습을 그린 것을 호문쿨루스(homunculus)라 한다. 따라서 감각 호문쿨루스와 운동 호문쿨루스가 있는데, 두 모습이 거의 비슷하다. 다만 운동 호문쿨루스에서 손이 조금 더 큰 모습으로 되어 있다. 이는 사람 신체의 각 부위에 대한 실제 크기와 넓이에 비례하지 않고 매우 다른 모습을 보인다. 이처럼 대뇌피질에서 신체 각 부위를 담당하는 영역의 크기에 차이가 나는 것은 신체의 그 부위로부터 입력되는 감각정보의 중요도와 밀접한 관계가 있다. 다시 말해서 손가락이나 입술로부터 오는 정보는 팔꿈치로부터 오는 정보보다 훨씬 더 유용하기 때문이다. 손을 통해 오는 촉각정보의 중요성에 대해서는 우리가 쉽게 이해할 수 있다. 뿐만 아니라 입과 혀, 입술을 통해 느끼는 촉각도 대단히 중요한데, 이는 언어를 만들어 낼 때 반드시 필요한 감각이기 때문이다. 이와 아울러 어떤 음식이 맛있고, 영양이 있는지 또는 음식의 물리적 성질에 따라 먹어야 할지 말아야 할지 판단해야 한다. 즉 목이 메일 정도로 숨을 막히게 하거나 혹은 딱딱하여 치아를 상하게 할 음식에 대해서는 빨리 알아차리고, 뱉어야 할지 삼켜야 할지 결정해야 하기 때문이다. 그래서 손뿐만 아니라 입을 통한 자극에 대해서도 뇌는 넓은 영역을 할애하고 있다. 이처럼 대뇌피질의 독특한 구조로 인해 입술로부터 오는 감각을 예민하게 느낄 수 있기 때문에 사람들은 입술을 부딪혀 서로 간에 미묘한 감정을 인식하려 하는 것이다.

키스는 두 가지 유형으로 나눌 수 있다. 일반적으로 다정한 부모 키스와 로맨틱한 성적 키스로 구별할 수 있다. 부모 키스는 시간과 지역에 관계없이 사람들 사이에 어디서나 있는 것으로 보인다. 반면에, 성적 키스는 문화적으로 보편적이지 않고 계층화된 사회에서 우세하게 나타난다. 연구에 따르면 로맨틱한 성적 키스는 침이나 숨에서 전달되는 화학적 신호를 통해 잠재적인 배우자의 적합성을 평가한다고 한다. 그리고 연인 사이에 애착 감정을 느끼게 하고, 성적 흥분과 그로 인한 성적 관계를 촉진하기 위한 목적으로 발전되었다고 보고 있다. 이처럼 가족이나 친구, 혹은 연인 사이에 친밀감이나 사랑을 표현하는 키스는 오래 전부터 여러 지역에서 공통적으로 행해져 왔던 모습이라 할 수 있다. 그런데 키스 문화는 언제부터 시작되었을까? 기원전 1,800년 고대 바빌로니아의 점토판에는 남녀가 벌거벗고 키스를 나누는 모습이 새겨져 있다. 이는 3,800년 전부터 키스라는 행위가 있었다는 것을 보여준다. 그런데 이보다 훨씬 오래전에 연인 간 키스가 보편화되었다는 증거를 찾았다. 덴마크 코펜하겐 대학의 트로엘스 아르볼(Troels Arbøll) 교수와 영국 옥스퍼드 대학의 소피 라스무센(Sophie Rasmussen) 박사는 고대문헌에서 키스의 증거를 찾아 2023년 사이언스 저널에 발표하였다. 이 문헌은 초기 메소포타미아 점토판에 새겨진 내용이다. 고대 메소포타미아는 유프라테스 강과 티그리스 강을 따라 발전하였는데, 이 지역의 문자는 기원전 3,200년경 남부 이라크와 이집트에서 동시에 발명되었다. 메소포타미아 사람들은 점토판에 쐐기 모양의 설형문자를 새겼는데, 주로 기원전 3,200년부터 서기 75년까지 수메르어와 아카드어를 기록하였다. 수메르어의 초기 문헌에서는 키스를 연인간 사랑의 행위와 관련하여 성관계 후의 행동으로 묘사하였다. 아카드어에서 키스에 대한 언급은 두 개의 구별된 그룹으로 세분할 수 있다. 첫 번째는 친근하고 가족적인 애정을 나타내는 것으로, 발이나 땅에 키스하며 복종 또는 존경의 표시를 나타내는 것이고, 두 번째는 입술을 서로 포개어 키스하는 사랑의 행위이다. 이런 기록들은 성관계, 가족, 그리고 우정과 연관된 행동으로써 키스가 기원전 3천년 후반부터 고대 중동지역 사람들의 일상 생활에서 흔히 볼 수 있는 평범한 일이었다고 생각된다.

성경의 바울 서신과 베드로 서신을 읽다 보면 성도끼리 거룩한 입맞춤으로 인사하라고 기록되어 있다. "너희가 거룩하게 입맞춤으로 서로 문안하라. 그리스도의 모든 교회가 다 너희에게 문안하느니라"(롬 16:16). "모든 형제도 너희에게 문안하니 너희는 거룩하게 입맞춤으로 서로 문안하라"(고전 16:20). "너희는 사랑의 입맞춤으로 피차 문안하라. 그리스도 안에 있는 너희 모든 이에게 평강이 있을지어다"(벧전 5:14). 초대교회 성도들은 서로 입맞춤으로 인사하며 안부를 묻고, 친근함을 표시하였다. 이는 당시의 보편화된 인사예법으로 짐작된다. 입술끼리 부딪히기도 하였고, 뺨이나 눈썹 위에 입술을 갖다대어 인사를 나누었다. 서로 포옹하며 입술을 맞출 때, 사랑과 우정을 진솔하게 표현할 수 있지 않았을까 생각된다. 그런데 남녀 간에는 이러한 인사법으로 인해 어색하게 만들거나 오해의 여지가 있어 보편화되지 못하였을 것으로 짐작된다. 성경에서 거룩하게 입맞추며 사랑의 입맞춤으로 인사해야 한다고 기록한 이유는 물리적인 입술의 접촉을 반드시 해야함을 강조하기보다는 형제를 사랑하고 존중하는 마음으로 서로 교제하라는 것이 핵심이다. 이는 믿음의 동지들끼리 하나가 되었음을 인식하고, 친밀한 관계를 유지하며, 서로 위로하고 격려하는 삶으로 함께 걸어가야 한다는 의미이다. 하나님의 자녀된 우리는 서로 뜨겁게 사랑하며 교제해야 한다. 사랑과 선행을 격려하며 서로의 필요를 채워줘야 한다. 이런 모습은 믿지 않는 자들에게는 기이하게 느껴질 수 있다. 개인보다 공동체를 생각하며, 하나님 안에서 한 가족이 된 형제 자매들에게 기꺼이 자신의 것을 내어주며 희생하는 모습은 그들에게 매우 낯설기 때문이다. 그렇지만 우리의 이런 모습을 통해 주님의 사랑이 그들의 마음에 파문을 일으키고, 신앙에 대한 긍정적인 호기심을 자극시킨다. 우리의 헌신된 삶을 통해 우리가 주님의 제자임이 드러난다. 즐겁고 감사한 일에 함께 기뻐하며, 어려움을 당할 때 함께 힘을 모아 돕고, 슬프고 괴로울 때 함께 울어주며, 아플 때 빠른 회복을 위해 한마음으로 기도해 주는 거룩한 교제가 우리 가운데 있어야 함을 가르친다. 나 자신부터 이웃에게 사랑으로 문안하며, 내가 가진 작은 것이라도 필요로 하는 자에게 나눠주며, 진실한 교제가 서로 간에 이루어지는 삶이 되길 소망해 본다.

태아도 미세먼지를 싫어한다

매년 봄이면 뿌연 먼지로 세상이 뒤덮여 숨쉬기가 힘들어지는 때가 자주 발생한다. 중국이나 몽골의 사막지역에서 밀려오는 지독한 황사가 편서풍을 타고 오기 때문이다. 황사는 칼슘이나 규소 등 토양성분이지만 이들이 날아올 때 공기 중의 다른 부유물과 함께 오는 것이 문제가 된다. 특히 중국의 동부지역에 밀집되어 있는 공업지대에서 발생하는 공장 매연을 같이 끌고 옴으로써 우리의 건강을 위협하고 있다. 질산염(NO_3^-), 암모늄(NH_4^+), 황산염(SO_4^{2-}) 등의 이온들과 탄소화합물, 금속화합물 등이 섞여 들어온다. 이들은 대기 중에 떠다니는 아주 작은 입자들로서 호흡에 의해 우리 체내로 들어오는 흡입성 알갱이들이다. 이러한 먼지들은 미세먼지와 초미세먼지로 나뉜다. 미세먼지는 직경이 10μm 이하의 작은 입자들로서 머리카락 굵기의 1/5 정도이다. 그리고 초미세먼지는 이보다 더 작은 입자들인데 직경 2.5μm 이하의 부유먼지들이다. 초미세먼지는 미세먼지보다 넓은 표면적을 가지므로 더 많은 유해물질들을 흡착할 수 있다. 그리고 크기가 작으므로 코나 기관지에서 걸러지지 않고, 허파 깊숙이 들어와 천식이나 폐질환의 원인이 된다. 뿐만 아니라 혈관으로 침투하여 몸의 다른 곳으로 이동하여 쌓이기도 한다. 이렇게 되면 몸 속에 축적된 먼지들을 제거하기 위해 임파구들이 활발하게 작용함으로써 염증 반응이 유도된다. 이로 인해 심혈관 질환, 피부질환, 안구질환 등 각종 질병을 유발할 수 있다.

그런데 미세먼지는 흡입하는 사람뿐만 아니라 태아에게도 영향을 미친다는 사실이 밝혀졌다. 임신한 여성이 공기 중의 해로운 입자들을 흡입하면 미세입자들이 태반을 거쳐 태아의 장기까지 침투한다는 연구 결과가 나온 것이다. 영국 에버딘 대학의 폴 파울러(Paul Fowler) 교수를 중심으로 한 연구진은 미세먼지의 유독성 입자들이 태아의 간, 폐, 뇌조직으로 들어가 유산, 조산, 저체중 등 태아의 발달에 심각한 피해를 줄 수 있음을 확인하고 2022년에 란싯 공중보건(Lancet Public Health) 학술지에 발표하였다. 연구진은 무작위로 선택된 60쌍의 엄마와 신생아를 연구대상으로 포함했는데, 그들 가운데 담배를 피운다고 보고한 엄마들은 제외시켰다. 연구진은 공기 중에 있던 블랙 카본, 즉 검은 탄소입자가 태아의 제대혈에 존재하는 것을 검출함으로써 이 입자들이 태반을 가로질러 태아의 순환계로 들어간다는 사실을 확인하였다. 또한 임신 중 엄마의 혈액, 태반 그리고 제대혈에서 측정되는 블랙 카본의 양과 주거 환경에서 블랙 카본이 섞여 있는 공기에 노출되는 정도 사이에 강한 상관관계가 있음을 알게 되었다. 그래서 제대혈뿐만 아니라 태아의 간, 폐, 뇌조직을 채취하여 검사하였는데, 이들 조직에서도 블랙 카본의 존재를 발견하였다. 이는 공기 중의 블랙 카본 입자가 태반으로 이동하여 축적되고, 결국에는 태아의 장기까지 침투한다는 사실을 보여주는 것이다. 블랙 카본은 연료가 연소될 때 발생하는데, 자동차 배기가스 등 불완전 연소가 일어날 때 주로 생성되며, 도시나 공업지역의 어디에서나 존재한다. 태아의 조직 샘플에서 검출된 블랙 카본과 같은 미세입자들은 아이의 발달과 건강에 위험한 요인이 될 수 있다. 왜냐하면 임신 기간은 태아의 장기 발달에 매우 중요하고 치명적인 시간이기 때문이다. 임신 중에는 태아의 여러 장기 조직에서 세포의 증식률 증가, 대사 능력의 변화, 제한된 DNA 복구 능력을 가지고 있으므로 활발하게 발달 중인 태아에게 오염된 물질이 노출되면 심각한 문제가 발생하고, 발달장애를 유발할 수 있는 취약성을 가진다. 이와 아울러 임신 기간은 아이의 인생 후반기에 많은 질병에 시달릴 가능성이 프로그램 되는 단계이기도 하다. 따라서 태반은 산모와 태아 사이에서 중요한 보호막 역할을 하는데 산소 및 영양 공급이 떨어지면 태아의 발달과 건강에 영향을 미칠 수 있다. 그러므로 대기의 오염 입자와 더불어 독성 화합물이 태반에 축적된다는 것은 신생아에게 대단한 위험요소가 될 수 있다. 만일 임신 기간에 대기의 미세먼지에 자주 노출되면 태반에서 높은 염증 스트레스를 유도할 수 있다. 이와 아울러 미세먼지들은 태아 시스템에 직접 들어가므로 염증을 일으켜 태아의 발육뿐만 아니라 태어난 이후 생애 후반까지 여러 질병에 취약해질 수 있다. 이번 연구 결과는 미세 입자에 오랫동안 노출되면 아이의 삶에서 가장 취약한 기간, 즉 엄마의 자궁에서 발달하는 기간에 나쁜 영향을 받는다는 직접적인 증거를 보여주었다. 엄마 뱃속에 있는 태아는 태어나 첫 숨을 쉬기도 전에 미세먼지 부하를 경험함으로써 신경계 및 내분비계 등에 교란이 발생할 수 있음을 보여주었다.

우리가 살아 있는 동안 숨쉬기를 멈출 수는 없다. 호흡은 생존에 필수적이다. 호흡이 부족해지면 산소공급이 떨어지고, 3분 이상 호흡을 멈추면 뇌와 심장에 치명적인 결과를 낳는다. 숨을 쉬는 일은 끊임없이 이루어져야 하며, 깨끗하고 맑은 공기를 마셔야 한다. 우리의 영혼도 건강하기 위해서는 호흡을 쉬지 말아야 한다. 영혼의 호흡은 기도하는 일이다. 기도하기를 쉬는 것은 숨쉬기를 멈추는 것과 같다. 우리는 쉬지 말고 기도해야 하고, 기도에 대한 바른 인식과 자세를 가져야 한다. 예수님께서는 우리에게 바람직한 기도의 모습을 가르쳐 주셨다. 예수님은 기도하는 바리새인과 세리의 모습을 비교하시면서 우리에게 참된 기도의 태도를 알려주신 것이다. 예수님 당시 유대인들은 하루에 세 번 기도하는 습관을 가지고 있었다. 오전 9시, 12시, 그리고 오후 3시에 기도하였다. 모세의 율법과 선조들의 전통을 충실하게 지켜 나가던 바리새인들은 말할 것도 없고, 세리처럼 직업을 가진 일반 사람들도 동일하게 성전으로 올라가 하나님께 기도하였다. 바리새인은 종교적 자부심이 대단한 사람들이었다. 바리새인의 기도는 매우 길었고, 사람들이 붐비는 곳에서 보란듯이 자신이 행했던 덕목을 열거하였다. 자신은 토색하거나 불의한 일, 또는 간음을 하지 않았고, 일주일에 두 번 금식하였으며 소득의 십일조를 바쳤다는 사실을 강조하며 기도하였다. 반면에 세리는 멀리 서서 하늘을 우러러 보지도 못하고 가슴을 치며 기도했다. 스스로 부정직한 죄인임을 고백하였고, 하나님께서 불쌍히 여겨 주시길 간구했다. 이처럼 자신을 낮추고 죄인임을 고백하는 세리에 대해 하나님께서는 용서하시고 의롭다 하셨으나 자신을 높이고 자랑한 바리새인에게는 긍휼을 베풀지 않으신다고 말씀하셨다. 하나님은 죄로 인해 괴로워하고 절망한 심정으로 용서를 구하는 자를 용납하시고 새로운 삶의 기회를 주신다. 하지만 스스로 잘 났다고 하는 사람의 기도는 듣지 않고 외면하신다. 기도는 하나님 앞에 정직하고 순수해야 한다. 자신의 공로를 자랑하고 높이며, 다른 사람을 의식하여 남에게 보이기 위한 기도는 오염된 공기를 마시는 것과 같다. 이런 가식적이고 형식적인 기도는 영혼의 폐부에 깊숙이 들어가 치명적인 해악을 끼친다. 하나님께서 긍휼히 여기시는 것은 상한 심정이다. 하나님의 뜻대로 온전히 살아내지 못한 자신의 부족함을 스스로 인정하고, 정직하게 잘못을 고백하는 기도를 아버지 하나님은 들으신다. 스스로 의롭게 여기면서 주위 사람을 의식하며 자랑하는 기도는 미세먼지가 잔뜩 들어 있는 공기를 마시는 것과 같다. 하나님 앞에서 자신의 잘못을 낱낱이 고백하며 용서를 구하고 해결함 받는 기도가 영혼을 건강하게 만드는 삶의 태도이다. 이 땅에서 숨쉬는 동안 사무엘처럼 기도를 쉬는 죄를 결단코 범하지 않겠다고 다짐하며, 날마다 나의 부족함을 하나님 앞에 내어놓고 해결받으며 회복을 경험하는 영적 건강인이 되길 소원한다.

춥게 살면 암에 걸리지 않나?

―――――――――⊱⊰―――――――――

단풍나무의 무성한 잎들이 빨갛게 물들었다가 서서히 떨어지며 은행잎이 노란 빛깔을 자랑하다가 우수수 내려앉을 즈음이면 일교차가 심해진다. 아침과 오후의 기온이 10℃ 이상 차이가 난다. 그러다가 갑자기 기온이 뚝 떨어진 날, 무심코 평소대로 옷을 입고 일터로 향했다가 추위에 바들바들 떨며 종종걸음을 한 때가 있다. 이럴 때면 숯불에 구운 햇밤이 생각나고, 김이 모락모락 나는 붕어빵이 그리워진다. 쌀쌀한 날 외투를 미처 준비하지 않아 오싹한 추위를 경험한 적이 가끔 있다. 이처럼 무방비 상태로 추위를 경험하면 감기에 걸리기 쉽다고도 하지만 건강에 좋은 점도 있다. 빈번히 그리고 꾸준히 약한 추위에 노출되면 암성장을 억제하는 효과가 있음이 밝혀졌기 때문이다.

암세포는 종양의 성장과 전이를 촉진하기 위해 당, 지질, 아미노산, 대사산물 및 가스 등 생체분자를 활발하게 교환한다. 이를 위해 많은 에너지의 공급을 필요로 한다. 에너지를 얻기 위해 주로 포도당을 분해하여 에너지 분자인 ATP를 만든다. 암조직에서 포도당 대사 경로는 비정상적으로 활성화되면서 미토콘드리아를 충분히 활용하지 못한다. 미토콘드리아는 산소를 이용하여 효율적인 대사를 수행함으로써 많은 ATP를 생성한다. 하지만 암세포는 빨리 자라야 하므로 느굿하게 에너지 생성을 기다릴 여유가 없다. 그래서 미토콘드리아에서 생산하는 에너지를 기다리지 않고, 세포질에서 포도당을 피루브산으로 만드는 해당작용에 주로 의존한다. 이렇게 생성된 피루브산은 젖산으로 바뀌어 세포 밖으로 배출된다. 이와 같은 생화학적 반응을 와버그(Warburg) 효과라고 부르는데, 이를 발견한 과학자의 이름에서 유래하였기 때문이다. 미토콘드리아를 이용하는 호기성 해당작용은 38개의 ATP를 생성하지만, 피루브산으로 가는 해당작용은 단지 2개의 ATP 밖에 생산하지 못한다. 하지만 반복적인 해당작용을 통해 신속하게 ATP를 생산할 수 있다. 따라서 종양조직은 비효율적인 에너지 생산체계를 가진다. 그럼에도 불구하고 빨리 자라기 위해서는 게걸스럽게 많은 양의 포도당을 흡수한다. 만일 암조직으로 공급되는 포도당의 양을 적극적으로 줄일 수 있다면, 암성장을 억제할 수 있는 좋은 방법이 될 수 있다. 그런데 추위에 떨다 보면 종양으로 공급되는 포도당을 줄일 수 있어 암증식이 억제될 수 있다는 결과를 스웨덴 캐롤린스카 연구소의 이하이 카오(Yihai Cao) 교수팀이 2022년 네이처에 발표하였다.

우리가 추위를 느낄 때, 몸속에 갈색지방이 늘어나며, 갈색지방은 열을 생산하기 위해 포도당을 많이 흡수하므로 종양으로 가는 포도당을 줄일 수 있다는 개념이다. 우리 몸에는 다양한 종류의 지방이 있다. 대표적인 것은 에너지를 축적해 비만을 유발하는 백색지방이 있다. 우리가 섭취하는 음식이 지니고 있는 에너지보다 적은 양의 에너지를 소비할 때, 남은 에너지는 중성지방으로 축적된다. 이와는 달리 에너지를 연소시켜 체온을 유지하고 비만을 예방하는 갈색지방이 있다. 갈색지방은 주로 목, 쇄골, 가슴 주위에 적은 양 존재하며, 세포 안에는 많은 미토콘드리아를 갖고 있다. 그런데 갈색지방세포는

UCP-1이라는 단백질을 발현시켜 미토콘드리아에서 ATP 생성을 가로막아 열로 발산되도록 한다. 연구팀은 생쥐를 두 그룹으로 나누어 한 그룹은 냉장고 온도인 4℃에 노출시켰고, 다른 그룹은 30℃ 정상 온도에서 사육하였다. 종양을 가진 생쥐를 추위에 노출시켰을 때, 갈색지방의 양이 뚜렷하게 증가하였고, 종양의 성장이 억제되었다. 추위로 인한 종양억제 활성은 대부분의 항암제와 동등할 정도의 효능이 있음을 보여주었다. 그런데 종양이 있는 생쥐를 22℃의 약한 추위에 노출하면 종양이 억제되지 않았다. 약한 추위 자극을 받을 때는 갈색지방의 생성이 뚜렷하지 않았다. 그리고 저온에 노출시켰더라도 갈색지방을 인위적으로 제거하면 종양억제가 일어나지 않았다. 또한 포도당 함량이 높은 음식을 제공하면 종양의 성장이 다시 회복되었다. 이 결과는 저온에 의해 유도된 갈색지방과 암조직은 포도당에 대해 서로 경쟁적임을 알 수 있다.

연구팀은 생쥐 모델에서 발견한 사실이 사람에게도 적용되는지를 살펴보았다. 건강한 3명의 남성과 22세에서 25세 사이의 여성 3명을 대상으로 매우 가벼운 옷을 입게 하고, 14일 동안 매일 16℃에서 2~6시간 동안 노출시켰다. 그런 다음 양전자방출단층사진(PET)을 찍어 보니, 남성과 여성 그룹 모두에서 쇄골상부, 자궁경부 및 흉골 영역에서 갈색지방이 늘어나고, 이 조직의 포도당 흡수기능에 현저한 증가를 보였다. 생쥐와는 달리 사람의 경우, 극지방에 사는 것과 같이 극단적인 환경에 거하면 스트레스가 심해져 종양억제유전자의 기능이 떨어지는 등 유전적 변이를 초래해 암발생률이 오히려 증가하였다. 따라서 심한 추위보다는 쌀쌀하게 느낄 정도의 자극이 필요하다는 것을 알려주었다. 건강한 자원자들에 대한 실험에 이어 호지킨 림프종을 앓고 있는 18세 환자를 대상으로 연구를 수행하였다. 이 환자는 화학 항암제 치료를 받고 있었다. 환자로 하여금 가벼운 옷을 입게 하고, 7일 동안 22℃의 가벼운 추위에 노출시켰을 때, 암에 저항성을 보였다. 이 환자는 건강한 사람들과 마찬가지로 상당한 양의 갈색지방 증가를 보여주었고, 갈색지방에 의한 포도당 흡수 활성이 증가되었다. 이처럼 갈색지방의 양을 증가시키고 포도당 흡수를 활발하게 하면 암조직에 대항할 수 있음을 보여주었다. 이 발견은 암을 치료할 수 있는 방식으로서 매우 간단하면서 효과적인 것임을 알려준다.

이처럼 생리적으로 견딜 수 있을 정도의 낮은 온도에 꾸준히 노출되면, 종양의 성장을 저해할 뿐만 아니라 종양의 형성도 억제할 수 있음을 말해 준다. 우리가 신앙의 삶을 살아가는 동안에도 살을 에는 추위에 벌벌 떠는 것처럼 고난에 직면할 때가 많다. 고난은 우리로 하여금 긴장하게 만들고, 선 줄로 알았으나 넘어질까 조심하게 한다. 고난은 우리가 걸어가야 할 목표를 지속적으로 기억나게 만든다. 선천적으로 우리는 안락한 상태에 안주하려고 하는 경향을 가지고 있다. 그런데 끊임없이 찾아오는 어려움에 부닥칠 때, 우리는 자신을 돌아보고 목표를 다시 바라보게 된다. 사도 바울도 복음을 전하고자 하는 인생의 목표를 위해 고난과 수고를 마다하지 않았다. "또 수고하며 애쓰고 여러 번 자지 못하고 주리며 목마르고 여러 번 굶고 춥고 헐벗었노라"(고후 11:27). 바울은 육신적으로 자랑할 만한 것들을 내세우지 않았다. 그는 유대인들을 향해 부족한 것이 없었다. 히브리인이요, 이스라엘인이요, 아브라함의 후손이라고 당당히 말할 수 있었다. 그렇지만 그리스도의 일꾼으로서 수고를 넘치도록 하고, 투옥되기도 하였고, 39번 내려치는 매를 다섯 번이나 맞고 죽을 뻔하였다. 그리고 태장을 세 번 맞고, 돌에 맞기도 하고, 배 타고 가다가 파선하여 일주일 동안 바다에 빠졌다가 수장될 뻔하였다. 위험한 강을 건넜고, 강도뿐만 아니라 같은 동족 유대인으로부터도 살해 위협을 받았다. 바울은 제대로 먹지도 못하였고, 추위에 벌벌 떨었던 때도 경험하였다. 이토록 다양하고 견딜 수 없는 고난을 당했음에도 꺾이지 않고 걸어갈 수 있었던 것은 그에게 분명한 삶의 목표가 있었기 때문이다. 그는 오직 그리스도만 바라보았고, 영원히 찬송할 하나님을 전하고자 하였다. 하나님을 떠난 자들을 다시 돌아오게 하고, 그들을 정결한 처녀로 한 남편인 그리스도에게 드리기 위해 중매하는 일을 일생 동안 쉼 없이 수행하였다. 하나님의 복음을 전하는 일을 가장 가치 있는 일로 여겼기 때문이다. 하늘나라의 영광스러운 면류관을 기대하면서 이 땅에 사는 동안 변치 않는 믿음의 사람으로 살아가길 소원한다. 그래서 나를 덜덜 떨게 만드는 추위와 같은 고난이 올 때, 오히려 감사하는 자가 되기를 기도한다.

유전자 검사의 원리는?

한국에서 태어난 쌍둥이 자매가 3개월 만에 미국의 두 가정으로 각각 입양되었다. 이들은 성인이 되어 결혼을 하였고, 자식을 낳고 가정을 이루어 살았다. 그러다가 뜻밖의 계기로 다시 만나게 된 사실이 있었다. 한 사람은 펜실베니아 주에 사는 가정으로 그리고 또 다른 한 사람은 플로리다에 사는 가정으로 입양된 후 서로의 존재를 모르는 채 자랐다. 세월은 36년이나 흘렀고, 플로리다에 살던 쌍둥이 자매 중 하나였던 몰리 시너트는 유전병에 대한 가족력이 있는지 확인하기 위해 유전자 검사를 받았다. 몰리 시너트는 검사결과를 통보받으면서 황당한 얘기를 듣게 되었다. 딸을 출산한 적도 없는 그녀에게 딸로 추정되는 아이가 펜실베니아에 살고 있다는 것이다. 어찌된 영문인지 확인해 보니 이사벨이란 이름을 가진 아이가 펜실베니아에 살고 있었고, 이사벨은 엄마 쪽의 가족들이 더 있는지 알아보기 위해 유전자 검사를 받았다고 한다. 그래서 그 유전자 검사결과가 입력되어 있었던 것이다. 이때 몰리 시너트가 유전자 검사를 받았고, 그녀의 유전자 염기서열이 이사벨의 유전체 염기서열 패턴과 너무나 닮아 모녀관계라는 결과가 나온 것이다. 이에 조사를 해 보니 이사벨의 엄마인 에밀리 부시넬이 몰리 시너트와 일란성 쌍둥이였다는 사실이 밝혀졌다. 그들은 쌍둥이 자매로서 동일한 생년월일을 가졌으며 한국에서 미국으로 각각 입양되었다는 사실을 알게 되어 극적으로 상봉하게 되었다. 두 자매는 36년 간 남남으로 따로 살았지만 외모와 취향이 비슷하여 서로 간에 금방 알아볼 수 있었다. 이들은 고등학교 졸업 무도회 때 각자 사진을 찍었는데, 이를 비교해 보면 옷차림도 비슷했고, 헤어스타일까지도 비슷했다. 그리고 심지어 고양이를 좋아하는 취향까지 닮았다.

이처럼 유전자 검사를 통해 서로의 존재를 모르고 지내던 자매는 혈육으로서 다시 만나게 되었다. 유전자 검사는 사람마다 유전체 안에 고유한 염기서열을 가지고 있기 때문에 가능하다. 유전체 중에 특정 염기 서열이 일렬로 늘어서 반복되는 영역이 있는데 이를 탠덤 반복(tandem repeat)이라 한다. 이 부위에는 반복하는 단위가 2~7개의 염기로 이루어져 있으며, 사람의 유전체에서 3만여 개 이상 고르게 분포되어 있다. 이러한 반복 서열 부위는 전체 유전체의 15~20% 정도를 차지하며, 단백질을 만드는 유전암호를 가지고 있지는 않다. 동일한 염기서열 단위로 반복되기에 DNA가 복제되는 과정에서 실수가 발생하는 곳이 되기도 한다. 복제할 때, 반복 서열 단위가 추가되거나 혹은 빠지기도 하여 개체별로 다양성이 나타나는 것이다. 그래서 탠덤 반복 염기서열은 개인마다 차이가 있어 유전자 지문으로서 역할을 할 수 있다. 이런 사실을 바탕으로 유전자 검사를 통해 친자 확인이 가능하고 범죄 용의자를 찾아낼 수도 있다. 혈액이나 혈흔, 머리카락 끝에 붙어 있는 모근세포, 칫솔에 묻어 있는 구강상피세포, 타액 등으로부터 DNA를 추출하면 검사가 가능하다. 세포로부터 극미량의 유전자를 얻는다 하더라도 분석할 수 있다. 왜냐하면 특정 탠덤 반복 염기서열 부위는 중합효소 연쇄반응을 통해 DNA를 증폭할 수 있기 때문이다. 증폭된 반복 서열 부위를 조사하여 일치 여부를 따져 보면 부모와 자식 사이 또는 형제 자매 간의 관계를 증명할 수 있다. 만일 조사된 10여 종류의 특정 부위의 반복 염기서열에서 3개 이상 불일치하면 친자관계가 성립되지 않는다. 한편 범죄현장에서 생체 유래 물질을 채취할 수 있을 경우, 유전자 검사를 하면 수사선상에 올라 있는 용의자의 생체 샘플로부터 얻은 검사결과와 비교하여 진범 여부를 확인할 수 있다. 뿐만 아니라 유전자 검사는 병원에서 치료 상황을 추적하는 데에도 활용된다. 백혈병이나 골수암 환자의 경우, 다른 사람으로부터 골수를 이식받아 치료한다. 항암치료를 통해 암세포를 제거하고 난 후, 타인의 건강한 골수세포를 받으면 환자 본인의 골수세포는 없으므로 자신의 유전체에서 나타나는 반복서열의 특징은 사라지고, 이식 공여자의 특징을 가지게 된다. 그런데 얼마 후 환자 자신의 반복서열 특징이 다시 나타나게 된다면 암세포가 재발하여 자라나고 있음을 의미하므로 항암치료를 다시 해야 한다.

이처럼 유전자 검사는 매우 정확한 방법으로써 민족이나 가계의 혈통을 추적하는데 이용되며 범죄수사에서 결정적인 단서를 제공하기도 한다. DNA를 추출할 수 있는 생체조직만 얻을 수 있으면 유전자 검사를 실행할 수 있고, 신원확인에 필요한 정보를 정확하게 확보할 수 있다. 또한 임상치료의 결과분석에도 활용하고 있다. 이렇게 유전자의 독특성은 여러 분야에 중요한 판단자료가 될 수 있다. 하나님의 자녀가 된 우리에게는 육신의 DNA뿐만 아니라 영적 DNA도 있다. 하나님의 자녀만이 가지는 영적 유전자 패턴을 가지고 있는 것이다. 우리는 원래 아담의 후손으로서 진노의 대상이었고, 타락으로 인해 완전히 부패한 존재가 되었기에 죄성의 DNA를 가지고 있었다. 하지만 우리를 긍휼히 여기시는 하나님의 사랑으로 예수님께서 우리의 죄값을 십자가의 죽음으로 깨끗이 치러 주셨기 때문에 하나님의 자녀가 되어 새로운 영적 DNA를 얻게 되었다. 따라서 영적 DNA를 가진 사람은 이전에 가지지 않았던 새로운 특성이 나타난다. "이러므로 하나님의 자녀들과 마귀의 자녀들이 드러나나니 무릇 의를 행하지 아니하는 자나 또는 그 형제를 사랑하지 아니하는 자는 하나님께 속하지 아니하니라"(요일 3:10). 하나님의 자녀들은 마귀의 자녀와는 달리 의를 행하고 사랑을 실천하는 특징을 가진다. 의로움은 하나님의 말씀대로 산다는 의미이다. 그리고 형제를 사랑하는 것이다. 그 이유는 우리 자신이 하나님의 지극한 사랑을 받아 영적 자녀로 새롭게 거듭났기 때문이다. 다시 말해서 하나님께 속한 자들의 DNA를 분석해 보면 의로움과 사랑이 나타난다. 주님께서 우리에게 주신 계명들을 실천하므로 의로움이 드러나고, 주님께서 보여주신 희생적 사랑을 이웃과 형제들에게 전하며 그들을 섬김으로 사랑이 드러난다. 나의 삶에 의로움과 사랑이 있을 때 천국백성의 신분으로 인식되고 인정된다. 이는 하나님께서는 나에게 영적 DNA를 심어 주셨기 때문이다. 또 한 가지 감사한 일은 우리를 하나님께 속한 자로 오래 전에 이미 계획하셨다는 사실이다. "내 형질이 이루기 전에 주의 눈이 보셨으며 나를 위하여 정한 날이 하나도 되기 전에 주의 책에 다 기록이 되었나이다"(시 139:16). 하나님께서는 우리의 육신이 생기기도 전에 이미 우리를 아시고 생명책에 기록하셨다고 말씀하신다. 우리는 태어나면서 이름이 불려지고, 행정기관에 출생신고를 하면서 그 이름이 등재된다. 이때부터 평생 동안 우리의 이름은 우리의 정체성을 나타낸다. 하지만 영적 정체성은 이와 다르다. 나의 육신이 어머니의 자궁에서 형성되기 훨씬 전에 하나님께서는 이미 나를 아시고, 나를 하나님의 책에 기록하셨다는 것이다. 내가 이 땅에 태어나기도 전에 나의 영적 혈통을 하나님께서 바꾸시기로 작정하신 것이다. 비록 죄인의 후손으로서 영원히 멸망 받을 수밖에 없는 육신의 혈통을 타고 났지만 하나님의 자녀로서 천국백성의 혈통으로 새롭게 태어나게 하신 것이다. 이렇게 바뀐 이유를 나에게서는 찾을 수가 없다. 내게는 잘난 구석이 하나도 없기 때문이다. 내가 하나님 앞에서 자랑할 만한 것은 눈을 씻고 찾아봐도 없다. 전적으로 부패한 존재이기에 이런 대접을 받을 만한 자격이 전혀 없다. 그럼에도 불구하고 나를 콕 집어 구원해 주셨다. 내가 태어나기도 전에 나를 구원하시기로 계획하셨고, 나를 통해서 이루어 가실 위대한 일에 대한 청사진을 만드셨다. 진노와 저주의 DNA를 영원한 생명의 DNA로 바꾸어 주셨다. 지금 이 순간부터 주님 앞에 서는 날까지 하나님의 자녀로서 영적 정체성을 분명하게 드러내는 삶이 이루어지길 기도하며 기대한다.

제 2장

뇌건강을 위해

고기 많이 먹으면 성질 더러워진다?

포스텍 연구실은 대부분 밤늦게까지 불이 켜져 있다. 내 연구실도 예외는 아니다. 연구실의 대학원생들은 낮에는 강의나 세미나에 주로 참석한다. 그리고 계획했던 연구들을 꾸준히 진행하며, 동료들과 토론을 하면서 늦은 밤시간까지 실험을 진행한다. 그러던 중 짬이 나면 자신의 연구와 관련된 논문을 읽고 새로운 정보를 얻는다. 거의 모든 학생들이 기숙사에서 잠자는 시간외에는 연구실에서 온종일 보내는 셈이다. 자칫 지루하고 따분하게 여겨질 수 있는 생활이 될 수도 있다. 그래서 연구실의 분위기와 학생들의 기분전환을 위해 휴식과 함께 가벼운 대화의 시간을 자주 가지려고 노력한다. 한 달에 한 번씩 생일을 맞는 학생들을 위해 파티를 가지면서 함께 식사를 하고 케익을 자르며 축하해 준다. 그리고 좋은 연구 결과를 얻거나 논문을 발표한 경우에는 서로 기뻐해 주고 함께 축하음식을 먹으며 즐거움을 나눈다. 그리고 여름에는 1박 2일 여행을 하면서 함께 먹고 자며 유쾌한 놀이시간도 가진다. 연말에는 한 해를 마무리하며 음식을 풍성하게 나누고, 서로에게 감사하는 자리를 갖는다. 이처럼 연구실 식구들이 한자리에 모일 때마다 빠질 수 없는 것이 음식이다. 그래서 모임을 준비할 때마다 먹거리를 선택하는 일에 있어서 다양한 의견들이 제시

된다. 대부분의 학생들이 가장 좋아하고 즐기는 것은 단연 고기요리이다. 생선이나 회보다는 삼겹살 등 돼지고기나 소고기를 푸짐하게 먹고 싶어한다. 식욕이 왕성한 젊은 학생들이라 먹는 양이 대단하다. 그래서 가끔 무한리필 고기집을 찾기도 한다.

그런데 고기를 자주 그리고 많이 먹으면 성격이 사나워진다라는 말이 있다. 왜 그럴까? 우리의 기분은 뇌기능의 조절을 받는데 뇌의 활성은 먹는 음식에 따라 달라질 수 있기 때문이다. 뇌기능에 변화가 발생하면 감정과 행동이 변하고, 이로 인해 다른 사람을 대하는 태도와 관계 형성에 영향을 미친다. 음식이 갖는 영양분과 특정 성분이 뇌기능에 영향을 미치기도 하지만, 우리가 섭취하는 식사의 질과 양에 따라 장내 세균의 변화가 초래되어 뇌에 영향을 미칠 수도 있다. 특히 장내 미생물과 뇌기능과의 상호작용이 사회적 스트레스 유발과 함께 인간관계에 영향을 줄 수 있음이 밝혀졌다. 캘리포니아공대 웨이리우(Wei-Li Wu) 박사 연구팀이 스트레스 반응에 관여하는 뇌신경세포가 장내 세균에 의해 조절되어 사회적 행동의 결정에 중요하게 작용함을 2021년 네이처(Nature) 잡지에 발표하였다. 연구팀은 무균생쥐와 함께 항생제 복합제재를 처리하여 장내 미생물을 제거한 생쥐를 일반 생쥐와 비교하였는데, 장내 세균이 없는 생쥐의 사회성이 확연하게 떨어짐을 관찰하였다. 즉 동료 생쥐에 대해 관심을 보이는 행동이 줄어들었을 뿐 아니라 함께 지내는 시간도 현저하게 감소하였다. 사회성이 떨어진 생쥐의 뇌에서는 스트레스 반응과 관련된 시상하부의 뇌실방핵(Paraventricular nucleus)과 기저뇌 부위의 공포와 불안감을 조절하는 뇌영역(Bed nucleus of stria terminalis) 및 해마의 치이랑(Dentate gyrus) 영역의 신경세포들이 활성화되어 있었다. 우리가 스트레스를 느끼면 뇌의 시상하부를 통해 부신이 자극을 받아 스트레스 호르몬인 당질코르티코이드(glucocorticoid)를 합성하여 분비한다. 그래서 연구팀은 사회성이 떨어진 생쥐의 혈액에서 스트레스 호르몬의 농도를 측정해 보았는데, 호르몬 농도가 높아져 있었다. 그런데 사회성이 떨어진 무균 생쥐에게 장내 미생물을 다시 주입하면 사회성도 좋아지고, 당질코르티코이드 호르몬 수준도 떨어짐을 발견하였다. 이와 아울러 당질코르티코이드 호르몬 합성을 억제하는 약물을 처리하여 스트레스 호르몬의 수준을 떨어뜨리면 장내 미생물이 제거되더라도 사회성이 의미 있게 증가하였다. 그리고 당질코르티코이드 호르몬이 작용하는 수용체에 대한 길항물질을 처리했을 때도 무균 생쥐의 사회성은 회복되었다. 더욱이 부신을 적출하여 스트레스 호르몬의 생산분비를 멈추게 만든 경우에도 사회성은 개선되었다. 이러한 사실들은 장내 미생물이 스트레스 반응경로를 통해 생쥐의 사회성에 영향을 미치고 있음을 말해 준다. 즉 장내 미생물이 없어지면 당질코르티코이드 호르몬이 증가하고, 이로 인해 뇌의 해마 부위와 함께 기저핵에 있는 공포와 불안 반응 영역이 활성화됨으로써 시상하부의 뇌실방핵을 자극한다. 그러면 뇌실방핵에서 부신피질자극호르몬 방출인자가 분비되어 부신을 자극하게 되고, 이어서 당질코르티코이드 호르몬이 더욱 많이 분비됨으로써 스트레스 반응을 나타낸다. 이러한 생리적 스트레스 반응은 동물의 행동에 영향을 미치고, 사회적 관계의 위축이 이루어지는 것으로 이해되었다. 이런 사실과 함께 장내 미생물 가운데 사회성에 영향을 미치는 특정 세균의 정체가 무엇인지 조사하였다. 장내 세균들 중에 엔테로코쿠스 패칼리스(Enterococcus faecalis)라는 세균이 사회성 형성에 중요한 역할을 하고 있다는 사실을 알았다. 많은 미생물 가운데 이 세균을 제거하면 다른 미생물을 주입하더라도 사회성이 개선되지 않았고, 엔테로코쿠스 패칼리스 세균만을 따로 넣어주더라도 사회성이 회복되는 것이다.

이처럼 장내 미생물과 뇌기능 간에 양방향 의사소통이 있음을 확인하고, 그 이해가 점점 넓어지고 있다. 장내 미생물 집단은 우리가 먹는 음식의 종류에 따라 변한다. 해로운 균이 많아지면 이들에 의해 생성되는 다양한 부산물들이 신경을 자극하게 되고 뇌기능까지 변화를 유도한다. 포화지방을 듬뿍 가지고 있는 삼겹살을 많이 먹으면 유해균이 장내에 많이 번식하게 된다. 그러면 상대적으로 엔테로코쿠스 패칼리스와 같은 유익균의 집단이 줄어든다. 이로 인해 신체의 생리적 기능의 불균형이 이루어져 다양한 질병에 취약한 상태로 변할 수 있다. 이에 더하여 정신건강에도 영향을 미쳐 사회적 관계 형성에 심각한 문제를 야기할 수 있는 소지가 발생할 수 있다. 다시 말해서 장내 유익균이 적어지면 뇌신경을 통한 체내 스트레스 반응이 유도됨으로써 감정이 불안해지며 까칠해질 수 있다. 그리고 공격성이 강해져 주위 사람에게 상처를 줄 수 있는 말이나 행동을 하게 됨으로써 성질이 더럽다는 소리를 들을 수 있는 것이다. 따라서 유익균이 왕성하게 자랄 수 있도록 섬유질이 풍부한 신선한 야채와 다양한 올리고당을 섭취하는 것이 좋다.

우리의 정신적 건강과 영적 상태도 어떤 가르침을 따르는가에 따라 달라진다. 세상에는 처세술에 관한 많은 책들과 경험담이 있다. 대부분의 사람은 남에게 보여지는 이미지 형성에 큰 투자를 하고 있다. 인간관계를 위해 어떻게 대화를 하며, 사람들을 어떻게 관리할 것인가에 대해 관심이 높다. 왜냐하면 금방 효과를 볼 수 있는 기교라고 생각하기 때문이다. 부드러운 태도, 세련된 말과 자세는 사람들을 일시적으로 속일 수는 있다. 하지만 오래지 않아 본색이 드러나고 만다. 진실한 관계 형성을 위해서 필요한 것은 올바른 성품이다. 그런데 바람직한 성품은 쉽게 만들어지지 않는다. 자신의 모습에 대한 현주소를 파악하고 끊임없이 스스로 성찰하는 시간을 가져야 한다. 성품의 변화는 오랜 시간을 통해 점진적으로 일어나기 때문이다. 우리의 본래 모습을 일깨워주고 변하게 만드는 규범은 하나님의 말씀 안에 있다. 시편기자는 이렇게 고백했다. "주의 말씀은 내 발에 등이요 내 길에 빛이니이다"(시 119:105). 하나님의 말씀은 우리가 생각하고 걸어가야 할 길을 보여준다. 하나님께서는 우리 각자를 향해 바라시는 수준이 있다. 그 수준에 이르기까지 하나님께서는 포기하지 않으신다. 우리가 해야 할 일은 하나님을 신뢰하고 하나님께서 말씀을 통해 보여주시는 삶의 원리를 발견하고 부단히 실천하는 것이다. 실수할 때마다 이를 주님께 고백하고 기도하며, 주님의 가르침대로 순종하고자 애를 쓰는 매일의 작업이 이루어질 때 성품의 변화는 체질화된다. 주님의 형상을 나의 삶에서 이루기까지는 너무나 부족하지만 성령님께서 힘을 주시고 격려하심에 용기 백배하여 오늘도 말씀대로 살아 보고자 노력해 본다.

청춘의 뇌로 되돌릴 수 있나?

2011년 한 방송국의 예능프로그램에서 50세 이상의 사람들로 구성된 '청춘 합창단'의 활약상을 보여준 바 있다. 합창단원을 오디션으로 뽑고 이들의 맹연습 과정과 합창제에서 입상하기까지 활동을 소개함으로써 깊은 감동을 준 적이 있다. 합창단원들은 각자가 개인적 사연을 가지고 참가하였다. 간과 신장 이식수술을 받았지만 건강한 남편, 건강한 아빠로서의 모습을 보여주겠다며 참가한 분도 있었다. 또 집에서 애 보는 늙은이로만 여겨지던 분들이 합창단에서 다시 활력을 찾는 모습도 그려졌다. 나이가 들면서 자신의 설 자리를 잃어가던 분들이 목청을 가다듬어 아름다운 화음을 이루는 모습은 우리들로 하여금 어르신들을 다시 한번 생각하게 만들었다. 몸은 늙었지만 젊었을 때와 동일한 감정을 느낄 뿐만 아니라 젊은이들처럼 하고 싶은 것도 많은데, 현실은 그렇지 못한 경우가 많다. 청춘 합창단이 합창 대축제에 참가하여 공연한 곡의 마지막 부분에 85세 최고령자 노강진 할머니의 솔로가 불려질 때, 관객들은 눈물을 쏟아내었다. TV 앞에서 이 장면을 시청하고 있던 나도 눈시울이 붉어졌다. 합창단원 각 사람의 모습이 화면에 그려지면서 그들의 삶의 여정 가운데 이런저런 풍파를 견디며 살아온 세월의 무게를 가늠하며 공감하였다. 주름진 얼굴과 숱이 적어 듬성듬성한 머리, 허옇게 센 백발, 구부정한 자세가 삶의 전투에서 승리한 훈장처럼 느껴졌다.

노화는 여러 생체기관과 시스템에서 생리적 기능의 점진적 상실을 초래하는 복잡한 과정이다. 신체기관 가운데 뇌는 노화의 영향에 특히 민감하다. 뇌의 인지기능, 학습과 기억의 능력은 노화에 따라 점차 감소한다. 그리고 면역세포 또한 노화 과정에서 변화를 겪는데, 어떤 영향을 미칠지는 아직 알려지지 않았다. 노화는 후천적인 적응성 면역체계의 점진적인 약화를 유도하고, 감염성 질환에 대해 취약하도록 만드는 것으로 알려져 있다. 그래서 면역세포의 노화는 세포기능 저하와 아울러 스스로 재생하는 능력을 감소시키고, 해로운 염증성 신호물질의 생성을 증가시킨다. 하지만 이러한 노화의 영향은 면역기능의 종합적인 감소로 결론 내리기엔 이르다. 흥미롭게도, 노화가 진행됨에 따라 뇌에 거주하는 미세아교세포(microglia) 같은 선천성 면역세포는 증가된 활성을 보인다. 그리고 T 임파구와 B 임파구 세포도 노화되는 과정 중에 오히려 축적되는 것으로 관찰되었다. 나이가 듦에 따라 선천성 면역세포의 수는 증가하고, 활동이 증대되는 것을 확인한 것이다. 이는 후천적인 우리 몸의 적응성 면역체계의 감소를 극복하기 위한 선천성 면역반응으로 생각된다.

미국 뉴욕 올바니 의과대학의 치 양(Qi Yang)과 크리스텐 줄로아가(Kristen Zuloaga) 교수팀이 늙은 생쥐의 뇌에서 선천성 임파구 세포그룹 2(Group 2 innate lymphoid cells)의 수가 젊은 생쥐보다 5배나 많은 것을 발견하였다. 그리고 이들 면역세포를 자극하여 활성화시키면, 노화된 뇌기능을 활발하게 되돌릴 수 있음을 발견하고, 2020년 실험의학저널(Journal of Experimental Medicine)에 발표하였다. 연구진은 임파구 세포가 뇌의 뇌막 간극과 해마 부위 근처에 많이 몰려 있음을 발견하였다. 특히 해마와 가까운 제3 뇌실벽의 혈관망에 많이 존재하였다. 이 세포는 순환하지 않고, 조직에 상주하고 있으며, 특정 자극이 주어지면 활발하게 활동을 시작하였다. 조직에 상주하는 임파구의 활성화는 조직의 재생과 리모델링, 대사기능의 항상성 등에 관여하는 것으로 추측하고 있다. 노화된 뇌에 축적되어 상주하는 임파구는 세포주기를 재개하여 다시 분열할 수도 있다. 이들은 노화로 인한 세포기능의 약화 때문에 일시적으로는 비활동적으로 존재하지만 오랜 시간 생존하는 특성을 가지고 있고, 스트레스에 대한 내성을 지니고 있다. 뇌조직에 상주하는 임파구들은 기능적으로 잠시 정지되어 있지만 인터루킨 33(IL-33)에 의해 자극을 받으면 활동을 개시하여 많은 양의 세포 간 정보물질을 생산할 수 있다. 비활동적으로 잠복하고 있던 임파구들이 다시 활성을 띨 때, 생산 분비되는 물질 가운데 인터루킨 5(IL-5)가 있는데, 이것은 신경세포의 생성과 생존을 자극하는 기능을 가졌다. 그리고 노화 관련 신경염증을 억제하고, 인지기능 감소의 완화를 유도하였다. 그래서 늙은 생쥐의 뇌를 활성화시키고 인지기능을 향상시키는 역할을 하였다. 따라서 노령화된 뇌에서 비활성 임파구를 깨우는 것은 노화로 인한 신경 퇴행성 장애를 극복하는 새로운 방법이 될 수 있음을 보여준 것이다. 이번 결과는 노화 과정이 무조건 나쁜 것만은 아니라는 사실을 말해 준다. 다시 말해서, 나이를 먹는 동안에 세포 노화에 대한 저항력을 가지며 노화 관련 질병과 싸우는데 활약할 수 있는 유익한 면역세포가 쌓인다는 것이다. 뇌조직의 노화는 다양한 인지 장애와 퇴행성 뇌질환의 주요 위험 요인이 된다. 하지만 이번 연구를 통해서 뇌조직에 상주하면서 숫자가 늘어나는 임파구를 활성화시키면, 노화로 인한 인지기능 감소를 제어할 수 있다는 직접적인 증거를 확인한 것이다. 특히 IL-5 등 여러 세포 간 정보물질들이 노화 관련 신경염증을 억제하고, 늙은 생쥐의 뇌기능을 향상시킬 수 있음을 보여줌으로써 이들 물질에 대한 새로운 역할에 대해 주목하게 되었다.

늙어 가는 것은 유쾌한 일이 아니다. 육체의 여러 기능이 서서히 떨어지므로 예전만 못하다는 느낌을 받는다. 그리고 젊은이들과 비교할 때, 눈에 띄게 에너지와 활동량이 줄어든다. 노화되면서 뇌의 부피는 감소하며, 신경 연결망도 줄어든다. 또한 기억력이 떨어지고 행동 반경도 좁아진다. 이는 뇌신경세포가 기민하게 반응하지 못하고, 정보처리 능력이 떨어지기 때문이다. 그러나 나쁜 면만 있는 것은 아니다. 나이가 들면서 판단력이 좋아지고, 종합적으로 사안을 바라볼 수 있는 안목이 생긴다. 다시 말해서 나이 들수록 현명해진다는 말이다. 살아가면서 닥치는 위기 상황에서 지혜를 발휘할 수 있다. 그리고 젊은이들과는 다르게 감정조절 능력도 커진다. 이는 충동적 감정을 유발하는 도파민의 생성이 줄어들기 때문이다. 하나님께서는 젊은이가 갖지 못하는 특성을 노인에게 부여하셨다. 인생을 살아오면서 겪은 풍상을 지혜로 승화시킬 수 있는 능력을 주신 것이다. 솔로몬의 뒤를 이어 왕이 된 르호보암은 나라를 분열시킨 장본인이었다. 솔로몬은 통치하던 시절에 성전과 궁궐, 그리고 여러 국고성의 건축을 위해 과도한 세금을 백성들에게 부과하였다. 솔로몬이 죽고 아들이 즉위하자 지난 세월 동안의 억압에 반발하여 백성들은 세금의 경감을 요구하였다. 이때 르호보암은 2가지 돌이킬 수 없는 큰 실책을 범했다. 첫 번째는 이 상황을 하나님께 아뢰고 하나님의 뜻을 묻지 않았다. 두 번째는 원로들의 조언을 무시하고 젊은 신하의 뜻을 따른 것이다. 솔로몬 시대부터 섬기던 나이 많은 대신들은 백성의 건의를 수용하는 것이 좋겠다고 하였다. 반면에 젊은 신하들은 솔로몬보다 더욱 강하고 모질게 통치해야 백성들이 딴 마음을 품지 않는다고 조언하였다. 두 가지 의견 사이에서 고민하던 르호보암은 젊은 신하들의 말을 선택함으로써 12지파 가운데 열 지파가 반역하여 떨어져 나가는 비극을 경험하였다. 그래서 남유다와 북이스라엘로 나라를 두 동강나게 만든 역사의 죄인이 되고 말았다. 살아오면서 축적된 노인들의 지혜를 무시하고, 젊은이들의 성급한 판단에 의존한 결과이다. 그리고 무슨 일이든지 하나님께 기도함으로써 하나님을 인정하며, 하나님이 통치자임을 인정하는 자세가 그에게는 없었다. 오늘날도 마찬가지다. 젊은이들은 어른을 공경하고 그들의 현명한 의견을 존중하는 것이 필요하다. 노인들은 세월의 고통을 이겨낸 저력을 바탕으로 깊은 통찰력을 발휘할 수 있다. 젊은 사람도 언젠가는 노인이 된다. 노인은 젊음을 경험하였지만, 젊은이는 노년을 경험하지 못하였다. 그래서 더 많은 것을 경험한 노인의 지혜를 존중해야 한다. 우리는 늙어감을 초조하게 생각하기보다 오히려 원숙한 삶의 자세를 가질 수 있음에 대한 기대를 가져야 한다. 또한 끊임없이 하나님과 교제하며 하나님의 뜻을 파악하고 순종하는 삶이 체질화 되어야 한다. 내가 속한 공동체가 노인과 젊은이들이 어우러져 슬기로움과 패기가 함께 하여 도전적이며 창조적인 일을 이루어 가길 소원해 본다.

걸어라 그러면 뇌가 새롭게 된다

✝

얼마 전 이웃 대학의 친구 교수가 몇 분의 전문가를 모시고 와서 함께 회의를 했다. 회의 주제는 최근에 진행되고 있는 우리나라의 기술사업화에 대한 것이었다. 연구개발의 중심적 역할을 대학이 감당하고 기술사업화 생태계 조성이 효율적으로 이루어져야 한다는 내용이었다. 진지한 토의를 하던 중 점심시간이 되어 식당으로 자리를 옮겨 대화를 이어 가기로 하였다. 식사 후 전문가들은 떠나고, 나와 친구는 캠퍼스까지 걷기로 하였다. 그날은 무척이나 덥고 습한 날이었다. 일부러 그늘을 찾아 걸으려고 애를 썼지만 얼마 걷지 않아 땀이 흐르기 시작했다. 비록 햇살은 따가웠지만 운동하는 기분으로 걸었다. 현시국에 대해 이야기를 나누기도 하고, 가족과 자녀에 관한 얘기도 하며 걸었다. 대화를 나누며 40여분 함께 걷는 동안 서로 간에 더욱 친밀해짐을 느꼈다. 비록 온몸에 땀이 흘러 끈적거렸지만 운동을 했다는 사실로 뿌듯했다. 시원한 사무실로 돌아와 땀을 닦으며 혼자가 아니라 함께 걸을 수 있었던 기회와 건강을 주심에 대해 감사했다.

걷는 것은 여러모로 건강에 유익하다. 특히 뇌의 노화를 억제하는데 효과적이다. 영국 캠브리지 대학교 헨리에터 반 프라그(Henriette van Praag) 박사팀은 달릴 때 새로운 뇌신경세포가 생성되어 공간적 패턴 분리능력이 향상됨을 확인하고, 2010년 미국 국립과학협회보에 발표하였다. 달리기와 같은 유산소 운동은 운동할 때 필요한 에너지를 얻기 위해 산소를 이용한다. 몸에 저장된 지방을 주된 연료로 활용하여 산소로 산화시키며 에너지를 만든다. 유산소 운동은 심장 박동수와 혈압을 낮춰주고, 근육의 수축과 이완을 통해 혈액순환을 원활하게 하는 효과가 있다. 즉 심장과 폐를 튼튼하게 하며, 지방을 태우므로 체지방 감소가 일어나 체중 관리에 효과적이다. 그리고 스트레스를 감소시켜 심신을 안정시키고, 심혈관 질환, 당뇨병, 고지혈증 등 성인병의 예방과 치료에 효과적이다. 유산소 운동에는 걷기, 달리기, 자전거 타기, 댄스, 에어로빅, 등산, 배드민턴, 스케이팅, 줄넘기, 수영 등이 있다. 이와 같은 유산소 운동을 규칙적으로 하면 뇌조직에 새로운 뇌세포 생성이 활발해져 뇌기능이 좋아진다는 보고가 있다.

연구팀은 생쥐를 두 그룹으로 나누어 한 그룹의 우리에는 쳇바퀴를 연결하여 운동을 할 수 있도록 했다. 그리고 운동을 하지 않은 그룹과 공간적 분석능력을 비교하였다. 정사각형을 옆으로 나란히 놓고 왼쪽 편을 선택하게 했다. 즉 컴퓨터 화면에 나타난 정사각형 가운데 왼쪽의 정사각형을 코로 터치하면 먹이를 보상으로 주는 실험이었다. 처음에는 정사각형 간의 간격을 넓게 해 놓고 선택하게끔 했다. 그리고는 정사각형 사이의 거리를 점차 좁혀 가며 얼마나 오른쪽과 왼쪽을 잘 구별하여 선택하는지를 시험하였다. 이 테스트에서 달리기 운동을 한 그룹은 그렇지 않은 그룹보다 두 배나 더 높은 성공률을 보였다. 다시 말해서 운동을 하지 않은 생쥐들은 정사각형이 매우 가깝게 배치될 때 사각형 사이에 간격이 있음을 제대로 인식하지 못하였다. 이 실험에서 운동은 뇌의 공간분리능 향상에 뚜렷하게 기여함을 보여주었다. 규칙적으로 걷거나 달리기를 하면 해마 부위의 치이랑 대뇌피질에 새로운 신경세포가 늘어난다. 대뇌의 해마는 기억작용에 매우 중요한 부위이다. 특히 공간이나 패턴을 인식하고 기억하는데 관여한다. 따라서 치이랑 대뇌피질에 새로운 신경세포의 수가 늘어나면 해마의 신경세포들 간의 연결이 많아져 미묘한 신호까지 전달할 수 있다. 즉 두 개의 사각형으로부터 발생한 신호를 각기 다른 뇌신경세포가 인식하여 신호를 전달하는 것이다. 그러면 두 개의 사각형이 아주 가깝게 붙어 있더라도 각기 다른 세포에 의해 따로 신호가 발생하므로 구별할 수가 있게 된다. 하지만 뇌신경세포가 부족하면, 비슷한 자극일 경우, 이를 구별하여 따로 신호를 만들 수 있는 세포가 부족하다. 따라서 한 개의 세포가 거의 붙어 있는 두 개의 사각형을 하나의 패턴으로 인지하여 신호를 전송하므로 구별하지 못하는 것이다. 따라서 충분한 숫자의 뇌신경세포를 보유해야 공간 분해능이 좋아짐을 알 수 있다. 한편 어떻게 운동에 의해 새로운 신경세포가 생성되는지에 대해서는 분명치 않다. 아마도 혈액의 흐름을 활발하게 하여 산소와 영양분의 공급이 원활해지므로 세포의 생성이 촉진될 수도 있을 것이다. 혹은 운동할 때 호르몬의 분비가 적절히 조절되어 뇌조직의 활성을 높일 가능성도 있다. 요약을 하면, 규칙적인 운동은 뇌신경세포의 유전자 발현을 증가시키고, 미세한 공간을 구별할 수 있는 능력을 향상시킨다. 특히 운동으로 인한 신경세포 수의 증가는 공간 패턴 분석 능력과 같은 뇌기능을 향상시키는데 상관관계가 있음을 보여주었다. 운동의 효과는 이뿐 아니다. 스트레스 호르몬인 콜티솔의 분비를 감소시키고, 기분도 상쾌하게 만든다. 달리기가 힘들면 걷는 것도 좋다. 걷기는 누구든지 쉽게 할 수 있다. 운동할 시간을 따로 마련하거나 운동복으로 갈아 입지 않아도 가능하다. 어느 때나 마음만 먹으면 걸을 수 있다. 건물에 들어가서도 엘리베이터보다 계단을 이용하는 것이 뇌건강에 좋다.

　이처럼 걷기 운동은 쉽게 실천할 수 있다. 이와 동시에 가족이나 친구와 함께 할 수 있다면 서로 교제를 할 수 있고 운동효과도 거둘 수 있는 두 가지 장점이 있다. 예수님의 십자가 고난 사건이 일어난 후, 글로바와 또 다른 예수님의 제자가 엠마오를 향해 걸어가고 있었다. 예루살렘으로부터 약 11km 떨어진 엠마오로 걸어가던 두 제자 곁으로 예수님이 다가오셨다. 그런데 이들은 자신들에게 다가온 분이 예수님인 줄 알지 못했다. '당신들이 걸어가면서 주고받는 얘기가 무엇이오?'라고 예수님이 물었다. 글로바가 대답하기를 '당신은 예루살렘을 다녀오면서 최근에 무슨 일이 일어났는지 모른다는 말이오?' 그러자 예수님은 '무슨 일입니까?'라고 물었다. 제자들은 말한다. '나사렛 예수님에 관한 일인데 그 분은 하나님과 백성 앞에서 행동과 말씀에 능력이 있는 예언자였소. 그런데 대제사장들과 종교 지도자들이 그 분을 죽게 넘겨주어 십자가에 못박았소. 이 분이야말로 이스라엘을 구원하실 분으로 기대했는데…. 이 일이 일어난 지 벌써 삼 일이 되었소. 그런데 오늘 새벽에 놀라운 소식을 접하게 되었소. 예수님을 따르는 여자들이 무덤으로 갔지만 예수님의 시신을 보지 못하고 다시 살아나셨다고 말하는 천사를 만났다고 하였소. 그래서 우리와 함께 있던 제자들이 무덤으로 달려가 보았는데 예수님을 볼 수 없었다는 것이오.' 그러자 예수님께서 '너희가 어리석구나. 예언자들이 이 일에 대해 이미 말하였는데 너희들이 더디 믿는구나. 그리스도가 이 모든 고난을 받은 후 그의 영광에 들어가야 할 것이 아니겠느냐?'라고 말씀하시며 모세로부터 모든 예언자들이 예수님에 관해 기록한 성경을 제자들에게 설명해 주셨다. 엠마오로 내려가는 길은 도보로 약 3

시간 정도 걸린다. 두 제자는 엠마오를 향해 걸어가는 동안에 부활하신 예수님을 만나는 영광스러운 경험을 하게 되었다. 그리고 메시야에 관한 성경구절을 풀어 주시는 예수님의 강해를 직접 들을 수 있었다. 그들은 부활의 주님과 함께 걸었다. 그리고 주님으로부터 성경해설을 직접 들었다. 그때 그들의 마음에는 뜨거움과 감동이 밀려왔다. 죽음에서 다시 살아나신 예수님을 노상에서 만난 두 제자는 죽기까지 부활신앙을 놓치지 않고, 신앙의 지조를 지키며 살았을 것이다. 걷는 동안에 누리게 된 주님의 사랑은 이들의 남은 삶의 여정을 신앙 안에서 걸어가도록 만든 원동력이 되었을 것이다.

오늘도 나는 걷기를 원한다. 걸으며 기도하길 원한다. 그리고 말씀을 묵상하며 주님께 초점을 맞추길 원한다. 엠마오로 가는 두 제자처럼 걷는 동안 주님과 함께 하는 시간을 통해 영적 능력을 공급받기 원한다. 이를 통해 주님의 위로와 격려를 받고, 내게 주어진 사명을 감당할 수 있는 담대함을 누릴 수 있으리라 믿는다. 걸으면 또 다른 혜택을 누리게 된다. 뇌가 건강해지며 밝고 안정된 감정을 유지할 수 있을 뿐만 아니라 활달한 태도와 함께 긍정적인 자세를 지닐 수 있다. 또한 분석력도 향상되어 학습능력도 커진다. 이와 아울러 심혈관계와 여러 장기의 기능도 활발하게 작동하도록 만든다. 이처럼 꾸준히 걸으면 육체적으로 정신적으로 건강해진다. 또한 걸으며 기도할 때 영적 건강도 함께 따라온다. 그러므로 걷기를 즐겨 하면 일석삼조의 복을 누릴 수 있다.

뇌를 젊게 만드는 인자는?

————◆————

    뇌가 노화되면서 발생하기 쉬운 질환으로 치매와 같은 퇴행성 뇌질환이 있다. 이러한 질환들은 환자들 자신뿐만 아니라 사회적으로도 엄청난 부담을 유발한다. 뇌는 해부학적으로 혈−뇌 장벽을 갖고 있어 보호받고 있는데, 이는 혈액성분이 마음대로 뇌조직으로 침투하지 못하도록 하기 위함이다. 혈액에는 뇌신경세포를 자극하는 글루탐산이나 뇌기능을 억제하는 글리신 등 다양한 성분들이 존재한다. 이들이 통제 받지 않고 마구 뇌조직으로 들어오면 뇌기능은 수습이 곤란한 상태가 된다. 이러한 혼란을 막기 위해 혈−뇌 장벽이 존재한다. 혈−뇌 장벽은 뇌혈관을 이루는 내피세포가 밀착연접되어 혈관을 이루고 있고, 주변을 성상교세포(astrocyte)가 빈틈없이 에워싸고 있다. 그래서 약물이나 대사산물이 쉽게 뇌조직으로 들어올 수 없도록 한다. 하지만 뇌가 필요로 하는 포도당이나 필수 아미노산, 전해질들은 세포막에 존재하는 수송체들을 통해 선택적으로 받아들인다. 그런데 혈액과는 다르게 뇌척수액은 뇌세포와 직접적으로 접촉하고 있다. 뇌척수액은 뇌에 영양성분을 공급한다. 그리고 다양한 단백질 인자들이 있어서 뇌발달 과정 동안 뇌신경 전구세포의 증식과 뇌아교세포의 분화를 조절한다. 뇌척수액에 들어 있는 단백질은 다양한 조직으로부터 유입된다. 뇌혈관망이 발달되어 있는 스폰지 형태의 세포층인 맥락막 총(choroid plexus)에 의해 분비되는 단백질과 혈장으로부터 전달되는 단백질, 그리고 신경세포와 면역세포로부터 분비되는 단백질로 구성된다. 그런데 뇌척수액에 들어 있는 단백질들은 노화가 일어나면서 양적 변화를 겪는다. 염증성 단백질은 증가하고, 뇌유래신경영양인자(BDNF)와 같은 성장인자들은 감소한다. 이러한 단백질 구성의 변화는 나이와 관련된 인지 저하와 관련되어 있는 것으로 추정되고 있다.

그래서 늙은 생쥐의 뇌에 젊은 생쥐의 뇌척수액을 주입하였는데, 놀랍게도 회춘하는 현상이 일어남을 확인하였다. 스탠포드 대학교의 토니 비스−코레이 교수팀은 이 결과를 2022년 네이처(Nature)에 발표하였다. 연구팀은 20개월된 늙은 생쥐를 대상으로 실험하였는데, 주로 뇌의 해마 부위가 담당하는 학습과 기억작용을 살펴보았다. 생쥐에게 특정 소리와 함께 번쩍이는 빛을 비춰주고 이와 동시에 전기충격을 발바닥에 가했다. 그러면 생쥐는 전기충격으로 인해 공포반응을 보이는데, 잠시 동안 꼼짝하지 않고 얼어붙어 있는 것이다. 이렇게 3번의 자극을 주면 발바닥 전기충격에 대한 공포기억을 형성하게 되는데, 전기충격과 함께 가해지는 소리와 빛의 자극에 대해서도 함께 기억한다. 이렇게 공포기억이 형성되면 전기충격을 주지 않더라도 소리와 빛 자극만 가해도 얼어붙는다. 마치 자라 보고 놀란 가슴 솥뚜껑 보고 놀라는 식이다. 빛 자극 및 소리 자극과 연계된 공포기억을 언제까지 유지하는지를 관찰함으로써 생쥐의 기억력을 측정하는 것이다. 연구팀은 늙은 쥐에 젊은 생쥐의 뇌척수액을 주입하면서 해마 의존적인 학습과 기억에 미치는 영향을 살펴보았다. 즉 젊은 생쥐의 뇌척수액이 늙은 생쥐에게서 노화 관련 장애를 개선할 수 있는지 테스트해 본 것이다. 늙은 생쥐를 무작위로 두 그룹으로 나눈 다음, 한 그룹에게는 어린 생쥐의 뇌척수액을 1주일 동안 주입하였다. 그리고 모든 생쥐들이 전기충격에 의한 공포기억을 갖도록 하고, 3주 후에 기억력 테스트를 하였다. 그 결과 젊은 생쥐의 뇌척수액을 주입 받은 늙은 생쥐들은 뚜렷한 기억력 향상을 보여주었다. 그렇다면 뇌척수액의 어떤 성분이 회춘 효과를 불러오는 것일까? 연구팀은 뇌척수액의 단백질을 분석하였는데, 섬유아세포 성장인자 17(FGF17)이 중요하다는 사실을 발견하였다. FGF17은 젊은 생쥐의 대뇌피질에 있는 신경세포에서 많이 발현되고, 나이가 들면서 그 발현이 현저하게 줄어든다는 것을 알았다. 그래서 FGF17을 주입하였는데 노화된 생쥐의 장기 기억이 현저하게 증가되었다. 이와 아울러 젊은 생쥐에게 억제항체를 주입하여 FGF17의 기능을 차단했을 때는 기억력의 손상이 발생함을 확인하였다. 이는 FGF17이 뇌노화를 억제하는데 결정적 역할을 한다는 사실을 말해 준다. FGF17 단백질은 다양한 기능을 가진다고 알려져 있지만 특별히 희소돌기아교세포(oligodendrocyte)의 증식과 기능을 향상시키는 활성을 가지고 있다. 희소돌기아교세포는 지질막을 뻗어 신경세포의 축삭 주위를 둘러쌈으로써 축삭을 따라 흐르는 전기적 신호가 누출되지 않도록 한다. 따라서 뇌척수액에 들어 있는 FGF17은 뇌신경세포들의 축삭을 보호하여 복잡한 신경망이 정상적으로 유지되게 한다. 그래서 신경세포에서 발생한 신호들이 신경망의 시냅스를 통해 효율적으로 처리되도록 기여하고 있는 셈이다. 그러므로 노화로 인해 점차 허물어지는 신경망을 붙들어 건강하게 지탱하도록 만들어 주기 때문에 뇌기능의 회춘을 돕는 것이다.

우리의 신앙생활도 세월이 흐르는 가운데 열정은 식어가고 형식적인 종교생활로 변하는 모습을 본다. 7개의 초대교회 가운데 라오디게아 교회가 있었다. 라오디게아는 토질이 좋아 농사가 잘 되었고, 목화재배를 통해 면직산업이 번창하였다. 그리고 안약제조와 같은 제약산업도 발달하였다. 또한 도로가 발달되어 상업과 농업의 중심지 역할을 한 도시였다. 산업의 발달과 아울러 돈이 많아 금융과 은행업이 발달하였으며, 타지역과의 외환업무까지 담당하였다. 로마제국의 라오디게아는 가장 부유한 도시 중 하나로 손꼽혔다. 기원후 60년에 대지진이 일어나 도시가 많이 파괴되는 일이 있었다. 하지만 중앙정부의 지원을 마다하고 스스로 복구하여 재건할 정도로 재정적 여유가 있었다. 이곳의 사람들은 돈을 좋아했으며 자신의 부요함에 대한 자만심이 대단하였다. 그래서 성경은 다음과 같이 기록하고 있다. "네가 말하기를 나는 부자라 부요하여 부족한 것이 없다 하나 네 곤고한 것과 가련한 것과 가난한 것과 눈먼 것과 벌거벗은 것을 알지 못하도다"(계 3:17). 그들의 영적 상태는 무기력하였고 활력이 없었다. 그래서 예수님께서는 영적으로 뜨겁지도 않고 차갑지도 않은 그들의 신앙상태를 책망하셨다. 라오디게아는 경제적으로 부유했고, 부족함이 없어 교만하였다. 하지만 이러한 물질적 풍요는 영적 무관심을 낳았다. 이 정도면 됐고 이대로 우리는 충분히 좋다 라고 인식하면서 신앙의 동력은 떨어지기 시작했다. 겉으로는 주님을 따르는 듯했지만 신앙의 능력을 상실하고 말았다. 변하지 않으면 토하여 버릴 것이라고 경고하며 주님은 그들에게 다음과 같은 처방을 내리셨다. "내가 너를 권하노니 내게서 불로 연단한 금을 사서 부요하게 하고 흰옷을 사서 입어 벌거벗은 수치를 보이지 않게 하고 안약을 사서 눈에 발라 보게 하라"(계 3:18). 불로 연단한 금처럼 십자가 고난을 기억하고, 어려움과 핍박을 통과한 순수한 믿음으로 회복하라는 것이다. 그리고 흰옷을 입어 수치를 가리듯이 게으름과 나태와 죄악을 회개하고 정결한 마음을 가질 것을 말하고 있다. 또한 안약을 발라 눈으로 보게 하듯이 가리워진 영적 안목을 다시 회복하라고 하셨다. 세상의 화려함보다 영적으로 가치 있는 것들을 파악하고 깨닫는 삶이 되어야 한다는 말씀이다. 세상사람의 눈에는 어리석게 보이더라도 주님과 홀로 마주 앉아 교제하며 기도하는 시간을 소중히 여겨야 한다. 이와 함께 하나님의 말씀을 사모하고 깨닫는 대로 실천하는 삶이 되어야 한다. 그리고 세상적인 안락함과 풍요 속에 묻혀버린 영적 긴장감을 되찾아야 한다. 이것이 열정적인 그리스도인으로 다시 돌아가는 지름길이다. 나 자신도 스스로를 돌아보며 무기력하여 열매 없는 신앙의 삶에서 돌이켜 주님께서 칭찬하시는 제자의 삶으로 살아가길 소원한다.

늙어서도 뇌기능이 왕성하려면

아내와 나는 함께 동행할 때, 약간의 습관 차이를 발견하곤 한다. 나는 평소에 잘 알고 있는 길로 간다. 그리고 돌아올 때도 왔던 길을 되돌아오려고 한다. 하지만 아내는 새로운 길로 가 보기를 좋아한다. 그래서 갈 때 이용했던 도로와는 달리 돌아올 때는 다른 길로 가보자고 종종 말한다. 새로운 길을 시도하다가 가끔 멀리 돌아가게 되는 때도 있기는 하다. 이처럼 길 찾는 일에 대해서는 아내가 나보다 더 도전적이고 호기심이 많다. 나는 나이가 들수록 운전하면서 네비게이션을 지나치게 의존하는 경향이 있다. 목적지에 도달하기 위해서 그 시간에 덜 막히는 도로와 보다 효과적이고 빠른 길이 어떤 것인가 생각하기보다는 네비게이션이 지시하는 대로 별 생각 없이 운행하는 경우가 많다. 목적지로 갈 수 있는 길은 다양하게 많지만 현재 상황에서 어느 길을 이용하는 것이 더 효율적인지 따져보지 않는 것이다. 그리고 내가 젊었을 때와는 달리 조금 다른 느낌을 갖는 또 한가지가 있다. 요즘 손으로 하는 일에 서툴러졌다는 느낌이다. 아침에 일어나 씻은 다음 얼굴에 로션을 바르기 위해 화장품 뚜껑을 돌릴 때, 뚜껑을 자주 바닥에 떨어뜨린다. 손으로 뚜껑을 잡고, 열고 닫는 기능을 수행하는데 서툴러진 것이다. 손가락으로 섬세하게 조정하는 능력의 퇴보가 감지된다. 이뿐만 아니다. 평소에 잘 알고 있던 분의 이름을 거론하며 얘기할 때, 이름이 얼른 떠오르지 않아 곤혹스러운 경험을 하곤 한다. 대화를 나눌 때, 사람이나 장소의 이름이 생각나지 않아 상황 설명이 부실해지는 경우가 있다. 이처럼 나이가 들어가면서 뇌기능과 운동조절 기능에 어설픔을 경험하고 있다. 이런 사실을 주위 친구들에게 얘기하면 그들도 동감을 표하며 비슷한 경우를 경험한다 라고 말한다. 우리나라는 2024년 65세 이상의 인구가 19.2%를 넘어섬으로써 이미 고령사회에 들어와 있다. 그리고 노인인구가 20%를 넘어 초고령 사회가 되는 것도 시간문제라 여겨진다. 따라서 국가적으로 노인들의 비중이 커져간다. 그러므로 실버 세대의 능력을 최대한 발휘할 수 있도록 적절한 대책이 필요하다. 가능하면 오랫동안 창조적이고 생산적인 일을 지속할 수 있도록 도와야 한다. 그러기 위해서는 뇌기능의 쇠퇴속도를 늦추거나 억제할 수 있는 방법을 찾는 것이 효과적이라 생각한다.

노화가 되면 뇌조직의 가소성이 감소한다. 가소성은 새로운 자극에 의해 변화하는 능력이다. 즉 뇌는 새로운 경험에 따라 뇌신경 구조의 변화를 일으켜 같은 자극에 대해 더욱 적절히 반응하도록 한다. 즉 신경세포 간에 정보를 주고받는 시냅스의 형성이 새롭게 이루어지거나 혹은 시냅스의 수를 줄이는 등의 반응으로 나타난다. 시냅스의 수가 조절되면 뇌기능을 수행하는 신경경로의 변화가 수반된다. 그래서 외부의 자극이나 경험, 그리고 새로운 사실의 습득에 따라 시냅스 구조가 변하여 기능의 재조정이 일어나는 것이다. 인체의 정보가 흘러가는 신경경로는 일생 동안 끊임없이 변한다. 외국어를 배운다든지 수영을 배우기 시작한다든지 할 때, 신경 가소성이 활발하게 일어나면 빨리 습득이 된다. 신경 가소성은 어릴 때에는 왕성하지만 나이가 들면서 점차 감소한다. 따라서 노화가 일어나면 새로운 사실에 대한 이해와 낯선 곳에서의 길 찾기, 또는 일시적 기억능력에서 현저한 감소를 초래한다. 그런데 이를 억제하거나 개선시킬 수 있는 방법이 연구되었다. 어른의 뇌에도 신경세포의 재생은 일어난다. 특히 뇌의 부뇌실 구역(subventricle zone)과 해마 부위에 있는 치아이랑(dentate gyrus) 지역에서 신경 줄기세포가 존재하고 있음이 밝혀졌다. 이 부위에서는 신경세포가 새롭게 만들어질 수 있다. 물론 성인의 뇌에서는 어린 아이보다 생성속도가 훨씬 느리다. 나이가 듦에 따라 생성속도가 줄어든다. 성인 40세에서 70세가 되면, 신생 신경세포 수는 1mm^{2}당 4만 개에서 3만 개 수준으로 줄어든다. 그런데 치매를 앓고 있는 환자의 경우, 신생 신경세포의 수는 더욱 줄어들어 정상인에 비해 50~75% 감소한다. 따라서 뇌기능을 유지하는데 신경세포의 생성이 중요함을 알 수 있다. 독일 드레스덴 공과대학의 페데리코 칼레가리(Federico Calegari) 교수 연구팀은 생쥐 뇌의 해마 부위 치아이랑에 존재하는 신경 줄기세포를 자극하여 성체의 뇌에서 새로운 신경세포의 발생을 촉진시킨 다음, 뇌기능을 측정하였다. 뇌의 해마는 공간 탐색이나 상황 인식 및 학습에 관여한다. 해마 부위에서 신경세포의 생성이 활발해지면, 새로운 정보를 습득하고 체계화하는 학습능력이 크게 향상됨을 확인함으로써 2019년 네이처 커뮤니케이션 잡지에 발표하였다. 연구팀은 세포 주기 조절 인자들 중의 하나를 과발현시켜 신경 줄기세포의 분열과 유전자 발현을 활발하게 만듦으로써, 노화로 인한 학습능력의 쇠퇴가 극복되는 것을 확인하였다. 새롭게 생성된 신경세포는 이미 존재하고 있는 신경세포와 시냅스를 형성하였다. 즉 이미 형성되어 있는 신경망에 새로운 신경세포가 끼어들어 신경회로를 다양하게 만드는 것이다. 뇌에 신생 신경세포가 많아진 늙은 생쥐는 젊은 생쥐에 못지않은 학습능력을 보여주었고, 기억도 오래 하였다. 어린 생쥐의 경우에도 뇌신경 줄기세포를 자극하면 인지능력이 더욱 향상되고, 기억도 오래 보존함을 알 수 있었다. 이러한 연구는 연령이 늘어남에 따라 해마 기능의 결손이 일어나는데, 이를 억제할 수 있음을 보여주었다. 그리고 노년에도 뇌에 내재적으로 존재하는 신경 줄기세포를 자극하면, 새로운 지식의 습득 능력과 아울러 기억력의 향상을 촉진시킬 수 있음을 제시하였다.

　뇌에도 줄기세포가 존재한다. 언제든지 자극에 반응하여 새로운 신경세포를 만들 준비가 되어 있다. 따라서 뇌를 부지런히 자극해야 한다. 골똘히 생각하며 이치를 깨닫고자 노력하며, 새로운 사실을 배우는 일에 적극적인 자세를 가져야 한다. 열심히 메모하고, 반복학습을 통해 뇌로 하여금 중요한 정보라고 착각하게 만들어야 한다. 그래야 뇌는 기억으로 형성하여 저장한다. 그리고 근육의 힘이 줄어 젊은이처럼 활발하지 못하다고 해서 가만히 있기보다는 적극적으로 몸을 움직여야 한다. 또한 규칙적으로 운동을 해야 한다. 그러면 혈액순환이 원활하게 이루어져 뇌로 영양분과 산소가 충분히 공급된다. 뇌를 사용하는 만큼 뇌기능의 감소는 줄어든다. 신앙의 삶에서도 동일한 이치가 적용된다고 본다. 젊을 때처럼 성경구절을 암송하기가 쉽지 않지만 지속적으로 노력하는 것이 필요하다. 이미 암송하고 있는 말씀도 매일 반복하여 기억을 회상하는 신경회로를 활성화시킴이 좋다. 메시지 듣기를 즐거워하고, 새로운 신앙의 원리를 깨닫는 일을 즐거워해야 한다. 시편기자는 이렇게 기도했다. "내 영혼이 진토에 붙었사오니 주의 말씀대로 나를 살아나게 하소서…… 나의 영혼이 눌림으로 말미암아 녹사오니 주의 말씀대로 나를 세우소서"(시 119:25, 28). 내 영혼을 살리는 비결은 하나님의 말씀에 있다고 강조하고 있다. 하나님의 말씀이 제시하는 진리를 깨닫고, 깨달은 대로 살아갈 때, 내 영혼은 새로워질 뿐만 아니라 나의 뇌기능도 활력을 얻는다. 살아가다 보면 내 영혼이 진토에 붙고 눌리듯 힘들 때가 있다. 이때 나를 다시 회복케 하는 것은 하나님의 말씀이라고 분명히 얘기하고 있다. 내가 지치고 갈 바를 알지 못할 때, 내가 걸어가야 할 길을 말씀에서 찾을 수 있다. 말씀에서 내 영혼에 필요한 힘과 영양분을 공급받을 수 있다. 하나님의 말씀과 상관없는 삶의 시간이 길어질수록 나의 영적 능력은 위축되어 간다. 성경말씀을 깊이 묵상함으로써 내 영혼은 힘을 얻고 소성하게 된다. 내 영혼이 살아야 할 이유를 발견케 되는 것이다. 내 영혼의 건강을 위해 끊임없이 하나님을 찾고, 성경말씀을 통해 제시하시는 하나님의 뜻을 깨달아야 한다. 그러면 내 영혼이 튼튼해질 수 있다. 내 영혼이 건강해야 내 정신도 활발해지고, 뇌기능도 젊어진다. 세월이 흐르는 동안 내 영혼과 뇌기능이 지치고 약해지는 것이 아니라 말씀에 대한 호기심으로 날마다 새로워지길 소원해본다.

분노 조절의 장애가 일어나면

～～～～✦～～～～

　2021년에 들어서면서 온 국민의 공분을 일으킨 사건이 연이어 발생하였다. 태어난 지 16개월 된 여자 아이가 부모의 학대에 못 이겨 사망한 일이 벌어졌다. 아동복지회에서 보호하던 정인이는 8개월 되었을 때 서울의 한 가정에 입양되었다. 그런데 양부모의 지속적인 학대로 입양된 지 8개월 만에 목숨을 잃은 것이다. 아이는 상습적으로 폭행을 당해 여러 군데 골절이 되었고, 복부의 장기들이 손상을 입었으며, 과다출혈이 일어나 목숨을 잃었다. 그리고 경기도 하남에서는 47일 된 영아가 심각한 두개골 골절과 뇌출혈 등으로 결국 숨지고 말았다. 아이의 부모는 학대를 부인하고 있지만 아이의 몸에 남아 있는 흔적들은 비정한 폭력을 증언하고 있다. 정상적인 양육을 받은 아동에게는 절대로 나타날 수 없는 손상을 입은 것이다. 이뿐만 아니다. 울산에 사는 7살 아이는 아버지로부터 무자비한 폭력을 당해 입술이 터지고, 앞니가 탈구되는 상처를 입었다. 장기간 반복적으로 폭력을 행사한 자신의 아빠에 대해 아이는 극심한 공포를 느끼고 있었다.

　이처럼 어린 아이를 때리고, 정신적 및 육체적으로 학대를 가하는 것은 부모의 분노조절장애 때문이다. 이들은 스스로 자제할 수 있는 능력을 상실하여 '욱'하는 성질을 조절하지 못한다. 분노는 말과 행동이 돌발적으로 격하게 표현되는 감정이다. 분노가 지나칠 때 범죄를 저지르는 경우가 허다하다. 특히 복잡한 현대를 살아가는 사람들은 분노, 불안, 우울증, 죄책감 등에 시달리며 살아가는 경우가 많다. 이러한 감정들이 순화되지 못하고 오랫동안 마음의 응어리로 남아 쌓이게 되면 어느 순간 폭발하게 된다. 이렇게 밖으로 표출되는 분노가 통제되지 못하고 분출되면 끔찍한 사고로 이어진다. 분노는 다른 사람으로부터 무시를 당하거나 자신이 무가치한 존재로 취급될 때 자주 나타난다. 특별히 성격이 급한 사람은 쉽게 흥분하여 화를 벌컥낸다. 그리고 인정을 받고자 하는 욕구가 강한데 그러지 못할 때에 분노의 불길은 타오르기 시작한다. 또한 주위 사람의 실수나 잘못을 용납하지 못하고 지적하기를 좋아할 경우, 마찰이 발생하고 서로 간에 분노의 감정이 튀어나온다. 그래서 상대방에게 거친 언사를 사용하고 폭력을 행사하기도 하는 것이다. 특히 자기보다 힘이 없고 연약하게 보이는 사람에게는 더욱 쉽게 분노를 표출한다. 화가 나서 물건을 집어 던지며 좀처럼 분을 삭이지 못한다. 본인 스스로 잘못을 저질렀음에도 불구하고, 이를 인정하지 않고 다른 사람의 탓으로 돌려 버린다. 일반적으로 화를 쉽게 내는 사람은 중요한 일을 앞두고 매우 예민해짐으로써 나쁜 결과를 낳는 경우가 많다.

생리적으로도 분노는 다양한 반응을 발생시킨다. 화를 낼 때 혈압은 상승하고, 심장박동수가 증가한다. 그리고 동공이 확장되고, 근육의 강직이 일어나며, 얼굴은 붉게 달아오른다. 이는 부신에서 카테콜아민 호르몬이 분비되어 작용하기 때문이다. 이와 아울러 뇌의 전두엽의 기능에 문제가 발생하는 경우가 많다. 감정을 관장하는 변연계의 편도체가 과도하게 활성화되어 전두엽의 기능을 억제하기 때문이다. 편도체는 불안이나 공포 자극을 주로 처리한다. 편도체가 강하게 활성화되면, 학습과 기억을 담당하는 해마 부위를 억제하고, 이성적 판단을 수행하는 전전두엽의 기능을 마비시킨다. 그러면 눈앞에 펼쳐지고 있는 현 상황을 직시하지 못하고, 편도체의 활성에 끌려가다가 후회할 행동을 하게 되는 것이다. 이를 '편도체의 공중납치'(Amygdala hijack)라고 부른다. 따라서 불행한 결과를 방지하기 위해서는 편도체의 과도한 활성을 억제해야 한다. 그래야 이성적 사고를 수행하는 전전두엽의 활성화가 이루어질 수 있다. 한편 전전두엽이 활성화되면 역으로 편도체의 기능을 억제할 수 있다. 즉 화가 날 때 자신이 경험하고 있는 분노의 감정을 솔직히 인정하고, 주위 사람에게 말하는 것이다. 이는 전전두엽을 깨워 편도체를 제어하게 된다. 그러므로 평소에 전전두엽의 기능을 강화하는 노력을 기울여야 한다. 독서를 하면서 사고하는 습관을 가지며, 자신의 생각을 글로 옮기는 작업을 꾸준히 할 필요가 있다. 그러면 자신의 감정에 대해 객관적으로 볼 수 있는 능력이 길러지고, 분노를 통제하는데 도움이 된다. 분노의 상황은 급박한 스트레스 자극으로 발생하기 때문에 자신을 화나게 만드는 자극으로부터 한 발짝 물러서는 것도 좋다. 화나게 만드는 스트레스 자극을 분석하고, 분노하게 만드는 대상이 있다면 그에게 편지를 쓰는 것도 좋다. 그리고 자신을 좌절하게 하고 화나게 하는 자극을 대체하는 다른 자극을 찾도록 노력한다. 예를 들어 슬픈 영화를 보면서 소리 내어 울어 보는 것도 분노의 감정을 슬픔으로 대체하여 화를 해소하는 데 도움이 된다.

분노는 육체적, 정신적 건강에 좋지 못하고, 화를 내며 충동적으로 행동하다가 돌이킬 수 없는 잘못을 범할 수도 있다. 이스라엘의 초대 왕 사울은 분노를 조절하지 못해 망한 사람이었다. 다윗이 블레셋의 거인 장수 골리앗을 물맷돌로 제압하고, 이어서 벌어진 블레셋과의 전투에서 이스라엘은 큰 승리를 거두었다. 그러자 사울 왕은 다윗을 군 사령관으로 삼았고, 다윗이 이끄는 군대는 출전할 때마다 승리를 거두었다. 그러자 백성들은 전쟁을 승리로 이끄는데 결정적 역할을 했던 다윗을 칭송하였다. '사울이 죽인 자는 천천이요 다윗은 만만이로다'라고 환호하자 사울의 마음은 편치 못했고, 다윗에 대해 심한 질투를 느끼기 시작했다. 마음의 질투를 제대로 처리하지 못한 사울은 분노의 사람으로 변해 갔다. 그때부터 사울은 끊임없이 다윗을 치고 거꾸러뜨리기 위해 애를 썼다. 치열한 전투의 현장으로 몰아넣어 죽게 만들기도 하였다. 하지만 다윗은 살아 돌아왔으며, 오히려 커다란 전공을 세움으로써 사울의 딸 미갈과 결혼하게 되었다. 다윗이 자신의 가족이 되었지만 다윗을 향한 사울의 분노는 수그러들지 않았다. 틈만 나면 다윗을 죽이려 하였다. 그런데 사울의 아들 요나단은 아버지 앞에서 다윗을 두둔하고 보호하였다. 사울 왕의 살해 위협을 간파했을 때는 급하게 다윗을 피신시켰다. 두 사람은 서로 간에 신의와 우정을 지켜 나가기로 굳게 맹세하였기 때문이다. 이를 안 사울은 요나단을 향해 크게 질책하였다. "사울이 요나단에게 화를 내며 그에게 이르되 패역무도한 계집의 소생아 네가 이새의 아들을 택한 것이 네 수치와 네 어미의 벌거벗은 수치 됨을 내가 어찌 알지 못하랴…… 그를 내게 끌고 오라 그는 죽어야 할 자이니라"(삼상 20: 30-31). 분노에 눈이 먼 사울은 자신의 아내를 칭하여 패역무도한 여자라고 막말을 하였다. 뿐만 아니라 자신의 친아들 요나단에게도 단창을 던져 죽이려 하였다. 그리고 자신의 사위인 다윗을 저주하고 죽이기 위해 애를 썼다. 사울은 분노조절장애를 가지고 있었음이 분명하다. 자신의 분노를 다스리지 못하여 가족에게도 서슴없이 저주를 퍼붓고 상처를 주었다. 사랑해야 마땅한 아들과 사위를 향해 그들을 귀하게 여기는 것은 고사하고, 분에 못 이겨 살해하고자 하였다. 사울의 분노조절장애는 결국 참담한 후회와 비참한 파멸의 자리로 이끌고 말았다.

"분을 내어도 죄를 짓지 말며 해가 지도록 분을 품지 말고, 마귀로 틈을 주지 말라"(엡 4:26-27)고 주님은 명령하신다. 분노는 죄를 짓게 한다. 마귀에게 틈을 주어 우리로 넘어지게 만든다. 분노에 지지 않아야 한다. 절제할 수 있어야 한다. 속상한 일들이 나를 분하게 만들 때, 이를 하나님 앞에 호소하고 토로해야 한다. 인생의 주인이신 주님께 이 문제를 맡길 줄 아는 지혜로운 자가 되길 원한다. "노하기를 더디 하는 자는 용사보다 낫고 자기 마음을 다스리는 자는 성을 빼앗는 자보다 낫다"(잠 16:32)라고 하나님께서는 말씀하신다. 가끔씩 울컥 올라오는 마음의 분노를 조절함으로써 올무에 걸리지 않기를 원한다. 그래서 난공불락의 산성을 정복하는 용사보다 더 훌륭하다는 칭찬을 하나님으로부터 받는 자가 되길 소원한다.

당뇨 엄마는 뇌손상 아이를 낳을 수 있다

오늘날 대부분의 선진사회에서는 매우 다양한 고칼로리 음식이 존재하고, 이를 누구나 쉽게 즐길 수 있다. 예전에는 먹을 것이 부족하여 허기진 배를 움켜잡은 적이 많았지만 이제는 우리 사회에도 영양실조로 죽어가는 사람들이 많지 않은 것이 현실이다. 현대사회를 살아가는 우리들은 앉아서 업무를 처리하는 시간이 대부분이다. 또한 주어지는 업무들은 복잡하면서도 신속히 처리해야 할 경우가 많다. 그러므로 이를 해결하느라 씨름하다 보면, 시간적 여유를 가지고 운동하는 시간이 턱없이 모자란다. 뿐만 아니라 교통수단이 발달하여 집에서 일터까지 이동하는데 걸어 다니는 경우가 많지 않다. 반면에 부드럽고 맛있는 음식들은 널려 있어 우리의 선택을 기다린다. 필요 이상의 칼로리를 섭취하며 과식하는 경우가 잦은 반면에 에너지를 소비하는 신체활동은 상대적으로 적다. 그래서 비만을 걱정하는 사람들이 많아지고 있다. 몸에 지방이 쌓임에 따라 지방조직에는 염증 반응이 발생하게 되고, 이로 인해 인슐린 저항성이 생기면서 당뇨와 같은 대사성 질환을 앓는 경우가 증가하고 있다.

당뇨병 가운데 90% 이상을 차지하는 제2형 당뇨병은 그 원인으로 비만과 운동 부족을 꼽고 있다. 당뇨병은 특징적으로 다뇨(多尿), 다음(多飮), 다식(多食)의 증상을 일으킨다. 혈중 포도당이 올라가게 되면서 당분은 소변으로 빠져나가며 많은 양의 물과 함께 배설토록 만든다. 그래서 소변량이 많아지므로 다뇨 현상이 발생한다. 소변의 양이 증가하면 우리 몸은 수분의 부족을 느껴서 갈증을 느낀다. 그러면 많은 양의 물을 마시게 되므로 다음 현상이 일어난다. 또한 음식을 먹어도 몸 안에서 포도당을 효율적으로 흡수하지 못해 포도당 대사로 인한 에너지 생산이 둔화되므로 피로감을 느끼고 체중의 감소가 일어난다. 그래서 자주 허기를 느껴 먹을 것을 찾게 되므로 다식현상이 나타나는 것이다. 이 외에도 혈중 포도당이 증가하면 혈액의 점성이 높아져 끈적해지므로 순환이 원활하지 못하게 된다. 그러면 말초조직으로의 혈액순환이 제대로 일어나지 않아 눈이 침침하거나 피부가 가려운 증상, 팔다리가 저리거나 상처가 쉽게 아물지 않는 등 다양한 합병증이 발생할 수 있다. 이처럼 당뇨병은 우리가 합병증의 위험을 인식하지 못하는 사이 서서히 진행되어 치명적인 결과를 낳는다. 이와 아울러 임신한 산모가 당뇨 등 대사성 질환을 앓는 경우 태어날 아기의 뇌발달에 악영향을 미칠 수 있다는 연구 결과가 있다.

과잉 영양과 부족한 운동으로 생긴 대사 질환은 환자 자신의 뇌건강 및 기능에 좋지 않은 영향을 미친다는 사실은 이미 많은 연구를 통해 알려져 있다. 역학적인 조사결과를 보면, 비만과 제2형 당뇨병을 앓고 있는 환자에게서 인지 저하와 퇴행성 뇌질환의 위험이 높다는 사실을 알 수 있다. 그런데 산모가 대사질환을 가지고 있으면 아기의 뇌기능에도 나쁜 영향을 미친다는 사실이 밝혀진 것이다. 엄마의 인슐린 저항성은 다음 세대뿐만 아니라 여러 세대에 걸쳐 시냅스 가소성과 기억력에 손상을 일으킬 수 있음을 이탈리아의 과학자들은 2019년 네이처 커뮤니케이션즈에 보고하였다. 어미 생쥐가 지속적으로 고

지방식단을 섭취하면, 자신의 신경세포 유전자의 발현에 변화를 초래하였고, 수상돌기의 시냅스 접합 형성 및 인지기능에 손상이 유도된다는 것을 확인하였다. 이뿐 아니라 이들이 낳은 자손의 뇌조직에도 시냅스 가소성에 나쁜 영향을 주었다고 보고하였다.

연구팀은 생쥐가 서로 짝짓기하기 전과 임신 중, 그리고 젖먹이는 2주 동안 암컷 생쥐에게 고지방식을 4주 동안 먹였다. 고지방식을 섭취한 어미 생쥐는 예상한 대로 인슐린 저항성을 나타냈다. 그리고 당뇨증상이 있는 어미로부터 태어난 새끼들의 뇌기능을 조사하였다. 뇌에서 해마 부위의 시냅스 가소성과 기억력을 평가하였다. 해마는 학습과 기억력에 중요한 역할을 하는 뇌 영역이다. 조사 결과 놀랍게도 새끼들은 3세대에 이르기까지 공간기억 능력의 현저한 감소를 보였다. 그리고 어미와 새끼들의 뇌조직에서 뇌유래신경영양인자(Brain-derived neurotrophic factor; BDNF)의 발현이 뚜렷하게 떨어져 있음을 확인하였다. 이는 태아의 발생 초기에 어미 몸에서는 고지방식을 대사하므로 발생하는 스트레스가 있고, 이로 인해 태아의 생식세포와 뇌조직의 해마에서 BDNF 유전자 발현에 문제가 발생했다는 것을 의미하였다. 즉 BDNF 유전자의 발현조절 DNA 부위인 프로모터에 후성유전학적 변형이 발생되어 발현이 억제된 것이다. 이 문제를 극복하기 위해서는 다양한 놀이와 학습이 가능한 공간에 새끼를 넣고 키웠다. 넓은 공간에 호기심을 자극하는 장난감들과 쳇바퀴, 터널 등을 설치한 곳에서 자라게 하면, 새끼의 뇌에서 BDNF 발현이 회복되었다. 뿐만 아니라 공간기억능력도 개선되었다. 한편 고지방 음식을 먹인 어미 생쥐에게 BDNF를 투여하면 태어난 새끼들의 인지 장애가 일어나지 않았다. 한편 고지방식을 섭취한 어미의 새끼들은 3대에 이르기까지 비만과 대사증후군에 걸릴 확률이 높았다. 이는 어미가 고지방식으로 인해 당뇨병을 앓게 되면, 태어난 새끼들도 당뇨에 걸리기 쉽고, 인지기능 장애가 발생한다는 사실을 보여주는 결과이다. 이 현상은 아마도 히스톤 단백질의 생화학적 변화와 DNA 메틸화 등 후성유전학적 변화가 일어나 BDNF 유전자의 발현이 감소되는 것으로 여겨진다. 다시 말해서, 태아의 발생초기에 산모에게 나타나는 대사 스트레스(metabolic stress)가 후성유전학적인 변형으로 남아 태아 유전자의 발현에도 영향을 미친 것이다. 이는 결국 자손의 뇌에서 시냅스 기능과 신경망 구조에 장기적인 변화를 초래하여 학습과 기억능력 및 인지기능에 손상이 일어날 수 있음을 보여주었다.

이 연구는 엄마의 음식 섭취 습관이 자손의 신체건강과 아울러 뇌건강에도 영향을 미치며, 여러 세대에 걸쳐 일어날 수 있음을 암시한다. 신앙의 삶에서도 부모의 영적 습관에 따라 자녀의 믿음 생활이 크게 바뀔 수 있다. 경건한 부모의 삶을 보고 자란 아이는 하나님의 사람으로서 살아가는 것을 자연스럽게 여긴다. 어릴 때부터 부모의 간절한 기도소리를 들은 아이는 삐뚤게 행동하다가도 제자리를 찾아온다. 신앙을 가진 부모가 함부로 말을 뱉지 않고 행동과 일치된 모습을 보일 때, 아이들의 영적 DNA는 제대로 기능하고, 건강한 자아를 형성하게 된다. "또 아비들아 너희 자녀를 노엽게 하지 말고 오직 주의 교훈과 훈계로 양육하라"(엡 6:3). 부모는 자신의 고집과 욕심, 감정으로 자녀를 가르치지 말라고 성경은 가르친다. 왜냐하면 자녀들을 노엽게 할 수 있기 때문이다. 자녀들은 부모의 뜻대로 좌지우지할 수 있는 소유물이 아니다. 온전한 인격체로 대하여 주님의 교훈과 훈계로 양육하라고 명령하고 있다. 그러므로 부모들이 먼저 주님의 교훈과 훈계를 잘 지켜 행해야 한다. 자녀들 앞에서 신앙의 본을 보여야 한다. 부모가 부모다울 때 자녀를 제대로 훈육할 수 있는 권위가 주어진다. 그럴 때 자녀들은 부모에게 순종하는 것이다. 이처럼 참된 신앙인으로서 최선을 다해 살아가는 모습은 대를 이어 훌륭한 신앙의 유산을 남기게 된다. 어미의 식생활 패턴에 따른 후성유전학적 변화가 자손의 혈당 조절 및 뇌기능에 그대로 전달되듯이 신앙의 자세도 그러하다. 나는 아직도 내 머리맡에서 조용히 부르짖던 어머님의 간절한 기도소리가 귀에 쟁쟁하게 남아 있다. 나 자신이 때때로 욕심에 끌려 주님께 불순종하는 자리에 있다가도 내 기억 속에 남아 있는 어머님의 기도소리는 나로 하여금 불현듯 정신 차리게 만든다. 죄의 노예로 형편없이 망가지기 전에 자각하게 만드는 것이다. 그래서 회개의 자리로 무릎 꿇게 만든다. 나는 신앙의 어머님을 생각하며, 나 자신도 내 아들이 보기에 부끄럽지 않은 아비가 되어야겠다고 다짐한다. 오늘도 나는 아들을 위해 기도한다. 반듯한 신앙의 가치관을 가지고 살아가길 말이다. 그래서 그 신앙의 유산이 손녀에게도 전해지길 소원한다.

과음은 뇌출혈의 원인이 될 수 있다

━━━━━━━━━━━━━━<><━━━━━━━━━━━━━━

　술과 사람의 관계는 아주 오래된 역사를 가지고 있다. 흑해 연안의 조지아 공화국에서 이미 발굴된 8,000여 년 전의 토기에서 포도주의 흔적을 확인한 사실이 말해 준다. 2017년 미국 국립과학원 회보에 실린 논문에서 카나다 토론토 대학교와 조지아 국립박물관 팀이 공동으로 발굴된 토기 조각을 분석한 결과, 포도주 성분을 검출한 것이다. 연구팀은 조지아 수도인 트빌리 시에서 남쪽으로 약 50km 떨어진 초기 신석기 지역에서 발견한 토기에 남아 있는 잔유물을 최신의 화학적 추출방법으로 분석하였다. 그래서 사과산, 호박산, 구연산과 아울러 타르타르산의 존재를 확인하였다. 타르타르산은 포도와 포도주의 존재를 알려 주는 증거이다. 당시 살았던 사람들은 포도를 재배하였고, 수확 후 발효시켜 포도주 만드는 방법을 알고 있었음을 짐작할 수 있다. 그리고 물병이나 그릇과 같은 토기를 만들어 발효식품을 저장하는 기술도 보유하고 있었음을 보여 준다. 고대사회에서 포도주는 병의 치료에도 활용되었고, 특별한 날을 기념하는 데에도 쓰였다. 그리고 종교의식이나 요리하는 데에도 사용되었으리라 여겨진다. 이처럼 오래 전부터 술은 사람들이 애용하는 기호품이었다.

　술에는 물과 에틸 알코올, 소량의 아미노산과 미네랄, 방향물질 등이 들어 있다. 그런데 술에 대해 절제하지 못하고 무분별하게 마시다 보면 건강에 큰 해를 입게 된다. 소화기관, 심혈관계, 내분비계 등 우리 몸 대부분의 조직에 영향을 미친다. 특히 뇌기능에 심각한 변화가 발생하는데, 뇌의 망상계 및 대뇌 피질에 작용하여 인지기능, 학습, 기억, 판단, 정보처리, 언어, 운동기능 등에 장애를 유발한다. 알코올은 GABA 수용체를 활성화시키므로 신경세포의 기능을 억제한다. 그래서 뇌의 통제기능을 억제함으로써 평소에 억눌렸던 행동들이 나타날 수 있다. 흥분을 한다든지 공격성이 나타날 수 있다. 그리고 대뇌 전두엽은 이성적 판단을 주로 담당하는데, 술에 의해 억제되면 충동적 행동을 할 수 있다. 또한 논리적 사고기능이 떨어지므로 말이 많아지고, 사소한 일에 참지 못하는 경향이 나타난다. 그리고 언어중추인 베르니케 영역과 브로카 영역이 마비되어 발음이 꼬이거나 다른 사람의 말에 대한 이해도가 떨어지게 된다. 한편 너무 많이 마시면 해마 부위를 마비시켜 일시적 기억상실인 블랙아웃이 발생하여 취중에 했던 말이나 행동이 생각나지 않는다. 그리고 수면 패턴을 흩뜨려 자주 잠을 깨는 등 수면의 질이 나빠진다. 대뇌의 두정엽도 영향을 받아 감각에 무디어지기도 한다. 그리고 소뇌의 기능을 억제하여 비틀거리거나 몸의 균형을 잡지 못하게 만든다. 감정을 조절하는 변연계가 영향을 받으면 원초적 욕망을 잘 다스리지 못하는 경우가 발생한다. 그래서 성추행과 같은 사고를 치기도 한다. 이처럼 술은 뇌의 기능을 마비시켜 다양한 부작용을 낳는다.

이와 아울러 술을 많이 마시는 사람은 거의 마시지 않는 사람에 비해 뇌출혈 위험이 5배나 높다는 연구 결과가 나왔다. 2020년 '뇌졸중(Stroke)' 저널에 발표된 논문에 의하면, 스웨덴의 우메오 대학 연구팀이 중년 남녀 277명을 대상으로 추적 조사한 결과, 알코올 섭취량과 뇌출혈 사이의 상관관계를 확인하였다. 뇌출혈은 뇌혈관이 막히는 뇌경색과 함께 뇌졸중의 주요 원인 중 하나이다. 북부 스웨덴의 환자 집단 내에서 조사를 수행하였으며 기본적으로 모든 참가자들이 알코올 섭취에 대한 설문지를 포함하여 건강 진단을 받았다. 혈액 샘플을 채취하여 −80℃에 저장하였고, 나중에 인지질에탄올의 혈중 농도를 측정하였다. 혈중 인지질에탄올은 지난 한 달 동안 알코올 섭취량을 반영하는 바이오마커로 알려져 있다. 인지질에탄올 함량이 $0.30\mu mol/L$ 이상 되는 참가자는 인지질에탄올 $0.01\mu mol/L$ 이하를 보인 참가자에 비해 뇌출혈의 위험성이 훨씬 높았다. 따라서 건강검진에서 혈중 인지질에탄올 함량을 측정하여 알려주는 것이 필요함을 알았다. 술을 즐기는 사람에게는 뇌출혈 가능성이 있기 때문이다.

우리 사회에서는 술을 매개로 하여 인간관계가 많이 형성되고 있다. 서먹한 사이라도 술 한잔 하자며 어울리다 보면 가까워지기도 한다. 그러나 한 잔 두 잔 마시다 보면 절제가 되지 않아 인사불성이 되도록 취하기도 한다. 그러면 자신의 의도와는 달리 술주정과 행패를 부릴 가능성이 높아진다. 이는 그리스도인으로서는 반드시 피해야 할 일이다. 덕스럽지 않기 때문이다. "도적이나 탐욕을 부리는 자나 술 취하는 자나 모욕하는 자나 속여 빼앗는 자들은 하나님의 나라를 유업으로 받지 못하리라"(고전 6:10). 성경은 주정꾼을 도둑이나 사기꾼과 같은 오명(汚名)의 자리에 올려 놓고 있다. 이들 모두가 하나님 나라를 상속받지 못한다고 말한다. 그래서 성경은 술 취한 자와 사귀지 말라고 경고하고 있다. "이제 내가 너희에게 쓴 것은 만일 어떤 형제라 일컫는 자가 음행하거나 탐욕을 부리거나 우상 숭배를 하거나 모욕하거나 술 취하거나 속여 빼앗든 사귀지도 말고 그런 자와는 함께 먹지도 말라 함이라"(고전 5:11). 사도 바울은 고린도 교회에 편지를 쓰면서 술에 대해 조심할 것을 강하게 권면하였다. 그는 믿음의 아들 디모데에게 속이 불편할 때는 포도주를 조금씩 쓰라고 하였다. 이는 포도주를 약으로 활용하라고 한 것이다. 하지만 사람들이 술에 끌려 취하도록 마시는 태도에는 비판을 가했다. 음행하는 자와 우상숭배하는 자를 멀리 하듯이 술 취한 자를 가까이 하지 말라고 했다. 술 마시기를 즐겨 하다 보면 술의 힘에 눌려 통제력을 상실하게 된다 그러면 방탕한 삶으로 빠져들게 된다. 이는 신앙인으로서 극히 조심해야 할 일이다.

아브라함의 조카 롯은 물이 넉넉하고 소산이 풍성한 소돔 땅에 거주하였다. 그런데 소돔의 백성들은 음란하고 방탕하기 짝이 없는 사람들이었다. 하나님께서는 죄악이 관영한 소돔을 불로 멸하여 후세의 경계를 삼고자 하셨다. 소돔이 하늘로부터 쏟아 지는 유황불에 의해 잿더미로 변할 때, 롯의 가족들은 천사의 도움으로 가까스로 피할 수 있었다. 불타는 소돔을 향해 돌아보지 말라는 하나님의 명령을 어긴 롯의 아내는 소금 기둥이 되고 말았고, 롯과 두 딸만이 간신히 멸망의 자리를 벗어났다. 소알 땅의 동굴로 피신한 이들은 놀란 가슴을 쓸어내리며 안도의 한숨을 쉬었다. 그 동굴에서 피난생활을 하던 중, 두 딸은 시집갈 남자가 없는 상황에서 혈족을 어떻게 하면 이어갈 수 있을까 고민하며 상의하였다. 그들은 아버지 롯의 씨앗을 받아 후손을 만들기로 작정하였다. 두 딸은 아버지 롯에게 포도주를 권하여 취하게 만든 다음 동침하여 자녀를 생산하고자 하였다. 아비에게 술을 잔뜩 먹여 첫날 밤에는 큰 딸이 함께 자고, 그 다음 날에는 작은 딸이 아버지와 관계를 맺었다. 그렇게 태어난 아이들이 모압과 암몬 족속의 조상들이다. 이처럼 부녀간에 근친상간을 저지른 사건이 술로 인해 발생하였다. 술이 이성을 마비시켜 수치스러운 가족 역사를 만든 것이다. 술을 좋아하다 보면 영적 삶을 황폐하게 만든다. 술은 우리 몸을 병들게 할 뿐만 아니라 영혼도 활력을 잃게 만든다. 술은 신앙인의 삶에서 멀수록 좋다. 크리스찬의 미덕 중의 하나가 절제이다. 이 절제를 약화시키는 것이 술이다. 끊임없이 자신을 살피며 선 줄로 알거든 넘어질까 조심해야 한다. 술은 우리로 하여금 충동적으로 행동하게 하고 실수하게 만든다. 따라서 마땅히 피해야 할 습관 중의 하나가 술을 즐기지 않는 것이다. 이 사회 구석구석에 만연한 술문화에 빠지지 않도록 스스로 경계하는 우리가 되길 기대한다.

하이든의 두개골이 사라졌던 이유

─────────✑─────────

뇌는 우리 몸의 신경계를 관장하는 기관으로서 몸의 운동기능과 행동을 조절하고, 신체의 항상성을 유지시키며, 인지기능, 감정, 학습과 기억, 감각, 언어기능 등을 총괄한다. 이렇게 중요한 기능을 하는 뇌를 잘 보호하여 손상 받지 않도록 해야 한다. 그래서 뇌 조직은 여러 단계로 보호되고 있다. 가장 외부에는 머리털이 있어 보온과 충격 완화를 돕고, 다음으로 머리피부가 둘러싸서 보호하고 있다. 피부 아래에는 단단한 머리뼈가 두개골을 이루어 보호하고 있다. 그리고 두개골 아래에는 보호막이 3개나 있다. 이를 뇌막이라고 하는데, 제일 바깥쪽에 두껍고 질긴 경막이 있으며, 그 아래 거미막이 둘러싸고 있고, 마지막으로 연질막이 뇌조직을 덮고 있다. 이뿐만 아니다. 거미막과 연질막 사이에 있는 공간에는 뇌척수액이 가득 차 있어 충격을 흡수한다.

이처럼 여러 층으로 보호받고 있는 대뇌는 1.4~1.6kg 정도 되며, 좌우 2개의 반구로 구성되어 있다. 그리고 깊은 고랑과 접힌 주름을 많이 가지고 있다. 그러므로 뇌의 표면은 울퉁불퉁하며, 이로 인해 표면적이 크게 증가되어 많은 신경세포가 자리잡을 수 있다. 뇌의 용량은 여자가 남자보다 12% 정도 작은데, 이 때문에 여성의 얼굴이 남성보다 대체적으로 작은 편이다. 해부학적으로는 뇌의 주름을 기준으로 하여 영역을 나누는데, 각 부위의 위치에 따라 고유한 이름을 붙여 구별하고 있다. 뇌의 표면에 있는 주름과 융기면은 형태적으로 어떻게 다를까? 이들은 서로 다른 기능을 수행할까? 이 질문에 대해 과거에는 여러 해석들이 있었다. 프랑스 심리학자인 마리 장 피에르 플루랑(Marie Jean Pierre Flourens)은 실험적 절제술을 통해 특정 부위를 의도적으로 손상시킨 다음, 대뇌 기능을 조사하였다. 다양한 동물에게 이 실험방법을 적용하여 관찰하였는데, 일부 영역을 손상시키면 전체 뇌기능의 변화가 초래되는 경우가 많았다. 따라서 플루랑은 전체 대뇌 영역이 모든 기능을 동등하게 수행한다는 주장을 하였다. 즉 대뇌가 전체적으로 모든 기능에 참여하며, 각 부위가 기능적으로 나뉘지 않는다는 잘못된 결론을 내렸던 것이다. 반면에 오스트리아의 젊은 의학도였던 프란츠 조셉 골(Franz Joseph Gall)은 두개골 표면의 굴곡이 뇌 표면의 융기를 반영한다고 생각하였다. 다시 말해서 대뇌 각 부위의 크기는 그 부위의 기능의 발달 정도를 나타내므로 대뇌를 둘러싼 두개골의 형상으로 뇌 조직의 주름과 융기의 정도를 알 수 있으며, 인간의 성격 및 심리적 특징을 짐작할 수 있다고 주장하였다. 그래서 각 사람의 심리적 성향들로 관대함, 비밀스러움, 파괴성, 유머능력, 기억력, 조심성, 자존감, 영성 등이 뇌의 구조와 관련 있다고 말하는 골상학을 1809년에 제안하였다. 이 주장을 지지하기 위하여 골(Gall)과 그의 제자들은 범죄자에서부터 천재적인 사람에 이르기까지 수많은 사람들의 두개골을 수집하여 주의 깊게 측정하였다. 이렇게 얻어진 결과들을 토대로 골상학에 관한 책이 1827년에 출간되었는데, 10만부 이상 팔리는 베스트 셀러가 되었다. 왜냐하면 두개골의 생김새에 따라 그 사람의 성향을 짐작할 수 있다고 판단하였기 때문이다. 하지만 두개골의 형태는 대뇌 조직의 구조와 상호 관련성이 없다. 따라서 관상학과 비슷했던 그의 주장은 더이상 과학으로 받아들여지지 않았다. 실제적으로 뇌는 각 영역과 부위마다 독특한 기능을 수행하고 있으며, 이와 아울러 다른 영역들과 정보를 주고받는 가운데 정보를 수정 보완하면서 최종적 신호를 형성한다.

골상학이 유행하던 당시 전 유럽에 명성을 떨친 대 작곡가 프란츠 요제프 하이든(Franz Joseph Haydn)이 1809년 5월 31일 77세의 나이로 별세하였다. 이때 나폴레옹 군대가 오스트리아 수도 빈을 침공하였던 관계로 장례는 간소하게 치러졌고 공동묘지에 묻혔다. 하이든이 운명한 지 10여 년 후 니콜라우스 2세는 자신의 가문 묘지에 이장하기로 작정하였다. 왜냐하면 하이든은 에스테르하지 후작의 가문에서 30년 가까이 음악장으로 수고하였기 때문이다. 그래서 무덤을 발굴하였는데, 경악스러운 상황이 펼쳐졌다. 하이든의 머리는 없어지고 몸통만 들어 있는 관을 발견한 것이다. 이에 대대적인 조사를 통해 에스테르하지 가문의 비서였던 로젠바움과 주립 감옥소장이었던 페터가 하이든의 두개골을 훔친 것으로 밝혀졌다. 이들은 골상학에 심취하여 천재적 음악가였던 하이든의 두개골을 분석하여 그의 천재성의 원인을 찾고자 몰래 빼돌렸던 것이다. 니콜라우스 2세는 거금을 주고 이들로부터 하이든의 머리를 다시 돌려받아 장사를 치렀다. 하지만 돌려받은 두개골이 다른 사람의 머리였다는 사실이 나중에 밝혀졌다. 골상학 관점에서 하이든의 두개골을 세밀하게 조사했던 로젠바움은 진짜 두개골을 돌려주지 않았던 것이다. 세월이 흘러 로젠바움이 노쇠하자 하이든의 두개골을 페터에게 주었다. 하지만 페터의 관리소홀로 엉뚱한 사람들에게 전달되어 떠돌다가 우여곡절 끝에 빈 음악가협회에 기증되었다. 이에 니콜라우스 2세의 후손 파울 에스테르하지는 법적 소송을 통해 돌려받고자 하였다. 그러나 두 차례의 세계대전을 거치는 동안 반환소송이 미뤄지다가 1954년 6월에야 돌려받을 수 있었다. 하이든의 무덤이 파헤쳐진 지 145년 만에 하이든은 온전한 몸의 형태로 에스테르하지 가족묘지에 장사될 수 있었다.

이처럼 옳지 않은 주장을 맹신하다 보면 어이없는 결정을 하고, 해괴한 일을 벌이게 된다. 신앙의 세계에서도 거짓된 가르침에 휘둘리고 미혹되면 그 폐해가 심각해진다. "거짓 선지자들을 삼가라. 양의 옷을 입고 너희에게 나아오니 속에는 노략질하는 이리라…… 나더러 주여 주여 하는 자마다 천국에 다 들어갈 것이 아니요 다만 하늘에 계신 내 아버지의 뜻대로 행하는 자라야 들어가리라. 그날에 많은 사람이 나더러 이르되 주여 주여 우리가 주의 이름으로 선지자 노릇하며 주의 이름으로 귀신을 쫓아 내며 주의 이름으로 많은 권능을 행치 아니하였나이까 하리니 그때에 내가 저희에게 밝히 말하되 내가 너희를 도무지 알지 못하니 불법을 행하는 자들아 내게서 떠나가라 하리라"(마7:15, 21-23). 거짓 선지자를 따르다 보면 자신도 모르게 멸망의 자리에 이른다고 경고하고 있다. 비록 입술로 주님의 이름을 부르며 귀신을 쫓아낼 정도로 능력 있는 삶을 살았더라도 하나님의 뜻에 지배받지 않는다면 이는 멸망에 이르는 허망한 일에 불과할 뿐이다. 초대교회 시대에도 영지주의자들에 의한 거짓주장이 있었다. 이들은 영혼만 선하고 육체는 악하다고 믿었다. 육신이 악하므로 육신을 사랑해서는 안되고, 철저한 금욕적 삶을 강조하였다. 그래서 고기를 먹지 않으며 결혼을 금지하였다. 이와 반대로 육신은 쓸모없는 것이므로 어떤 짓을 해도 상관없다는 방탕주의에 빠지는 경우도 있었다. 이들은 예수님이 육신을 입고 이 땅에 오셔서 우리의 죄값을 치르기 위해 십자가에서 죽으셨고, 부활하셨다는 사실을 믿지 않았다. 자신은 육체에 갇혀 있는 영적 존재이므로 이를 자각하고 해방되는 것이 진정한 구원이라고 주장하였다. 이런 이단적 가르침에 따라 살다 보면, 육신의 소욕을 억눌러 철저한 금욕을 실천하고, 율법주의적 삶을 살 수 있다. 그런데 육신을 괴롭게 하는 온갖 희생을 감수하더라도, 이러한 삶이 아무 소용없는 일이 되고 만다. 거짓 믿음을 바탕으로 둔 삶은 패망에 이를 뿐이다. 오늘날에도 성경의 말씀에서 벗어난 가르침들이 횡행하고 있다. 거짓 가르침에 속아 남보다 더 많은 열심으로 힘써 헌신하며 살아간다면, 이보다 더 비극적인 일은 없다. 자신의 인생도 허비할 뿐만 아니라 이러한 삶으로 구원과 영생을 얻을 것이라는 믿음도 결국에는 헛된 일이 되고 말기 때문이다. 하나님의 말씀 위에 우리는 삶의 견고한 터를 세워야 한다. 그리고 살아가는 동안 성경의 진리에 대한 이해와 깨달음이 끊임없이 이루어져야 한다. 호시탐탐 우리를 미혹하는 거짓 가르침에 넘어가지 않기 위해서다. 하나님의 말씀에 대한 사랑과 진리에 대한 목마름이 나의 삶에 지속적으로 채워지길 소원한다.

제 3장

백세건강을 위해

100세인들이 사는 방식은?

───────◆───────

　2022년 말 기준으로 우리나라에서 100세 이상 사람들이 가장 많이 살고 있는 동네는 경상북도 동북부에 있는 영양군으로 밝혀졌다. 2023년 10월 인구통계에 따르면, 영양군의 거주민 감소가 심하여 15,700명 정도 살고 있으며, 이 가운데 40.4%가 65세 이상의 노인들이다. 영양군은 경북의 북부지방 오지 중의 오지로서, 태백산맥이 뻗어 나온 곳에 위치하여 북쪽의 높은 산지와 남쪽의 낮은 산지에 둘러싸인 산간 분지 지형으로 되어 있다. 해발고도가 대부분 200m 이상이고 북쪽은 400m 정도 되어 경북에서는 가장 높은 곳에 위치한다. 따라서 겨울에는 −10℃ 이하로 기온이 내려가며 −25℃까지 떨어지기도 한다. 그리고 눈도 많이 내린다. 한여름 날씨도 해가 떨어지면 쌀쌀할 정도로 일교차가 큰 편이다. 대기의 질은 매우 좋아 공기가 깨끗하고, 빛 공해가 적어 여름이면 육안으로 은하수를 또렷하게 관찰할 수 있다. 반면에 축사가 많지 않아 축산폐수로 인해 발생할 수 있는 수질오염도 거의 없다. 따라서 맑은 공기와 깨끗한 물이 흐르는 청정지역이다. 이곳 주민들은 대부분 농업에 종사하며 고추재배를 많이 하여 전국적으로 영양고추가 유명하다. 이처럼 깨끗한 환경과 더불어 주민들을 위한 지자체의 행정 서비스도 장수에 한몫을 한다. 지자체

행정기관에서는 주민들을 위하여 큰 병원들과 연계하여 오지마을 의료서비스를 개발함으로써 원격영상진료, 안과진료, 통증 클리닉, 산부인과 진료 등을 제공하고 있다. 그리고 군 내 182개의 경로당에 냉난방비, 쌀, 부식비를 지원하여 주민들이 부담없이 모여서 함께 식사하고 교제할 수 있도록 하였다. 농사를 쉬는 겨울철에는 요가, 노래, 댄스 등 취미생활 프로그램을 운영하고 있다. 이외에도 건강검진비, 목욕비, 이·미용비도 지원한다. 전기수리, 수도시설 수리, 방충망 설치 및 수리 등 생활과 관련된 민원도 바로바로 처리해 주고 있다고 한다. 뿐만 아니라 독거노인들에게 수시로 안부전화, 안전확인 등을 하여 거주상황을 모니터링하고 있다. 이처럼 환경이 오염되지 않아 깨끗하며, 행정당국에서 주민들을 위한 다양한 복지 및 돌봄 서비스를 제공함으로써 영양군이 장수마을로 자리매김한 듯하다.

우리나라에 장수인들을 위한 연구를 오랫동안 해 오신 전남대 석좌교수인 박상철 교수에 의하면 건강하게 오래 사는 노인들에게는 특징이 있다고 한다. 그는 우리나라에서 장수노인들이 많이 살고 있는 지역들을 찾아 그들의 생활방식을 조사하였는데, 첫째로 이들은 부지런하다고 한다. 안방에서 빈둥거리기보다는 일을 찾아 잠시도 쉬지 않고 바쁘게 다닌다. 아침에 일찍 일어나 걸어 다니고, 텃밭을 가꾸며 몸을 움직인다. 자기가 해야 할 일을 남에게 맡기지 않고 스스로 한다. 그리고 잠자리에 들기 전에는 하루일과를 돌아보며 일기를 쓰기도 하고, 반성도 한다는 것이다. 이렇게 육체적으로 정신적으로 왕성하게 활동하면 운동효과와 아울러 정신건강에도 큰 도움이 된다. 둘째로 장수하는 분들은 호기심이 많다고 한다. 늘 새로운 것에 관심을 가지며, 뭔가를 계속 배우려고 한다. 가족처럼 지내고 있는 동네 사람들의 대소사에 관심이 많아 각 집안 사정을 훤히 꿰뚫고 있다. 자기

집의 행사뿐만 아니라 이웃 집의 결혼 및 장례, 돌아가신 어른들의 기일까지 챙긴다. 이러한 자세는 희망, 설렘, 기쁨을 주며 자존감을 고취시키고, 인지작용을 활발하게 하여 뇌근육을 강화시킨다. 그리고 세 번째로 오래 사는 분들의 특징 중에 하나는 솔직하다는 것이다. 불만이나 걱정을 속에 쌓아 두지 않고 그대로 표현하는 편이다. 때로는 성질 급하다는 소리를 듣기도 하지만, 마음속의 응어리나 감정을 묻어두지 않고 해소하므로 스트레스에 짓눌리지 않는다고 한다. 마지막으로 장수노인들은 이웃들과 잘 어울린다. 혼자 집 안에 틀어박혀 있지 않고, 동네 사람들을 찾아가 얘기하며 농사일이나 집안일에 대해 시시콜콜 간섭하기 좋아한다. 영양군에서는 경로당 중심으로 주민들이 자주 모여 가족처럼 지내는데, 이처럼 동네사람들이 함께 얘기를 나누며, 함께 놀이를 즐기는 것이 건강에 좋다는 의미이다. 자식들은 장성하여 타지로 떠나버리고, 배우자도 먼저 세상을 떠나 혼자가 되더라도 오랜 시간 함께 살아온 동네 사람들과 가족이 되어 어울려 사는 것이다.

현존하는 최고령의 사람은 스페인에 살고 있는 116세 마리아 브라냐스 할머니로서 1907년 3월 4일생이다. 스페인 의료팀이 브라냐스 할머니의 침, 소변과 아울러 DNA 샘플을 채취하여 조사하고 있다. 장수의 비밀을 밝히기 위해서다. 이 연구를 통해 노화에 따른 퇴행성 뇌질환이나 심혈관 질환 등에 대한 치료법을 찾을 수 있을지 기대하고 있다. 연구팀은 노화 관련 200개 유전자를 중심으로 할머니의 유전체 DNA를 분석할 예정이다. 얻어진 일부 결과에 의하면, 특별한 유전자 구성이나 발현이 있는 것은 아니라고 한다. 이는 유전적 요인으로만 장수를 설명할 수 없다는 말이다. 지금도 브라냐스 할머니는 한쪽 귀의 청력 외엔 별다른 건강 문제가 없다고 한다. 기억력 감소나 치매 현상도 전혀 없다. 아주 오랜 옛날, 네 살 때의 이야기를 정확하게 얘기할 정도로 기억이 또렷하고 명료하다. 할머니는 평소에 과식이나 편식을 하지 않고 어느 음식이든 골고루 조금씩 먹는다. 그리고 가족, 친구, 자연과 융화되어 어울려 살아가며, 마음의 평온함과 정서적인 안정을 유지하고, 늘 긍정적인 자세를 유지하려는 것이 장수의 비결이라 말하였다. 이와 아울러 가장 중요한 것은 독이 되는 사람들을 멀리 하라고 할머니는 조언했다. 이는 인간관계의 갈등을 피하여 스트레스를 최소화하라는 말일 것이다.

근래에 이르러 지금까지 알려진 세계 최고령자는 프랑스 사람 잔 칼망 할머니였다. 1875년 2월 21일에 태어나 122년을 살다가 1997년 8월 4일 별세했다. 이처럼 사람의 수명은 계속 늘어나고 있다. 그러면 인간수명이 얼마나 늘어날 수 있을까? 성경에는 참으로 오래 산 분들이 다수 기록되어 있다. 창세기 5장에 나오는 므두셀라는 969세나 살았다. 그는 에녹의 아들이며, 노아의 할아버지였다. 에녹은 하나님을 섬기고, 그의 뜻대로 순종하며, 하나님과 동행하는 삶을 살다가 죽음을 맛보지 않고, 하나님 앞으로 들림 받은 신앙의 사람이었다. 에녹이 65세 되던 해, 므두셀라를 얻었는데, 이후 300년 동안 하나님을 경외하며 살았다. 그러므로 므두셀라는 아버지 에녹이 하늘로 올라가기 전 300년 동안 아버지로부터 철저한 신앙교육과 가정교육을 받았을 것이다. 따라서 아버지 에녹을 본받아 경건한 신앙인으로 살았으리라 짐작된다. 므두셀라는 187세에 라멕을 낳았다. 그리고 라멕은 182세에 노아를 낳았다. 노아가 600세 되던 해에 전지구적 대홍수가 있었다. 이로 인해 지상의 모든 호흡 있는 생물들, 새와 가축과 들짐승과 땅에 기는 모든 것들은 죽었다. 이러한 대홍수 심판이 있게 된 이유는 당시 사람의 죄악이 세상에 가득하고, 마음의 생각하는 모든 계획이 항상 악하여 하나님께서는 땅 위에 사람 지으셨음을 한탄하시고, 근심하셨기 때문이다. 이렇게 죄악이 가득한 환경에서도 노아는 세상의 풍조대로 살지 않았다. 노아는 의인이요 당대에 완전한 자였고, 하나님과 동행하였다고 평가받았다. 하나님은 신앙의 사람 노아를 통해 새롭게 시작하길 원하신 것이다. 이처럼 노아가 하나님 앞에서 신실한 삶을 살 수 있었던 것은 할아버지 므두셀라의 가정교육 때문이라 여겨진다. 므두셀라의 나이 369세 때, 손자 노아를 얻었다. 따라서 므두셀라는 600년 동안이나 손자와 함께 살았다. 므드셀라는 아버지 에녹으로부터 물려받은 신앙의 유산을 아들과 손자에게 고스란히 물려주었다. 노아는 집안 대대로 내려오는 훌륭한 신앙의 전통을 유지하며 경건하게 살았다. 그래서 하나님으로부터 당대의 의인으로 칭찬을 받을 수 있었다. 므두셀라를 비롯하여 홍수 이전에 살았던 족장들은 어떻게 오래 살수 있었을까? 하나님께서 지구를 만드시고, 궁창 아래의 물과 궁창 위의 물로 나뉘셨다. 그러므로 홍수 전에는 지구의 오존층 아래 물층이 있었다. 따라서 외계로부터 유입되는 해로운 우주 방사선, 감마선, 자외선 등이 물층에 의해 차단되고, 따뜻한 적외선 등은 지구표면까지 들어와 온실효과를 일으킴으로써 전 지구가 포근하고 온난하였다. 그래서 동토 시베리아에 과일 나무 화석과 맘모스가 발견되고, 남극에 활엽수 화석이 발견되는 것이다. 이처럼 온화하고 청정했던 지구환경은 오래 살 수 있는 여건이 되었다. 이와 아울러 하나님께서는 므두셀라를 비롯한 족장들에게 장수를 선물로 허락하셨다. "네 하나님 여호와를 사랑하고 그의 말씀을 청종하며 또 그를 의지하라 그는 네 생명이시요 네 장수(many years)이시니 여호와께서 네 조상 아브라함과 이삭과 야곱에게 주리라고 맹세하신 땅에 네가 거주하리라"(신 30:20). 하나님을 사랑하며 그의 말씀을 들고 따르며 하나님을 의지하는 자에게 오래 사는 장수의 복을 주시겠다고 약속하셨다. 므두셀라도 아버지의 교훈을 따라 일생 동안 하나님을 섬기며 경건하게 살았고, 자손들에게도 신앙의 모범을 보였다. 하나님 앞에서 순종의 삶을 살았던 므두셀라에게 인류 최장수인으로 불리는 영예를 주신 것이다. 나에게 주어진 생명의 기한이 얼마나 될지 알 수 없지만 사는 동안 아버지 하나님을 사랑하며, 그의 은혜 아래 거하고, 그의 뜻을 찾으며, 순종하는 삶이 이루어지길 소원해 본다. 그리고 나의 삶이 므두셀라처럼 자손들과 주위 사람들에게 신앙의 본으로 삼아질 수 있다면, 이보다 더 보람된 인생은 없을 것이다. 오랫동안 이 땅에서 건강하게 사는 것도 복이지만, 하나님의 자녀로서 천국에서 영원토록 사는 것이야 말로 절대로 놓쳐서는 안될 진정한 복이라 할 수 있다.

노화는 갑자기 일어나나?

─────────⟨⟩─────────

　어르신들을 만나 얘기를 나눌 때면 가끔 듣는 소리가 있다. '몸이 예전만 못하다'는 것이다. 젊을 때는 쌀 한 가마니를 거뜬히 짊어지고 다녔는데, 이제는 엄두가 나지 않는다고 말한다. 특히 환갑을 넘길 즈음이면 몸 상태가 지난해와는 현저히 다르게 느껴진다고 한다. 어떤 분은 이렇게 말한다. 작년에는 밤늦게 일하더라도 자고 나면 개운했는데, 올해 들어서는 아침에 일어나더라도 여전히 피로가 풀리지 않고 몸이 무겁다는 것이다. 환갑을 중심으로 한 해밖에 차이가 나지 않는데, 어째서 이처럼 피로회복 속도에 차이가 있는지 선뜻 이해가 되지 않는다. 왜냐하면 시간이 흐르면서 노화는 조금씩 점진적으로 일어나는 것으로 이해하고 있기 때문이다. 그래서 친구들이나 어르신들이 요즘 들어 몸의 활력이나 기능이 눈에 띄게 약해졌다는 말을 들을 때면 심리적 효과로 생각하여 그냥 웃고 만다. 그런데 일생을 살아가는 동안 노화가 특정 순간에 급격하게 진행되는 때가 있음을 시사하는 연구 결과가 나왔다.

　스탠포드 대학교의 토니 비스-코래이(Tony Wyss-Coray) 교수 연구팀은 사람의 혈청을 연령별로 분석하여 보니 노화의 진행이 갑자기 일어나는 때가 있음을 발견했다는 것이다. 연구팀은 이 결과를 2019

년 네이처 메디신(Nature Medicine) 저널에 논문으로 발표하였다. 노화는 건강 수명을 단축시키고, 여러 만성 질환들을 일으키는 주요 위험 요인으로 인식되고 있다. 따라서 노화의 메커니즘을 보다 잘 이해하면 노화로 인한 질환들의 치료에 활용할 수 있다고 본다. 여러 연구팀에서 젊은 쥐와 늙은 쥐의 심장순환계를 외과적 수술로 연결하여 노화에 미치는 영향을 조사하였다. 혈액이 서로 순환되도록 하면, 늙은 생쥐의 근육, 간, 심장, 췌장, 신장, 뼈, 뇌를 포함한 여러 조직들에서는 활력을 가지게 되었다. 반면에 늙은 생쥐와 연결된 젊은 생쥐의 경우, 여러 조직에서 노화가 가속됨을 관찰하였다. 이는 젊은 생쥐의 혈장을 늙은 생쥐에게 주입함으로써 늙은 생쥐의 노화를 역전시킬 수 있음을 실험적으로 보여주는 것이다. 다시 말해서 혈액 속의 단백질들이 노화를 조절할 수 있다는 개념을 뒷받침하는 것이다. 이와 같은 연구 결과를 바탕으로 비스-코래이 교수팀은 사람들의 혈액을 분석하였다. 젊은 성인부터 90대 노인에 이르기까지 혈장에 녹아 있는 단백질의 총합인 단백체 분석을 심층적으로 수행하였다. 새로운 분석 방법을 활용하여 수명에 따른 단백질들의 총체적 변화를 발견하였고, 이러한 변화가 노화 과정과 연관된 신호로 식별될 수 있음을 알았다.

　노화를 이해함에 있어서 최근에는 유전체인 게놈을 분석하거나 전체 RNA들인 전사체, 또는 단백질 집합체인 단백체를 종합적으로 분석하는 연구가 활발하다. 그동안 유전자의 기능 연구를 통해 노화 조절 유전자를 여러 개 찾아내기도 했지만, 이번 연구처럼 유전자와 RNA 및 단백질 전체의 총체적 변화를 측정하여 분석한 경우는 없었다. 연구팀은 혈장 단백체 분석을 통해 노화에 대한 새로운 통찰력을 얻을 수 있었다. 즉 개체의 발달 과정이나 염증 반응에 관여하는 인자들은 조직이나 개체의 노화가 진행되는 동안 크게 변화함을 알았다.

한편 세포와 체액 및 조직에 있는 단백질들은 나이가 들면서 개체마다 비슷하게 변한다. 이처럼 단백체의 양적 변화를 분석하면, 생물학적 노화 과정을 이해하는데 도움을 준다. 이는 단백질이 세포 기능의 직접적인 실행자이기 때문이다. 특히 거의 모든 세포와 조직에 필요한 단백질을 함유하고 있는 혈액을 대상으로 분석함으로써 생체 지표를 발굴하고, 질병 생물학에 대한 해결책을 얻고자 하는 것은 참신하고 영리한 작업으로 여겨진다. 실질적으로 노화는 많은 세포들과 조직의 노화 과정을 반영하여 혈액 내 단백질의 변화를 초래한다. 그래서 혈액 단백질을 연구하는 것은 노화에 따른 변화를 측정하는 데 요긴하게 사용될 수 있다.

연구팀은 18세 청소년부터 95세 노인에 이르기까지 4,263명의 혈청을 얻어 2,925 종류의 혈장 단백질에 대한 양적 변화를 측정하였다. 생물정보학 접근법으로 사람의 혈액 내 단백체가 나이에 따라 비선형적으로 변화한다는 것을 확인하였다. 혈장 단백체가 남녀노유에 따라 다른 것은 알려져 있지만 나이가 들면서 변하는 단백질의 3분의 2 정도(1,379개 단백질 중 895개)가 성별과 함께 바뀐다는 사실도 알았다. 그럼에도 불구하고, 노화 과정에 따라 변하는 단백질 시계는 남성과 여성의 나이를 예측하는데 사용될 수 있었다. 특히 373개의 단백질로 구성된 군집은 개인의 건강 상태를 상대적으로 평가하는 데 활용될 수 있었다. 연구팀의 분석에 의하면 37세와 60세, 그리고 78세에 노화 관련 단백체의 변화율이 매우 가파르게 증가함을 관찰하였다. 이는 나이가 들어감에 따라 점진적으로 노화가 일어나지 않고 37세, 60세와 78세를 전후로 하여 급격히 일어난다는 것을 시사한다.

이처럼 노화 관련 단백질 군집의 양적 변화가 일생에 걸쳐 일어나는 가운데 특정 시점에서는 갑작스럽게 변하는 패턴을 보여주었다.

이는 노화가 일정한 속도로 일어나는 것이 아님을 말해 준다. 우리는 태어나자마자 늙기 위해 살아간다고 할 수 있다. 노화의 종착점은 죽음이다. 즉 죽기 위해 산다 라는 말이다. 그런데 이와는 정반대의 신비한 현상이 있다. 생명을 가지는 순간부터 날이 갈수록 점점 더 젊어지고 새로워지는 현상이 있다. 신앙의 삶이 그렇다. "그러므로 우리가 낙심하지 아니하노니 우리의 겉사람은 낡아지나 우리의 속사람은 날로 새로워지도다"(고후 4:16). 우리의 겉은 늙고 주름이 생기며 힘도 떨어지지만 신앙인의 속은 날마다 새로워진다고 한다. 어떻게 가능한가? 바로 우리 안에 거하시는 성령님의 일하심으로 인해 날이 갈수록 더욱 커지는 활력을 경험할 수 있다. 겉사람은 육신의 모습과 아울러 육신의 지배를 받는다. 그러나 속사람은 성령님의 지배를 받는 영역이다. 우리의 겉사람은 날이 갈수록 퇴색하고, 백발로 변할 뿐만 아니라 우리로 하여금 이제는 쓸모없는 존재로 변한다는 생각을 갖게 한다. 이는 마음과 정신도 육체의 노쇠함을 따라가는 경향이 있기 때문이다. 그러나 성령님의 통치에 순응하는 사람은 그렇지 않다. 날마다 성령님의 뜻을 알고, 이를 이루기 위해 애를 쓰는 삶을 살아간다. 성령님을 기쁘시게 하는 삶이 지속될수록 더욱 깊은 성령님의 인도하심을 경험한다. 그래서 성령님에 대한 이해가 날로 깊어지며, 그 뜻대로 살아가는 실천력이 강화된다. 영적 근육이 점점 강화되는 것이다. 하나님의 말씀이 우리에게 깨달음으로 다가오고, 이를 삶에 적용하여 실천하는 바로 그때에 말씀은 완성된다. 이처럼 말씀이 육신이 되는 삶을 통해 우리의 속사람은 날로 새로워지게 되는 것이다. 예수 그리스도를 내 인생의 주인으로 영접하는 순간, 나는 거듭나서 영적 생명을 갖는다. 그때부터 나의 영적 생명은 죽음을 향해 달리지 않는다. 지금보다 더 풍성한 생명으로 발전한다. 영생의 삶을 소유한 사람으로서 속사람의 성숙을 매일 이루어 가며 천국을 향해 걸어 간다. 천국시민으로 살아가기에 손색없는 모습으로 되기까지 날마다 새로워지는 것이다. 우리의 겉은 비록 낡아지지만 속은 날마다 영적 생명력으로 충만해지길 소망해 본다.

치매는 극복될 수 있나?

ㅡㅡㅡ✦ㅡㅡㅡ

　내가 개인적으로 존경하며 교제를 나누는 선배 교수님이 계신다. 비록 은퇴하신 지 오래 되었지만 자신이 전공하신 화학 분야뿐만 아니라 세상의 전반적인 상황에 대해서도 해박한 지식을 가지고 계신 분이다. 가끔 식사를 같이 하고 차를 함께 마시며 세상 돌아가는 얘기를 나눈다. 대화를 하다 보면 그 분의 혜안을 깨닫게 되고, 지혜로운 판단과 고견에 배우는 바가 많다. 교수님은 은퇴하시기 전 한적한 곳에 꽤 넓은 땅을 마련하시고, 아름다운 주택을 지으셨다. 그곳에서 사모님과 함께 책도 읽으시고, 논문도 정리하시며 편안한 노후를 보내고 계셨다. 그런데 시간이 흐르면서 사모님의 말과 행동에 이상한 징후가 감지되었다. 사모님도 미술사를 전공하시고, 같은 대학에서 학생들을 가르치셨는데, 사모님의 기억이 점차 흐려지고 감정의 기복이 심해지는 것이다. 그러다가 일상생활이 차츰 힘들어지는 상황에 이르게 되고, 급기야는 음식을 삼키는 근육의 기능까지 문제가 발생하였다. 식사 중에 음식이 기도로 들어가 폐렴을 유발하여 긴급하게 입원 치료를 받아 간신히 위기를 넘기기도 하였다. 지금은 간호사와 요양사가 항상 돌보고 있는데, 점점 인지기능과 신체기능이 저하되고 있다. 우아하고 지적인 분이셨는데 알츠하이머씨 병으로 인해 주위 사람들을 안타깝게 만들고 있다.

치매는 뇌조직이 서서히 망가지면서 자아를 상실해가는 질병이다. 자신이 살고 있는 집의 위치까지 잊어버리고, 시간개념에 혼동을 느낀다. 평소에 능숙하던 일을 서투르게 하거나 다른 사람과의 소통이 제대로 되지 않아 사회생활을 제대로 하지 못한다. 그리고 물건을 어디에 두었는지 기억을 못하고, 적절한 단어가 생각나지 않는다. 또한 간단한 문제를 푸는데도 어려움을 겪고, 감정의 변화가 심해진다. 질환이 진행되면서 점점 기억을 상실하며 판단력이 흐려지고, 나중에는 가족까지 인지하지 못한다. 궁극적으로는 자신이 누구인지 정체성을 잃어버리는 질병이다. 노령인구가 많아지면서 치매환자도 함께 증가하고 있다. 우리나라는 2020년에 65세 이상 인구가 15.7%로 이미 노령사회가 되었고, 2045년에는 37%에 이를 것으로 예상된다. 65세 인구가 20%를 넘게 되면 초고령사회로 일컫는데, 2025년이면 이에 도달할 것으로 전망하고 있다. 이와 함께 65세 이상 인구 10명 중 1명은 치매로 고통받고 있다. 85세 이상에서는 거의 45~50%에 이르는 어르신들이 치매를 앓고 있다. 우리나라의 치매환자는 2030년 136만 명을 기록한 뒤 2050년에는 300만 명을 넘을 것으로 추정된다. 전 세계적으로는 5,500만 명의 치매환자가 있지만 2050년에는 1억 3천만 명을 넘어설 것으로 보고 있다.

치매에 대한 약물로 5종류가 미국식품의약국의 승인을 받아 처방되고 있다. 아세틸콜린에스터라제(acetylcholinesterase)를 저해하여 뇌조직에 아세틸콜린의 양을 올려주는 약물로 타크린(Tacrine), 도네페질(Donepezil), 리바스티그민(Rivastigmine), 갈란타민(Galantamine)이 있다. 그리고 글루탐산이 작용하는 NMDA(N-methyl D-aspartic acid) 수용체를 저해하여 흥분성 신경독성을 억제하는 약물인 메만틴(Memantine)이

개발되어 환자들에게 사용되고 있다. 하지만 이들 약물은 증상을 완화시키는 역할을 할 뿐이고, 뇌신경세포의 사멸을 근본적으로 막지 못한다. 치매의 원인으로 여겨지는 아밀로이드 베타 펩타이드와 타우 단백질은 자신들이 서로 엉켜 응집이 발생하면 분해가 어려워진다. 이러한 단백질 응집체가 뇌세포 안팎에 쌓이면 신경세포 간의 정보전달이 제대로 일어나지 못하고, 신경세포는 구조적 변화를 수반하면서 서서히 죽어간다. 이때 뇌조직의 구성세포 중 미세아교세포 중심으로 염증 반응이 발생하여 다양한 염증신호와 활성산소가 신경세포를 공격한다. 따라서 성상세포 등 교세포들에 의한 적절한 대응이 이루어지지 못하면 신경세포는 사멸되고 만다. 그러므로 뇌조직에서 아밀로이드 베타를 제거하려는 방법과 시도가 치매 치료에 상당한 효과를 보여주고 있다. 미국회사 바이오젠과 일본회사 에자이가 아밀로이드 베타 펩타이드에 달라붙는 항체를 개발하여 단백질 응집체의 축적을 막고자 하였다. 아두카누맙(Aducanumab)이라는 항체를 개발하여 환자에게 투여한 결과, 원래 계획한 대로 투여했을 때는 뚜렷한 효과를 보지 못하였지만 고용량을 사용했을 때는 뇌조직의 아밀로이드 베타가 줄어드는 것을 관찰하였고, 22% 정도 인지기능 개선의 효과를 보였다. 하지만 독성이 심하고, 당시 임상 실험 2건 중 하나만 유의미한 결과를 얻음으로써 미국 식품의약국으로부터 조건부 승인을 2021년 6월에 받았다. 하지만 이 결정에 반발하여 식품의약국의 자문 위원 가운데 3명이 사퇴하였고, 그중 한 명은 미국 역사상 최악의 약물 승인 결정이라고 비난하기도 하였다. 이로 인해 식품의약국은 권위에 상처를 입었으며, 이에 대한 후속조치로 알츠하이머 치료제에 대한 평가 기준을 강화하였다. 이후 두 회사는 레카네맙(Lecanemab)이라는 또 다른 항체로 일본, 미국, 중국에서 알츠하이머병 초기 환자 1,795

명을 대상으로 1년 6개월간 3상 임상실험을 진행하였다. 레카네맙은 대조군(위약 투여 그룹)에 비해 투약군에게서 기억력과 판단력 저하 등 인지능력 감퇴 및 악화가 27% 억제되었다. 그래서 2023년 식품의약국으로부터 약물승인을 받았다. 한편 일라이릴리 회사는 도나네맙(Donanemab)이라는 항체를 개발하여 3상 임상시험을 실시했는데, 1,736명을 대상으로 76주간 진행한 결과 위약을 투여한 환자들보다 인지력 저하가 약 35% 늦춰진 것으로 나타났다. 레카네맙은 아밀로이드 베타 펩타이드의 저중합체에 결합하고, 아두카누맙과 도나네맙은 좀 더 진행된 형태의 아밀로이드 펩타이드 덩어리인 플라크에 달라붙어 제거되도록 유도하기 때문에 임상적인 효과뿐만 아니라 부작용에서도 차이가 발생할 수 있다. 이들 약물은 혈뇌장벽을 뚫고 들어가기가 어려워 1/100 정도만 뇌조직에 침투하여 작용한다. 그리고 뇌부종과 뇌출혈 등 심각한 부작용이 있다. 그리고 한 달에 한 번씩 혈관주사로 치료를 받는데, 약값이 1년에 3,000만 원이 넘는다. 경제적으로 어려운 사람은 이 약물로 치료받기 힘든 실정이다. 따라서 모든 환자들이 혜택을 누릴 수 있는 저렴한 가격의 약물 개발이 필요하고, 주사용보다는 경구용 약물의 개발이 필요하다.

나의 아버지도 93세로 돌아가시기 전, 치매 증상으로 요양병원 의료진의 도움을 받아야만 했다. 병원에서 뜬금없이 '할렐루야'라고 고함을 쳐서 할렐루야 할아버지로 통하셨다고 한다. 마지막에는 대소변도 가리지 못하고, 정상적인 대화도 힘들었다. 치매로 인해 인지기능에 심각한 문제가 발생하였고, 생리적 기능에 손상과 퇴보가 있었다. 하지만 아버지의 인간적 가치에는 변화가 없다고 본다. 인간으로서 기능불능을 초래하는 치매가 왜 아버지에게 찾아왔는지 하나님의 뜻을 정확하게 알 수는 없다. 치매로 인해 인간 능력의 상실을 목도하지만 하나님의 형상으로 창조된 존엄한 존재이며 여전히 하나님의 사랑을 받는 인격체임에는 변함이 없다. 이러한 고통으로 인해서 우리의 나약함을 더욱 인식하게 되고, 우리는 하나님을 찾을 수밖에 없는 존재임을 깨닫게 한다. 논리적이며 합리적인 사고가 불가능하여 평범한 일상의 대화조차 힘든 상황을 바라보면서 역설적으로 우리가 얼마나 멋지고 아름다운 사람으로 창조되었는지 알게 된다. 서로 사랑하며, 하나님을 알고 예배하며, 마주보고 자신의 뜻을 전하며 교제할 수 있는 존재로 만들어진 것이 얼마나 복되고 소중한지 깨닫게 된다. 하나님께서 치매 환자는 물론이고 곁에서 환자를 돌보며 힘들어하는 우리를 긍휼히 여기시고, 눈동자같이 지켜 주시며 보호하고 계시다는 사실을 알 때 정말 감격하게 된다. 뿐만 아니라 우리에게는 육신의 삶 이후에 영원한 천국이 기다리고 있으므로 소망이 있다. 비록 자신이 누구인지도 알지 못하게 하는 치매의 고통이 우리 곁을 찾아오더라도 우리를 죽기까지 사랑하시는 하나님이 계시기에 우리는 행복한 사람들이다.

짜게 먹으면 치매를 부른다

———— ✵ ————

요즘 입맛이 떨어졌다고 생각될 때 가끔 김치찌개를 찾는다. 한식 위주의 음식점마다 김치찌개를 메뉴로 제공하지만 그중에서도 내 입맛에 딱 맞게 요리하는 식당이 있다. 예전에는 김치국 같은 비교적 싱거운 찌개를 즐겨 먹었지만 이제는 묵은지 김치와 돼지고기를 많이 넣고 충분히 끓여 우려낸 강렬한 맛의 찌개를 선호하는 편이다. 우리나라 사람들은 김치를 즐겨 먹고 간장, 된장, 고추장 등으로 간을 한 음식들을 많이 먹어 비교적 짠맛에 익숙한 편이다. 곰탕집이나 설렁탕 식당에 갔을 때도 하얀 국물에 소금을 듬뿍 쳐서 먹는 분들이 많다. 우리 몸에 필요한 나트륨량은 하루에 200~1,000mg으로서 소금량으로 0.5~2.5g 정도이다. 이는 티스푼으로 반을 넘지 않는 양이다. 그런데 한국인은 하루에 2.32 티스푼의 소금을 섭취하고 있다. 세계보건기구에서 정한 나트륨 최대 섭취량은 2,000mg인데 한국인은 2배 이상의 소금을 먹는 셈이다. 특히 나이가 들면서 더 짜게 먹는 경향이 있다. 이는 노화가 일어나면서 미각기능이 저하되어 맛에 대한 역치가 증가하기 때문이다. 청소년에 비해 노인들은 쓴맛의 역치가 50% 상승하고, 짠맛은 25%, 신맛은 10%, 단맛은 5% 정도 각각 증가한다고 한다. 이는 구강 내 점막이 얇아지고 건조해지기 쉬우며,

침샘 기능이 위축되고, 혀의 미뢰가 감소하기 때문이다. 따라서 점점 강한 맛을 찾게 된다. 노인의 입맛에는 삼삼하고 적당하게 느껴져도 젊은이들의 입맛에는 짜게 느껴지는 것이다.

이처럼 음식을 짜게 먹기 시작하면 건강상 여러 질환의 위험이 높아진다. 소금 섭취가 늘면 우선 심혈관 질환의 위험이 증가한다. 혈중 나트륨 농도가 높으면 삼투압 현상에 의해 수분이 세포로부터 혈관으로 빠져나오면서 혈류량이 증가하고 혈압이 높아진다. 이처럼 고혈압이 유지되면 혈관의 손상이 일어나 심장마비나 뇌졸중이 발생할 수 있다. 또한 고혈압으로 콩팥의 사구체 여과압이 올라가고, 이로 인해 알부민뇨가 생기며 모세혈관이 망가져 신장 기능의 쇠퇴가 올 수 있다. 이뿐만 아니라 염분이 위 점막을 자극하여 위염을 일으키고, 만성적으로 변하면 위암 발생률이 높아진다. 그리고 체내로부터 과다한 나트륨을 배출하고자 할 때, 칼슘도 함께 빠져나가므로 골다공증이 생기기 쉽다. 결국 짠맛을 제대로 인지하지 못하면 혈압 및 혈액량 조절에 문제가 발생하여 다양한 질환을 유발할 수 있는 것이다. 이러한 질환들과 아울러 평소에 짠 음식을 즐겨 먹다 보면 알츠하이머 치매와 인지 장애를 촉진한다는 논문이 발표되었다.

코넬 의과대학 연구팀이 생쥐를 대상으로 실험하였는데, 염분이 풍부한 식단을 제공하면 뇌혈관 세포에서 산화질소 생성이 제대로 일어나지 않게 된다. 따라서 이로 인해 뇌혈류 감소가 발생하여 인지기능 장애를 유발한다는 사실을 2019년 네이처 잡지에 발표하였다. 산화질소는 가스물질로써 뇌조직에서는 신경신호를 일으키고, 심혈관계에서는 혈관의 직경을 늘려 혈류가 원활하게 일어나도록 한다. 연구팀에 의하면, 뇌에서 산화질소의 생성이 모자라면 신경세포에서 단백질 분해효소인 칼페인(calpain)의 나이트로실 변형(nitrosylation)이 감소되어 효소활성이 증가된다고 한다. 그러면 칼페인에 의해 p35 단백질이 p25로 잘리게 되고, p25는 CDK5라는 인산화 효소를 강하게 활성화시킨다. p25와 결합한 CDK5 효소는 기질 중의 하나인 타우 단백질을 인산화시킨다. 타우 단백질은 신경세포의 미세소관을 안정화시키는 세포골격 단백질로서 과다하게 인산화되면 미세소관으로부터 떨어져 나와 자기들끼리 엉킨다. 그러면 신경세포 안에 실타래처럼 엉킨 채 쌓임으로써 세포기능의 장애를 초래한다. 그리고 타우 단백질이 떨어져 나오면 미세소관의 구조가 부실해지므로 신경세포 내 물자수송에 문제가 발생한다. 신경세포는 세포체로부터 신경가지들을 많이 가지고 있다. 즉 수상돌기와 축색돌기가 세포로부터 뻗어져 나와 있다. 축색돌기 말단과 수상돌기들은 다른 신경세포의 말단과 접촉하여 시냅스를 형성하여 세포 간 정보전달에 중요한 기능을 담당한다. 그러므로 신경가지들의 말단까지 미토콘드리아나 분비포 등을 끊임없이 수송해야 한다. 미세소관은 화물열차의 기차길과 같은 역할을 하기 때문에 세포 내 물자수송을 위해 반드시 필요한 구조물이다. 그런데 타우 단백질이 떨어져 나가게 되면 미세소관의 구조가 허물어져 기차길 역할을 제대로 못하는 것이다. 그러면 신경세포 내 물자수송이 제대로 일어나지 못하여 신경신호전달에 장애가 발생한다. 타우 단백질이 인산화 되어 미세소관으로부터 떨어져 나와 엉키기 시작하면 신경세포의 기능이 점차 떨어지고, 세포 안에 축적되면서 세포의 사멸을 촉진한다. 이것이 알츠하이머 치매의 병리적 특징 중의 하나이다. 따라서 과도한 염분 섭취를 지속적으로 하게 되면 치매 발생이 일어날 수 있다. 짜게 먹지 않는 것이 노인들의 퇴행성 뇌질환과 혈관질환을 예방하는데 도움이 된다는 사실을 연구 결과는 말해 주고 있다.

이처럼 짠 음식으로 혀를 강하게 자극해야만 맛있게 먹은 것으로 여기는 상태가 지속되면 여러 질병이 발생할 수 있다. 따라서 혀의 미뢰가 예민하게 작용할 수 있도록 우리의 미각을 민감하게 유지하는 것이 필요하다. 영적 삶에서도 말씀의 가르침에 예민하게 반응하는 것이 필수적이다. 예수님은 우리가 세상의 소금이라 하시며 소금의 기능을 유지하라 하셨다. "소금은 좋은 것이로되 만일 소금이 그 맛을 잃으면 무엇으로 짜게 하리요"(막 9:50). 우리는 죄악으로 부패한 세상에서 소금의 사명을 감당해야 한다. 세상의 썩어질 것들에 대해 책망하고, 세상의 사조에 거슬러 살아가며 거룩한 세상으로 바꾸어야 한다. 세상에는 하나님을 대적하고 하나님의 뜻과 정반대의 길을 제시하는 이론과 사상들로 가득하다. 목적을 위해서는 폭력을 써도 되고 거짓을 말하고 위선적 행동을 해도 얼마든지 용납될 수 있다는 주장이 널려 있다. 나와 내 가족이 특권을 누리고 안전할 수 있다면 어떤 불법도 시도할 수 있고 이를 묵인하고 용인할 수 있다고 생각한다. 내가 개천에서 용이 되기 위해서는 이웃들은 가재와 붕어로 살아도 괜찮다는 의식이 팽배하다. 하나님은 우리에게 정직하게 살라고 하신다. 원수까지 사랑하라고 가르친다. 남을 위한 희생은 가치 있는 일이라 하신다. 불법과 편법보다 공정한 잣대로 판단하라고 하신다. 우리는 세상의 비성서적 가치관에 대해 용감하게 맞서야 한다. 우리가 소금으로서 맛을 제대로 발휘하지 못하면 세상의 부패를 막기 위해 더 많은 소금을 사용해야 한다. 그러다 보면 세상은 소금의 소중함을 느끼지 못하게 될 것이다. 소금으로서 자신이 감당해야 할 맛은 반드시 책임져야 한다. 세상에 그리스도인은 많으나 짠맛을 제대로 발휘하지 못하면 세속의 문화는 교회를 업신여길 것이다. 소금이 스스로 녹아 짠맛을 내듯이 그리스도인에게 필요한 덕목은 희생이요 사랑이며 겸손이다. 그리고 정직이요 공정이다. 짠맛을 제대로 내지 못하는 신앙인들이 많으면 많을수록 세상은 온갖 정신적, 영적 질병으로 신음할 것이다. 내가 처한 위치에서 나의 이웃들이 나의 삶을 통해 분명한 맛을 느낄 수 있는 맛깔스러운 그리스도인이 되길 소원한다.

노화된 근육 다시 젊어질 수 있나?

─────── ✦ ───────

나이가 들면서 두드러지게 느끼는 것이 둔해진 움직임이다. 근력이 약해지고 민첩성도 떨어진다. 요즘 들어 얼굴에 로션을 바르기 위해 화장품 뚜껑을 열 때, 뚜껑을 떨어뜨리는 경우가 잦아졌다. 뚜껑을 돌리는 동안 떼었다가 다시 잡는 손가락 근육들의 조정능력이 약화되었기 때문이다. 이뿐 아니다. 학창시절에는 배구 동아리에서 운동을 했었는데, 시합을 할 때면 스파이크를 때리며 공격을 주로 담당했었다. 스파이크를 때리기 위해서는 상당한 점프 실력이 있어야만 한다. 프로배구 선수들은 대부분 60~80cm 정도 뛴다. 간혹 1미터, 즉 100cm 이상을 뛰는 선수들도 있다. 농구황제로 불리는 마이클 조던은 109cm 높이의 점프를 했다고 한다. 나도 젊을 때는 꽤나 점프 실력이 괜찮았는데, 요즘은 10cm도 될까 말까 한다. 이처럼 근육의 탄력성이 감소했다. 꾸준히 운동하지 못한 탓도 있지만 지금부터 열심히 운동을 다시 한다고 하더라도 젊은 시절의 점프 실력까지는 회복하지 못하리라 여겨진다.

노화와 함께, 근육 기능의 상실은 삶의 질을 떨어뜨리고 질병과 사망률을 증가시킨다. 골격근은 우리 몸 전체 질량의 40%를 차지한다. 평균적으로 50세 이후, 매 십 년마다 근육량의 15~30%를 잃는다.

그런데 근육감소증을 앓게 되면 급격하게 근육의 위축과 근력의 손실을 경험하게 되는데, 아직 적절한 치료약이 없는 실정이다. 그런데 노화가 진행되면서 근기능이 떨어지는 주된 요인 가운데 하나가 프로스타글란딘의 감소에 기인한다는 결과가 나와 주목을 받고 있다. 스탠포드 대학교의 헬렌 블라우(Helen Blau) 교수팀은 프로스타글란딘 분해효소인 15-PGDH를 억제했더니 근기능이 회복된다는 결과를 확인하고, 2020년 '사이언스(Science)' 저널에 발표하였다.

프로스타글란딘은 생체 내 여러 조직에서 국소적으로 합성되어 장기나 체액 속에서 확산되며 주위 세포를 자극하여 몸의 기능을 제어하는 호르몬 물질이다. 프로스타글란딘은 A-H까지의 8족으로 분류되며 생리적 기능도 다양하다. E, F족에는 자궁을 수축시키는 작용을 하는 것도 있고, 분만 유도에 사용되는 것도 있다. 또한 모세혈관 확장작용, 위액분비 억제작용, 기관지 근육의 수축 및 이완작용 등 다양한 생리적 작용을 매개한다.

연구팀은 노화된 골격 근육에서 프로스타글란딘 E2(PGE2)의 신호가 약해져 있음을 확인하였다. 이에 대한 원인으로 15-PGDH, 즉 PGE2 분해 효소의 활성을 측정하였는데, 15-PGDH 양이 노화된 근육에 증가되어 있음을 알았다. 15-PGDH의 양이 증가된 것이 근육에만 국한되는 것이 아니라, 노화된 여러 조직, 예를 들어 심장, 피부, 대장, 비장 등에서도 증가한다는 것을 발견했다. 사람의 경우에도 생쥐와 마찬가지로 노인의 근육조직에 더 많은 15-PGDH, 즉 분해효소가 존재하였다. 따라서 프로스타글란딘의 분해가 촉진됨으로써 근육 조직에 남아 있는 프로스타글란딘의 양이 줄어들어 신호를 제대로 전달하지 못함을 알았다. 그래서 연구팀은 15-PGDH의 발현을 억제하거나 이 효소의 활성을 억제시킬 때, 늙은 생쥐의 근육량과 강도 및 운동 성능을 증가시켰다. 늙은 생쥐에게 한 달 동안 15-PGDH의 활성을 저해하는 약물을 투여한 후 변화를 살펴보았다. 그러자 생쥐들의 근섬유는 커졌고 강해졌다. 근육세포 내 미토콘드리아도 많아지면서 젊은 근육처럼 보였다. 그리고 약물을 처리한 생쥐는 그렇지 않은 생쥐보다 더 오래 뛰는 지구력을 보였다. 이러한 생리적인 회복은 PGE2 신호에 따른 미토콘드리아의 기능이 회복됨으로써 근육 운동에 필요한 에너지 생산이 원활하게 이루어졌다는 것을 의미한다. 그리고 자가식작용도 증가되어 세포 내 존재하는 고장난 소기관들을 분해 처리함으로써 건강한 소기관들로 채워지게 만들었다. 한편 젊은 생쥐에게 15-PGDH의 발현을 증가시키자 늙은 생쥐처럼 근육량이 줄어들고 약해졌다. 어린 생쥐의 손상된 조직을 재생하기 위해서 줄기세포를 자극하는 반응에서도 PGE2에 의한 신호 전달이 중요함을 알았다. 이와 아울러 PGE2가 성숙한 근육에도 작용하여 근육조직의 유지 및 기능에 중요한 역할을 하고 있음을 발견한 것이다. 앞으로 15-PGDH에 대한 선택적이고 안전한 저해제를 개발하면, 노화로 위축된 근력을 회복하는데 도움이 되리라 본다. 이와 아울러 근육 감소증으로 인한 급격한 근육 소실을 치료하는데 도움을 줄 수 있으리라 본다.

　PGE2 자극이 약해지면 근육이 노화되는 것처럼 우리 몸의 장기들과 조직들도 적절한 신호자극이 주어지지 않으면 서서히 자신의 기능을 잃어간다. 따라서 때에 따라 필요한 호르몬 신호가 지속적으로 자극해야 한다. 우리의 신앙도 건강함을 유지하기 위해서는 지속적인 자극이 필요하다. 따라서 영적 민감성을 가져야 한다. 영적 민감성은 우리 안에 계신 성령님과 얼마나 교감하는가에 달려 있다. 성령님의 뜻을 민감하게 깨닫기 위해서는 육신의 사람으로 남아 있으면 안 된다. "육에 속한 사람은 하나님의 성령의 일들을 받지 아니하나니 이는 그것들이 그에게는 어리석게 보임이요, 또 그는 그것들을 알 수도 없나니 그러한 일은 영적으로 분별되기 때문이라"(고전 2:14). 육신의 일에 분주하고, 세상일에 온 마음을 빼앗긴 자는 성령님의 음성을 놓치기 쉽다. 성경에는 신앙의 순수성을 유지하기 위해 힘들고 고된 육신의 삶을 선택한 자들이 있다고 설명하고 있다. 바로 겐 사람 레갑의 자손들이다. 레갑의 아들 요나답은 예후가 이스라엘 왕이 된 후 종교 개혁을 펼칠 때 함께 주도했던 분이다. 그는 아합 왕조에 속한 자들을 진멸하였고 바알을 섬기는 자들을 모두 죽이는 정화운동을 펼쳤다. 이러한 공로를 인정받아 공신으로서 예루살렘에서 편안히 살 수 있었다. 하지만 그는 자손들에게 정치의 중심에서 떠나 이리저리 떠도는 유목생활을 권하였다. 또한 영영히 포도주를 마시지 말고, 집도 짓지 말며, 포도원도 경작하지 말고, 평생 장막에 거하라고 하였다. 그리하면 우거하는 땅에서 너희의 생명이 길리라고 하며, 이를 유언으로 남겼다. 그로부터 레갑 족속은 유대 광야에서 유목생활을 하며 하나님에 대한 사모함과 세상을 사랑하지 않는 거룩한 삶을 살았다. 하나님께서는 예레미야의 입술을 통해 말씀하셨다. "너희가 선조 요나답의 명령을 순종하여 그의 모든 규율을 지키며 그가 너희에게 명령한 것을 행하였도다. 그러므로…… 레갑의 아들 요나답에게서 내 앞에 설 사람이 영원히 끊어지지 아니하리라 하시니라"(렘 35:18-19). 레갑 족속은 영적으로 깨어 있기 위해 육적인 편안함을 포기하였다. 영적 각성을 위한 몸부림이었다. 죄악에 물들지 않고 세속주의로 타락하는 것을 방지하기 위해 스스로의 삶에 제한을 두었던 것이다. 세상적인 풍요에 매몰되다 보면 영적인 안목이 가리워질까 염려하였다. 그리고 신앙적으로 안일해지면 영적 귀가 막혀 성령님의 음성을 듣지 못할까 걱정하였다. 우리의 일상에서도 성령님으로부터 오는 영적 자극을 끊임없이 받아야 한다. 그래야 깨어 있을 수 있다. 성령님의 뜻을 분별하지 못하며 살아가면 영적 근육이 노화되어 힘을 잃어버린다. 오늘도 내 마음에 자리잡은 성령님께서 어떤 말씀을 하시는지 귀를 기울여 듣고, 민감하게 깨닫고, 깨달은 대로 순종함으로 영적 근육을 튼튼하게 만드는 하루가 되길 소원한다.

사회성은 어떻게 나타나나?

コロ나 바이러스 유행으로 우리 사회는 엄청난 변화를 경험하였다. 어디를 가든지 마스크를 착용하였고, 대화를 나누거나 회의를 할 때도 예외가 없었다. 학생들도 선생님 얼굴을 직접 보지 못하고, 인터넷 공간에서 화면으로 바라보며 강의를 들었다. 식당에서는 4명 이상한 자리에 모여 식사하는 것도 제한되고, 교회에서도 좌석수의 30%만 예배 참석이 허용되었다. 실내뿐만 아니라 야외에서도 모두 마스크를 써야 하고, 가는 곳마다 소독제가 비치되어 수시로 손에 발랐다. 이렇게 규제하는 것은 사람 간에 발생할 수 있는 바이러스 감염을 줄이고자 하는 조치라 생각하여 불편하지만 참고 견뎠다. 나 자신도 사회로부터 격리되어 생활한 적이 있다. 연구실 대학원생이 코로나 바이러스에 감염되어 확진 판정을 받음으로써 밀접 접촉자로 분류된 나는 2주간 집에만 있어야 했다. 격리 조치를 당하면서 바이러스 검사를 받았고, 매일 체온 측정과 아울러 자가진단표를 제출해야만 했다. 그리고 격리 해제되기 직전에 또 한 번 바이러스 검사를 받아 음성 판정을 받아야만 했다. 이처럼 개인의 자유에 많은 제약을 경험하였지만 불편을 감수하는 이유는 개인과 아울러 공동체가 당할 수 있는 위험을 최소화하려는 노력으로 인식하기 때문이다. 인간은 사회적

동물이다. 사회에서 매우 많은 관계를 이루어 상호 교류하고 있다. 그런데 위험요인이 발생했을 때, 사회적 교제를 회피하는 것은 공동체의 건강성을 유지하는데 필요하다. 그러므로 개인이 사회로부터 격리됨을 감수하는 일과 사회 구성원과의 교제를 지속하고자 하는 욕구 사이에서 균형을 취하는 것이 중요하다.

우리는 태어나 자라면서 혈연적, 지연적, 학연적 관계를 맺는다. 이와 아울러 여러 사회단체와 경제적 조직에 속하면서 구성원들과 다양한 유대관계를 형성한다. 이러한 인간관계 속에서 소속감을 느끼며 심리적 안정감을 유지하고, 조직으로부터 도움과 보호를 받기도 한다. 그리고 맡겨진 일들을 수행해 나가는 가운데 자신의 능력을 발휘함으로써 조직 구성원들로부터 인정을 받으며, 자존감과 만족감, 그리고 보람을 느낀다. 사회적 행동은 한 개인뿐만 아니라 종족의 생존을 위해서도 필요한 기본 요소이다. 그런데 사람들이 다른 사람과 사회적 관계를 맺을 때 자신의 취향과 가치관, 행동양식에 따라 서로 간의 친밀도에 차이가 생긴다. 만나고 교제하는 동안 굳건한 유대관계로 발전되어 서로 마음을 터놓고 삶을 나누기도 한다. 한편 같은 조직 내 가까운 거리에 있는 사람이라도 왠지 어울리고 싶지 않은 관계가 만들어지기도 한다. 서로의 생각과 행동의 방식에서 동질성을 느끼게 되면 대부분 친밀한 관계로 발전하는 것 같다. 반면에 자신이 해로운 영향을 받을 것같은 대상에 대해서는 가급적 거리를 두려고 하는 경향이 있다. 이러한 사회적 관계설정에 대해 재미있는 연구가 수행되어 논문으로 발표되었다. 생쥐의 짝짓기 행동을 관찰하면서 파트너를 선택하는 행동에 대해 분석한 결과가 나왔다.

MIT의 글로리아 초이(Gloria Choi) 교수 연구팀은 생쥐의 사회성을 측정함에 있어서 비교적 관찰이 쉬운 짝짓기 행동을 관찰하였다. 생쥐가 짝짓기 대상을 선택함에 있어서 파트너의 건강상태가 매우 중요한 기준이 된다는 사실을 확인하였다. 이와 아울러 상대방의 상태가 어떠한지에 따라 짝짓기 행동을 조절하는 뇌신경 회로를 밝힘으로써 2021년 네이처에 논문을 발표하였다. 수컷 생쥐는 건강한 암컷에 비해 건강하지 못한 대상에 대해서 짝짓기 빈도수가 현저히 떨어지는 모습을 보였다. 연구팀은 암컷 생쥐에게 염증을 유발하는 약물을 주입하고 수컷을 우리에 넣어 주었다. 그러자 수컷의 짝짓기 행동은 큰 변화를 보였다. 건강한 대상에 비해 90% 정도 짝짓기 횟수가 줄었고, 짝짓기하는 시간도 현격하게 줄었다. 이 사실은 아픈 동료와의 밀접한 사회적 관계가 이루어질 때, 병원균의 감염이 발생할 수 있다는 내재적 위험을 감지한 행동으로 판단된다. 따라서 아픈 파트너보다 건강한 동료를 선호하는 능력은 잠재적 위험을 최소화하고 생존율을 높이기 위해서 중요하다는 것을 말해 준다. 수컷은 아픈 암컷에게서 발생하는 냄새를 인식하여 뇌로 신호를 보낸다. 이 신호는 뇌의 편도체를 자극하고 이어서 시상하부로 신경신호가 전달되어 짝짓기 행동을 억제한다는 사실을 규명하였다. 이처럼 짝짓기와 공격성 등 선천적인 사회적 행동은 개체가 발생할 때, 각 생체기관들의 발달 과정 중에 형성되는 신경신호 경로에 의해 조정이 되는 것이다. 짝짓기와 싸움과 같은 행위는 동물의 번식과 생존에 필수적이다. 그러므로 암컷 생쥐의 건강상태가 좋지 않을 때 수컷의 짝짓기가 억제되는 현상은 잠재적 위험을 적절하게 판단하는 체계가 있다는 말이다. 즉 동료의 건강상태를 인식하여 연관된 신경회로가 활성화되고, 이를 통해 평가하는 작업을 거쳐 사회적 행동의 조절로 나타난다는 것이다.

생쥐가 대상을 찾아 짝짓기하는 본능적 행동에서도 관계 형성에 대한 판단이 필요하듯이 우리가 사회적 관계를 형성할 때도 신중하게 이루어진다고 생각된다. 이와 함께 우리의 영적 건강도 어떤 관계를 가지는가에 따라 달라질 수 있다. 건강한 영성을 위해서는 건강한 관계를 많이 만들어야 한다. 우리는 가장 먼저 하나님과 건강한 관계를 이루어야 한다. 우리는 하나님의 부르심을 받은 하나님의 자녀이다. 그러므로 하나님께서 나의 아버지 되심을 우리의 삶 속에서 매일 체험해야 한다. 그럴 때 우리에게 닥치는 어떤 어려움도 이겨낼 수 있다. "여호와는 그를 경외하는 자 곧 그의 인자하심을 바라는 자를 살피사 그들의 영혼을 사망에서 건지시며 그들이 굶주릴 때에 그들을 살리시는도다. 우리 영혼이 여호와를 바람이여 그는 우리의 도움과 방패시로다"(시 33:16-18). 하나님에 대한 절대적인 신뢰가 우리로 하여금 강하게 한다. 하나님께서는 사망과 같은 극한 고통에서도 우리를 건져 내시는 분이다. 하나님은 능력과 지혜가 너무나 크고 깊으며, 우리의 도움과 방패가 되시므로 어떤 어려움이라도 해결하신다. 따라서 나를 향해 위로하시고 보호하심을 약속하는 하나님의 말씀을 잘 듣고 깨달아야 한다. 그래야 태산 같은 문제 앞에서 용기를 가질 수 있고 문제해결의 실마리를 발견할 수 있다. 하나님께서 보여주시는 뜻대로 우리의 행동을 수정하고, 담대하게 걸어갈 때 홍해가 갈라져 마른 땅이 드러나는 체험을 할 수 있다. 매일의 삶 속에서 하나님의 함께 하심을 경험함으로써 나를 눈동자같이 지키시는 은혜를 생생하게 누릴 수 있다. 이는 우리를 좌절하게 만드는 악한 사탄의 공격으로부터 무너지지 않고 견고히 서 있을 수 있는 가장 확실한 방법이다. 하나님과의 긴밀한 관계 형성과 아울러 사람들과의 관계도 중요하다. 이웃들과의 올바른 관계는 우리를 영적으로 건강하게 한다. 하나님의 자녀가 된 형제 자매들과 아름다운 교제를 나눔으로써 서로 간에 격려와 힘을 얻어 고난을 이겨낼 수 있다. 이처럼 이웃과의 건강한 관계가 소중하고 중요한데, 이웃을 향한 우리의 자세에 대해 사도 바울은 다음과 같이 권면하고 있다. "아무 일에든지 다툼이나 허영으로 하지 말고 오직 겸손한 마음으로 각각 자기보다 남을 낫게 여기고"(빌 2:3)라며 주님의 뜻을 전했다. 내가 만나는 이들이 나에게 큰 복임을 인식하고, 우월함을 다투기보다는 서로를 높여 주며 서로에게서 배워야 한다고 강조하고 있다. 이웃의 필요를 채워주고, 그들의 있는 모습 그대로 인정하고 용납하는 겸손한 자세가 필요하다. 이러한 관계가 풍성해질 때, 서로가 버팀목이 되어 세찬 강풍에도 쉽게 흔들리지 않을 것이다. 나의 영적 사회성을 차분히 진단해 보면서 영적 건강을 위해 아버지 하나님과의 친밀한 교제와 아울러 이웃과 함께 하는 사랑의 교제로 튼튼한 관계가 이루어지길 소원해 본다.

사회적 공감은 어떻게 느끼나?

────────────⋊────────────

　감정이입(感情移入) 또는 공감(共感)은 다른 사람이 특정 상황에서 경험한 바를 나 자신이 이해하고 느끼는 능력이다. 즉 다른 사람의 입장에서 생각해 보는 능력인 것이다. 이는 다른 사람과 교감하고 협력하여 삶을 이루어 가는 데 큰 힘이 된다. 그래서 각자가 소속된 조직사회에서 다른 사람과 교감을 나누며 공감할 수 있는 능력은 성공의 확률을 높일 수 있다. 다시 말해서 공감이 부족한 사람은 능력이 부족하다는 인상을 준다. 반면에 공감 능력이 뛰어난 사람은 좋은 평가를 받는다.

　대체적으로 감정이입은 사람에게만 경험되는 것으로 인식되지만 설치류를 포함한 많은 동물에게서 공감에 따른 행동을 관찰할 수 있다. 특히 공포를 느끼는 상황이나 통증을 경험하는 상황에서 생쥐들이 서로 공감하는 것을 실험적으로 관찰할 수 있다. 스탠포드 대학교의 로버트 말렌카(Robert C. Malenka) 교수팀은 생쥐의 사회적 감정이입을 위한 실험조건을 최적화하고, 공감적 행동을 담당하는 뇌 회로를 추적하여 2021년 사이언스(Science) 잡지에 발표하였다. 연구팀은 생쥐의 왼쪽 뒷발에 염증을 일으키는 약물을 주입한 후, 그렇지 않은 생쥐와 함께 같은 우리에서 1시간 동안 지내게 했다. 염증 반응으로 발바닥이 붓고 통증이 유발되면 다리를 움츠리고 떨며 발바닥을 핥는 행동을 보인다. 이를 동료 생쥐는 옆에서 관찰하는 것이다. 그런 다음 가벼운 기계적 자극을 주었을 때 관찰자 생쥐는 평소와 달리 매우 과민한 반응을 보였다. 그리고 꼬리에 열자극을 주었을 때도 관찰자 생쥐는 염증이 유도된 생쥐와 비슷한 정도로 민감하게 꼬리를 움츠렸다. 이는 염증으로 인해 통증을 경험하고 있는 동료에 대한 공감 능력이 관찰자 생쥐에게 있다는 것을 보여준다. 연구팀은 이런 공감을 감지하는 뇌 회로를 찾았는데, 감정을 주로 인식하고 조절한다고 알려져 있는 변연계의 전대상피질(Anterior Cingulate Cortex)에서 중격핵(Nucleus Accumbens)으로 가는 신경회로가 주로 담당하였다. 이처럼 동료의 통증 반응에 대한 공감뿐만 아니라 공포스러운 상황을 경험하는 동료에 대해서도 관찰자 생쥐는 공감하는 모습을 보였다. 바닥에 격자 모양의 전기선을 깐 방에 생쥐를 넣은 다음 전기자극을 주면 생쥐는 깜짝 놀라 얼어붙는다. 이런 자극을 여러 번 줌으로써 생쥐가 겁에 질려 꼼짝 못하는 상황을 관찰자 생쥐로 하여금 옆에서 지켜보게 한다. 하루가 지난 후, 관찰자 생쥐로 하여금 전기충격을 주던 방을 보게 하면 전기자극이 없음에도 불구하고 공포반응을 보였다. 즉 동료가 발바닥에 가해지는 전기자극으로 두려워하는 모습을 지켜본 관찰자 생쥐는 자신도 동일한 감정을 가져 그 방에 대한 두려움을 느낀 것이다. 이처럼 공포를 공감하는 뇌 회로는 전대상피질에서 편도체(Amygdala)로 신호를 주는 회로가 담당한다는 사실을 확인하였다. 두 생쥐가 사회적 교감을 통해 통증 반응에 공감할 때는 시각적 또는 청각적 자극이 없어도 일어났다. 이는 통증을 경험하는 생쥐로부터 발생되는 후각적 자극에 의한 정보가 감정이입에 충분하다는 것을 시사한다. 이와는 대조적으로, 공포에 대한 공감은 시각 및 또는 청각 정보를 요구하였다. 이러한 연구를 통해서 동물은 아파하거나 두려워하는 친구에 대해 함께 느끼는 공감 능력이 있음을 보여주었다. 뿐만 아니라 통증을 느낄 때와 두려움을 느낄 때 감정이입을 일으키는 뇌 회로가 각기 다르다는 사실도 보여주었다.

공감은 다른 사람들의 감각과 감정 상태를 경험하는 것을 포함하는 사회적 의사소통의 필수적인 요소이다. 우리는 통증이나 공포를 경험하는 생쥐가 짧은 시간 동안 동료와 함께 지냈음에도 관찰자 생쥐에게 공감을 불러일으키는 결과를 낳게 하였다. 공감은 사회적 의사소통에 필수적인 역할을 하며, 자기 자신보다 다른 사람의 감각적 또는 정서적 상태를 이해하고, 그 상황을 받아들이는 통합된 인지작용이다. 이런 공감적 반응에는 정서적 감정과 함께 구체적 행동을 포함한다. 예수님은 탁월한 공감 능력의 소유자였다. 만물을 창조하고 다스리시던 하나님으로서 이 땅에 인간의 몸으로 오셨지만 우리의 삶의 방식을 그대로 따르셨고, 인간의 모든 처지와 형편을 잘 이해하시며 함께 공감하셨다. 예수님께서는 영혼의 질병도 고쳐 주셨지만 육신의 질병으로 고통받는 자들도 불쌍히 여기시고 치유해 주셨다. 예수님께서 갈릴리 지방의 회당을 다니면서 전도하시고 귀신들도 내어 쫓으셨다. 그때 한센병 환자 1명이 예수님께 찾아와서 꿇어 엎드려 간구하였다. "원하시면 저를 깨끗하게 하실 수 있나이다"라고 할 때 "예수께서 불쌍히 여기사 손을 내밀어 그에게 대시며 이르시되 내가 원하노니 깨끗함을 받으라"(막 1:41)라 하시며 고쳐 주셨다. 한센병으로 몸의 일부분이 썩고 떨어져 나간 모습을 측은히 여기시고, 하늘이 내린 저주의 병으로 인식되던 질병을 깨끗하게 치유하셨다. 모세의 율법에 의하면 한센병 환자들은 부정한 자로 취급 받았고, 가족과 떨어져 일반 사회와 격리되어 살았다. 그리고 이들과 접촉하는 자도 부정한 자로 간주되었다. 그런 상황에서 한센병 환자가 예수님께 나아와 말을 걸었다. 이는 율법적 경계를 넘어서는 일이었다. 간절한 마음으로 무릎 꿇어 애원하던 환자에 대해 긍휼히 여기는 마음을 가지셨다. 예수님은 말로 그에게 치유를 선포할 수 있었다. 그런데도 주님은 환자의 몸에 손을 대었다. 이는 율법이 규정하는 속박을 깨뜨리시는 것이었다. 율법을 어긴다는 비난을 감수하면서도 환자에 대한 자신의 측은한 마음을 보여주셨다. 그는 사회적 통념이나 율법의 제한에 눈치를 보지 않고 순전한 마음으로 아픈 사람과 동일시하는 태도를 보여주었다. 그리고 여리고 성을 지날 때 한 맹인이 소리쳐 불쌍히 여겨 달라고 하니 주님께서는 그의 눈을 뜨게 하셨다. 그리고 한 아이의 아버지가 주님을 찾아왔다. 그의 아들이 간질로 심히 고생하여 자주 불에도 넘어지고 물에도 넘어지므로 고쳐 달라고 부탁하였다. 이를 들은 주님은 측은히 여기사 그의 아이를 깨끗이 낫게 하셨다. 그리고 갈릴리 지방 나인성에 들렀을 때, 한 과부가 외아들의 죽음 앞에서 오열하였다. 죽은 청년은 남편을 잃고 홀로된 어미의 유일한 독자였다. 그 원통함이 얼마나 깊을까! "주께서 과부를 불쌍히 여기사 울지 말라 하시고"(눅 7:13) 지나던 상여에 손을 대고 멈추게 하였다. 그리고는 "청년아 내가 네게 말하노니 일어나라" 하시며 죽었던 젊은이를 다시 살리셨다. 이처럼 예수님께서는 우리의 아픔을 함께 아파하며 슬퍼하셨다. 우리의 절망적 상황을 모른 척하지 않으신다. 함께 공감하며 그 문제를 해결해 주신다. 우리에게 다시 소망을 주시며 일으켜 세우시는 분이다. 나의 삶에서 의미 있고 긍정적인 영향을 미친 사람을 곰곰이 생각해 보면 어떤 방식으로든지 나와 공감을 주고받은 분임을 알 수 있다. 하나님의 독생자로서 이 땅에 오신 예수님이야 말로 지금도 우리의 삶에 오셔서 함께 즐거워하고 함께 아파하시는 분이다. 그러기에 나에게 가장 큰 영향을 미친 분이라 단언할 수 있다. 이러한 주님이 계시기에 나는 행복한 사람이다. 주님께서는 우리에게 부탁하셨다. 주님처럼 공감의 삶을 살아라고 말이다. "즐거워하는 자들과 함께 즐거워하고 우는 자들과 함께 울라"(롬 12:15).

백발은 인생의 면류관인가

———————⋊———————

　나이 들어가며 내 머리에는 서리가 앉아 희끗희끗해졌다. 새치가
생겨 드문드문 하얀 머리카락이 보이다가 이제는 귀밑머리털, 옆머리
의 대부분이 하얗게 변했다. 아내는 염색할 생각이 있냐고 물었지만
나는 그냥 지내기로 하였다. 내 나이에 걸맞은 모습을 보여주는 것이
좋다고 여겼기 때문이다. 한편 아내의 흰머리는 나보다 더 많은 편이
다. 그래서 하얀 백발이 신경 쓰이는 모양이다. 미장원에 가서 머리
를 손질할 때 염색도 함께 한다. 가끔 집에서 염색을 하는 경우도 있
는데, 그때는 내가 아내의 머리털에 염색약을 발라 준다. 세월이 흐
르면서 머리가 허옇게 세는 것은 자연스러운 일이라 여겨진다. 그래
서 결혼식 때도 신랑 신부에게 검은 머리 파뿌리처럼 될 때까지 서로
사랑하고 존중하며 지내라고 권면한다. 이는 누구나 비슷한 노화의
과정을 거치기 때문에 나온 말이라 여겨진다.

　우리는 경험적으로 머리털이 허옇게 세는 과정에 스트레스가 중요
하게 관여하는 것으로 알고 있다. 이와 함께 흡연으로 인해 두피 모낭
이 손상을 입으면 빨리 희게 된다는 주장도 있다. 그리고 과다한 동
물성 단백질 섭취는 체내 요산의 축적을 유도해 새치머리가 발생할
수 있다고도 한다. 또한 비타민 E와 B_{12}를 위시한 비타민들과 미네랄

이 부족할 때도 새치가 나타날 수 있다고 한다. 이뿐만 아니라 유전적 요인도 있다. 멜라닌 합성 경로에 관여하는 인자들의 유전자에 문제가 생기면 흰머리가 될 수 있다. 물론 나이가 들면서 멜라닌 합성세포의 기능이 서서히 떨어져 흰머리가 늘어가는 경우도 많다. 이런 주장들 가운데, 스트레스와 흰 머리털 생성과의 관련성이 실험을 통해 과학적으로 입증되었다. 하버드 대학교의 야치에 쑤(Ya-Chieh Hsu) 교수 연구팀은 검은 털을 가진 생쥐에게 스트레스를 가한 결과, 털이 허옇게 변하는 현상을 확인하고, 그 기작을 2020년 네이처(nature) 잡지에 발표하였다. 이들은 생쥐를 좁은 공간에 가두어 4시간 동안 꼼짝 못하도록 하는 스트레스 자극을 5일 동안 주었다. 이와 아울러 생쥐가 불편하게 여길 여러 자극들을 예기치 못한 때에 주기도 했다. 예를 들어 생쥐가 머무는 우리(cage)를 기울여 놓는다든지, 홀로 격리시킨다든지, 젖은 깔집을 넣어준다든지, 어둠과 빛을 조절하는 조명을 빠른 주기로 변하게 하거나, 밤새도록 빛을 쬐어 주기도 하였다. 이와 아울러 통증을 유도하는 물질을 주사하여 단기간 스트레스를 경험하도록 하였다. 그러자 하얀 털의 생성이 눈에 띄게 늘어났고, 허옇게 된 털은 다시 검은 색으로 변하지 않았다. 단기적으로 주어지는 스트레스는 교감신경을 흥분시킨다. 교감신경의 활성화는 긴장 상황이 발생했을 때 일어난다. 이때 우리는 맞서 싸울 것인지 도망갈 것인지 둘 중 하나를 선택하게 된다. 교감신경의 활성으로 야기되는 생리적 현상으로 심장박동과 호흡 속도가 증가하며, 위장의 활동은 감소한다. 그리고 근육에는 힘이 들어가며, 눈동자는 커지고 경계심이 증폭된다. 교감신경은 온몸과 내부 장기에 뻗어 있으며, 피부조직에서 모낭과 멜라닌 줄기세포 가까운 위치에도 있다. 그래서 교감신경이 활성화되면 모낭 근처의 신경말단에서 노르아드레날린이 분비된다. 노르아드레날린은 세포막 수용체에 작용함으로써 잠잠하던 멜라닌 줄기세포를 깨워 분열하도록 만든다. 그리고 이어서 멜라닌 색소세포로 분화되고, 분화된 세포는 표피층 아래로 이동한 다음 멜라닌을 합성한다. 이렇게 세포의 분화, 이동, 색소 합성의 기능을 마친 후에는 스스로 사멸된다. 그래서 점차 줄기세포의 수가 줄어드는데, 궁극적으로는 줄기세포가 소진됨으로써 멜라닌 합성기능을 잃어버리게 된다. 그러면 털에 멜라닌 색소를 공급하는 기능이 멈춰져 흰색의 털이 많아지는 것이다. 이와 같은 반응은 부신을 떼어낸 생쥐에게서도 동일한 현상이 나타남을 확인하였다. 이는 부신에서 분비되는 스트레스 호르몬인 노르아드레날린과 콜티솔의 작용과는 무관하다는 사실을 말해 준다. 그리고 멜라닌 줄기세포의 증식을 일정 기간 억제하면 스트레스 자극을 가하더라도 허옇게 세는 것을 방지할 수 있었다. 따라서 급성 스트레스로 인해 유도되는 교감신경의 활성화가 멜라닌 줄기세포의 분열을 촉진하고, 이어서 세포분화가 일어남으로 인해 줄기세포의 영구적이며 빠른 손실이 유도됨을 규명하였다.

노인의 흰머리는 인생의 숱한 고비들을 넘긴 원숙함을 말해 준다. 살아오면서 다양한 고난과 역경들을 맞아 극복하는 과정 속에서 치열하게 살아온 훈장이다. 사는 동안 수시로 다가오는 어려움에 부닥칠 때마다 마음 고생을 하며, 크고 작은 스트레스를 받았으리라 짐작한다. 힘든 순간마다 사랑하는 가족들을 생각하며 참고 견디어 낸 인고의 세월을 말해 준다. 성경에도 "젊은 자의 영화는 그의 힘이요 늙은 자의 아름다움은 백발이니라"(잠 20:29)고 했다. 젊은이는 힘을 자랑하지만 노인의 영광은 흰머리라는 것이다. 한 인간으로서 이 땅에 존재하면서 변화되고 성숙되어진 결과의 표시가 백발이라고 표현하고 있다. 내 마음의 원대로 욕심대로 살아가기보다는 하나님을 따라 의와 진리를 따라 살 때, 영적 성숙을 이루어 갈 수 있고 이를 하나님께서는 그 사람의 영광이라고 말씀하셨다.

이 땅에 산 사람 가운데 가장 많은 스트레스를 받은 분이 있다면 예수님일 것이다. 그는 만물을 창조하시고 통치하셨다. 지극히 영광스러운 보좌를 떠나 광활한 우주에서 먼지 티끌에 지나지 않는 지구로 인간의 몸을 입고 찾아오셨다. 이 땅으로 옮기신 그 자체만으로도 어마어마한 스트레스일 것이다. 영국 왕실의 왕위 계승자가 아마존 밀림의 작은 부족으로 가서 사냥이나 하며 살아야 한다면, 얼마나 힘들고 고민이 많겠는가? 예수님은 이 땅에 오셔서도 시련과 고난의 삶을 사셨다. 이스라엘의 조그만 시골마을 나사렛에서 자랐고, 목수 일을 배우면서 성장하였다. 세상의 관심과 시선을 끌지 못하고 초라한 시골 청년으로 살았다. 그는 마지막 3년을 어부나 세리 등을 제자로 삼고 동고동락했으며, 몰려드는 무리에게 하늘의 진리를 가르쳤다. 하지만 그의 가르침은 당시 율법학자들에게는 이단이었고, 터무니없는 주장으로 여겨졌다. 하나님의 신성을 모독하는 것으로 오해 받았다. 심혈을 기울여 훈련시킨 제자들도 십자가 구원의 은혜를 베푸시는 주님의 의도를 정확히 이해하지 못하였다. 3년간 함께 했던 제자 중 한 사람은 그를 배신하기도 했다. 주님을 따라다니던 많은 무리들은 환호하기도 했지만 마지막에는 침을 뱉고, 돌로 치기까지 하였다. 그의 곁에는 아무도 없어 인간적으로 너무 외로웠을 것이다. 그래서 그는 밤이 맞도록 하나님께 피와 땀을 흘리며 기도하였다. 쉴 틈 없이 몰려드는 병자들을 고쳐 주시고, 무리들에게 천국복음을 가르쳤지만 결국 그에게 돌아온 것은 십자가에 못박으라는 외침이었다. 만인의 죄와 허물을 뒤집어쓰고 사형을 당하는데도 그를 이해하고 진심으로 감사한 이가 드물었다. 예수님은 인간으로서 당할 수 있는 가장 고통스러운 극형을 당하셨다. 그에게 가해진 육신적인 고통은 참을 수 없이 힘든 것이었다. 이와 아울러 그를 향한 비난과 조소, 멸시의 눈길은 더더욱 견디기 힘들었을 것이다. 십자가에 달리실 때, 아끼고 사랑하던 제자들은 뿔뿔이 흩어졌다. 얼마나 참담했겠는가! 예수님은 공적인 활동을 하시면서 집 한 칸 없이 이리저리 다녀야만 했다. 만물의 주인으로서 온갖 영화를 누려야 할 분이지만 그는 가난하고도 극히 소박하며 단순한 삶을 살아야만 했다. 예수님께서 당하신 스트레스야말로 극한의 것이었다. 그래서 사도 요한은 계시록에서 예수님에 대해 "촛대 사이에 인자 같은 이가 발에 끌리는 옷을 입고, 가슴에 금띠를 띠고, 그의 머리와 털의 희기가 흰 양털 같고, 눈 같으며, 그의 눈은 불꽃 같고"(계 1:13-14)라고 묘사하고 있다. 부활하신 주님의 머리와 수염은 하얗게 변해 있었다. 극심한 고난과 스트레스를 경험하셨기 때문일지도 모른다. 물론 이는 예수님의 영광스럽고 위엄 있는 모습을 표현한 것이기도 하다. 또한 자신을 비워 종의 형체로 이 땅에 오셔서 자기를 낮추시고, 죽기까지 복종하신 주님의 모습을 묘사한 것으로 볼 수도 있다. 말할 수 없는 스트레스를 묵묵히 견디며, 지긋지긋한 고통과 고난을 이겨 내신 주님의 모습이라 여겨진다. 나를 향한 예수님의 사랑을 깊이 묵상하며, 그 분이 걸어 가신 십자가의 길, 좁은 길, 영생의 길을 나도 따라가길 원한다.

제 4장

모유가 주는 혜택

건강한 아이는 모유를 원한다

～⃝～

　요즈음 아이들이 부모 말을 듣지 않고, 고집을 피우며 땡깡 부릴 때면 하는 말이 있다. '이 아이가 엄마젖을 먹지 않고 소젖을 먹고 자라서 엄마 말을 듣지 않는구나'라고 얘기한다. 오늘날 마트에 가면 신생아 분유를 비롯하여 다양한 종류의 분유들이 진열되어 있고, 필요한 영양성분을 추가적으로 첨가하여 아이 건강에 정말 좋은 상품이라는 광고를 하고 있다. 제품에 대한 믿음이 있을 뿐만 아니라 쉽게 구입할 수 있으므로 대부분의 산모들은 산후조리가 끝나면 모유 대신 분유를 먹인다. 잘 사는 나라일수록 모유보다 분유를 아기에게 먹이는 비율이 높다고 한다. 우리나라의 경우도 출산 후 4개월이 지나면 37.5%만 모유를 수유한다고 한다. 이는 여성들이 결혼 후에도 직장을 가지고 일을 하는 경우가 많으므로 오랫동안 아기에게 수유할 형편이 되지 않기 때문이다. 모유 대신 분유를 사용하면 편리한 점이 많지만 엄마와 아이 모두에게 손해보는 부분도 있다. 아이를 안고 모유를 먹일 때 엄마와 아이는 감정적으로 강한 유대감을 형성하며, 아이로 하여금 안정감을 갖게 한다. 그래서 정서적인 발달을 돕고, 심리적으로 안정하게 만들어 발육이 정상적으로 이루어지게 한다. 그리고 엄마는 아이에 대한 접촉을 통해 끈끈하고 강한 결속력을 보인다. 세상에서 가장 친밀하고 가장 강력한 애착관계를 형성하는 것이다. 이처럼 모유 수유는 아이의 정신 발달과 엄마의 내리사랑 형성에 큰 도움이 된다. 이와 아울러 엄마젖에는 아기의 신체적 발육에 필요한 영양분이 골고루 들어 있다.

분유에 비해서 모유는 어떤 특징과 장점을 가지고 있을까? 모유에는 면역글로불린 항체와 락토페린, 라이소자임 등이 풍부하다. 따라서 아이의 몸 속에서 세균의 번식을 막아주므로 폐렴이나 호흡기 질환, 중이염 등에 저항력을 가지게 되며, 질병에 걸리더라도 빨리 회복하게 된다. 신생아의 면역체계는 아직도 충분히 발달하지 않았기 때문에 엄마가 공급해 주는 면역물질이 병균과 싸우는 무기가 되는 셈이다. 또한 모유는 사람에게 최적화되어 있는 최고의 음식이라 할 수 있다. 단백질, 지방, 탄수화물과 더불어 비타민, 미네랄 등도 아기에게 꼭 필요한 최상의 상태로 함유되어 있어 생체 흡수율이 높다. 그러므로 적은 양으로도 최고의 영양을 제공하는 고효율의 음식이다. 아이가 태어나 자라는 동안 엄마의 젖성분은 적절히 변한다. 그래서 그 시점의 아이에게 적당한 맞춤형 영양공급이 되도록 한다. 특히 모유 속에는 아라키돈산과 같은 필수 지방산과 도코사헥사에노산(DHA)과 같은 다중 불포화 오메가 3 지방산이 풍부하다. 이들 지방산은 뇌와 눈의 망막을 구성하는 지방으로서 이들 기관의 발달에 중요하게 기여한다. 뇌에는 오메가 3 지방 총량의 97%를 DHA가 차지하며, 망막에는 오메가 3 지방 중 93%를 이루고 있다. 사람의 뇌에는 신경세포가 1,000억 개 정도 있고, 신경세포들 사이에 이루어지는 정보전달을 기능적으로 그리고 구조적으로 돕는 신경아교세포가 이보다 10배~100배 더 많이 존재한다. 사람의 뇌는 임신 기간 동안 70% 정도 형성되고, 태어난 후 1년 동안 15% 자라며 2살부터 사춘기에 이르기까지 나머지 15%가 형성된다. 따라서 아이가 태어나 먹는 모유는 두뇌 발달에 매우 중요하다. 그러므로 모유를 먹고 자란 아이가 분유를 먹은 아이보다 지적 능력이 클 가능성이 많다. 반면에 분유에는 베타락토글로불린이 들어 있어 아이의 몸에 알레르기 반응을 일으킬 수 있다. 그래서 아토피 피부질환이나 천식과 같은 면역질환에 더 쉽게 걸릴 수 있다. 한편 모유에는 철분이 함유되어 있으며 흡수가 잘 되므로 빈혈을 방지할 수 있는 장점이 있다. 그리고 모유의 지방 함량은 아기의 성장에 따라 달라진다. 따라서 비만아가 될 확률이 줄어들기 때문에 당뇨병의 발생 위험도 감소한다. 이처럼 모유가 가진 필수 성분들은 아이의 건강에 큰 도움을 준다. 이와 아울러 아이가 엄마 품에 안겨 젖을 빠는 행동은 산모와 아이 모두에게 긍정적인 영향을 미친다. 아이는 고무로 된 인공 젖꼭지에 비해 상대적으로 작은 엄마젖꼭지를 빨면서 입과 혀, 턱의 근육을 많이 사용한다. 이들 근육이 발달하면 말을 배울 때 발음을 정확하게 할 수 있으며, 곧고 건강한 치아를 형성할 수 있다. 그리고 젖을 물고 빠는 자극을 느낀 엄마의 몸에서는 옥시토신 호르몬 생산이 증가하여 늘어난 자궁을 원래의 크기로 수축하게 만든다. 또한 젖을 먹이는 동안에는 엄마의 난소에서 배란이 억제된다. 그러므로 자연피임 확률이 98%로 높아지며, 다음 아이를 언제 가질지 계획하는데 편리하다. 그리고 모유를 만들기 위해서는 많은 에너지를 필요로 한다. 이렇게 생산된 모유를 소비함으로 인해 임신 기간에 증가된 체중이 빠지게 된다. 그러므로 산후 비만이 억제되고, 뼈의 미네랄 증가로 인해 엄마의 골다공증이 예방될 수 있다. 뿐만 아니라 모유 수유를 하면 난소암이나 유방암의 발생률이 낮아진다고 알려져 있다. 이처럼 엄마는 자신이 생산한 완벽한 음식인 모유를 아이에게 제공함과 동시에 자신의 건강에도 유익함을 얻고, 아이를 향한 한없는 사랑을 함께 나눠주는 것이다.

　세상에서 가장 아름답고 평화로운 모습이 아이가 엄마 품에서 젖을 빨며 잠이 드는 순간일 것이다. 세상은 전쟁의 소용돌이 속에서 참혹한 상황에 직면해 있더라도 엄마 품에 안긴 아이는 평화를 맛볼 수 있다. 마찬가지로 하나님의 품에 있는 사람에게는 세상의 거센 풍파도 위협으로 다가오지 못한다. "실로 내가 내 영혼으로 고요하고 평온하게 하기를 젖 뗀 아이가 그의 어머니 품에 있음 같게 하였나니 내 영혼이 젖 뗀 아이와 같도다"(시131:2). 다윗은 성전으로 올라가면서 부르는 시를 통해 하나님의 품에 있을 때, 아이가 엄마 품에 있음 같이 고요하고 평온하다고 노래하였다. 우리가 하나님 앞에 나아갈 때 아이가 엄마 품을 찾듯이 순전한 마음으로 하나님을 온전히 찾고 의뢰해야 함을 말한다. 나 스스로 쌓아 올린 것들과 세상의 대단한 것들을 의지하지 않고 겸손한 마음으로 하나님을 찾는 자가 되어야 한다. 세상에서는 우리의 욕망을 채우려고 아무리 애를 쓰더라도 만족하지 못하고 불안하기만 하다. 우리가 온전한 평화를 누릴 수 있는 곳은 하나님의 품이 유일하다. "나는 여호와를 향하여 말하기를 그는 나의 피난처요 나의 요새요 내가 의뢰하는 하나님이라 하리니"(시 91:2). 하나님의 품은 나의 피난처, 즉 안전지대라고 시인은 고백하고 있다. 그리고 나를 지켜줄 든든한 요새라고 말하고 있다. 천지를 지으시고 지금도 통치하고 계시는 만군의 하나님께서 나를 지켜 주시기에 낮의 해가 우리를 상치 못하고 밤의 달도 우리를 해치 못한다. 이 땅을 살아가면서 경험하는 힘들고 어려운 고난과 근심을 하나님께 맡길 수 있는 우리가 복된 자다. 환난 중에 뱉는 우리의 신음을 들으시고 의로운 오른손으로 우리를 붙잡아 일으키시는 하나님이 계시므로 우리는 복된 자다. 반복되는 실수에도 바로 벌하지 않으시고 길이 참고 기다리시며 하나님 품으로 돌아오기를 기다리시기에 우리는 복된 자다. 나의 삶의 한순간도 놓치지 않고 눈동자같이 나를 지키시며 늘 나와 동행하시는 아버지 하나님으로 인해 우리는 정말 행복한 자라 말할 수있다.

모유가 아이를 똑똑하게 만드는 이유

엄마가 임신하면 앞으로 태어날 아이를 기대하며 음식도 조심하고, 건강을 해치지 않도록 애를 쓰며, 스트레스에도 노출되지 않으려 노력한다. 산모가 정신적 안정과 육체적 건강을 유지하려는 이유는 정상적이고 튼튼한 아이를 낳기 위해서다. 이렇듯 엄마는 뱃속에서 자라고 있는 태아를 위해 많은 노력을 기울이지만 아이가 태어난 이후에도 세밀한 관심과 배려가 중요하다. 세상에 나온 아이에게 엄마가 일차적으로 줄 수 있는 최상의 선물은 엄마의 젖이다. 현대사회 여성들은 직장을 가지고 일을 하는 경우가 많아 오랜 기간 젖을 먹이기 힘든 상황이다. 이와 아울러 모유 수유에 대한 잘못된 인식을 갖고 있거나 분유로도 충분히 영양을 공급할 수 있다는 생각에 엄마젖을 먹이는 비율이 낮은 편이다. 우리나라에서 1960년대는 90% 이상 모유 수유를 했으나 1970년대에는 46.0~68.9%로 급격히 감소하였다. 이러한 감소 추세는 계속 진행되어 1980년대에는 36.0~49.6%로 감소되고, 1990년대에는 21.4~34.4%로 현저히 낮아졌다. 최근에는 더욱 낮아져 15% 미만에 불과하다. 엄마가 아기를 품에 앉고 모유를 먹이는 모습처럼 아름다운 것은 드물다. 아이에게 젖을 물리면 정서적으로도 안정될 뿐만 아니라 모유의 좋은 성분들이 아기의 정상적인 발육에 기여한다. 특히 뇌의 발달과 성숙에 모유가 매우 유익하다고 보고되었다.

영국의 에든버러 의대 연구팀은 33주 미만의 미숙아 47명을 대상으로 모유 섭취와 뇌 부위 간 연결 정도를 관찰하였다. 아이들은 체중이 2.5kg 미만으로 저체중을 가지고 있었고, 신경발달이 지연되어 있었다. 분만 후 3~4일간 분비되는 '초유'는 10~40mL이지만 모유의 양은 개개인마다 차이가 있다. 실험에서 첫날 아기 체중 1kg당 75mL의 비율로 모유를 먹였고, 이후 아이의 체중, 영양상태 등을 감안하여 각기 다른 비율로 증가시켰다. 이렇게 엄마젖을 먹인 후 자기공명영상(MRI)을 통해 전두엽과 측두엽 등 뇌의 96개 부위에서 전기 자극의 유무를 측정하였다. 뇌발달이 미흡한 미숙아에게 엄마젖을 먹였더니 뇌신경 구성물질의 양이 증가되고, 뇌 부위 사이의 연결도가 4.5배나 높아졌다. 연구팀은 분석한 결과를 2019년 뉴로이미지(NeuroImage) 저널에 발표하였다. 이 실험에서 연구팀이 추가적으로 확인한 것이 있었는데, 모유를 많이 먹을수록 신진대사가 활발해져 뇌 속에서 염증 발생확률이 줄어든다는 사실이다. 모유는 뇌건강을 향상시키고, 뇌 부위끼리 촘촘하게 연결되게 함으로써 신경정보의 전달이 원활하도록 만든다는 것이 입증되었다. 이는 모유 섭취에 의해서 아이의 학습능력과 사고력이 높아진다는 것을 의미한다. 즉 지능 향상에 도움이 된다는 연구 결과이다. 그러면 모유의 어떤 성분이 뇌발육에 결정적인 영향을 주는 것일까?

이에 대한 해답이 또 다른 연구팀에 의해 얻어졌다. 2023년 미국 예일대를 중심으로 몇몇 연구기관이 공동으로 실험한 결과, 모유 속에 들어 있는 마이오이노시톨(myo-inositol)이 중요한 역할을 한다는 사실을 확인하고, 미국 국립학술회보에 논문을 발표하였다. 뇌 부위 간에 연결되는 신경망은 유전적 요인과 아울러 개체가 살아가는 동안 겪게 되는 다양한 경험, 그리고 환경 조건 등 세 가지 요인의 상호 작용에 의해 유도된다. 이러한 요인들은 어릴 때 뇌발달이 왕성할 기간에 시냅스 연결을 빠르게 형성시키는데 기여하고, 나이 들어 노화가 진행되는 동안에는 형성된 시냅스가 점차 소실되는데 영향을 미친다. 따라서 음식물의 섭취는 환경적 요인 중 하나로서 신경망 연결의 형성 및 유지에 큰 영향을 미친다. 모유에는 뇌발달을 지원할 수 있는 영양소와 생체 활성 물질들이 풍부하다. 따라서 모유 수유는 출산 후 아기의 초기 뇌기능 발달에 중요하다. 연구팀은 유아의 뇌에서 신경세포 간 연결이 빠르게 형성되는 시기, 즉 초기 수유 기간 동안 모유에 마이오이노시톨이 풍부함을 확인하였다. 뇌조직에서 이노시톨을 많이 필요로 하는데, 실제로 시상하부에서 이노시톨의 함량을 측정해 보니 유아기 때 6.3 ± 1.0 mmol/kg이었다가 성인이 되면서 3.5mmol/kg으로 감소하였다. 아기의 뇌발달이 가장 왕성하게 일어날 즈음에 마이오이노시톨이 모유에 가장 많이 함유되어 있다는 사실은 놀랍다. 이는 우연이 아니라 하나님의 세밀한 설계하심으로 여겨진다. 마이오이노시톨은 쥐의 뇌에서 분리한 신경세포뿐만 아니라 인간의 신경세포에 처리하였을 때도 시냅스 생성을 촉진하였다. 신경세포 간의 연결은 시냅스로 이루어지는데, 시냅스는 전(前)말단에서 후(後)말단으로 신경정보를 전달한다. 마이오이노시톨을 섭취했을 때, 생쥐의 대뇌피질에서 흥분성 시냅스의 후말단(postsynaptic terminal)이 확장되어 전말단(presynaptic terminal)으로부터 분비되는 신경전달물질에 대한 반응을 향상시켰다. 이처럼 모유에 함유되어 있는 마이오이노시톨이 뇌조직에서 생체 활성인자로 작용함을 확인하였고, 흥분성 시냅스의 밀도를 증가시키며 신경망 형성에 중요한 역할을 하고 있음을 발견하였다. 이러한 결과는 마이오이노시톨이 모유 수유에 의한 뇌발달 및 인지기능 향상에 매우 중요함을 확인시켜 주었다.

아이를 임신하여 건강한 자녀를 출산하는 일은 참으로 행복하고 감사한 일이다. 이와 함께, 태어난 아이를 밝고 건강하게 키우는 일도 매우 힘들지만 대단히 보람찬 일이다. 마찬가지로 이웃을 가슴에 품고 기도하며 복음을 전함으로 새생명을 얻도록 인도하는 일은 정말 귀한 일이다. 왜냐하면 천하보다 귀한 것이 생명이기 때문이다. 이렇게 주 안에서 거듭나 새롭게 태어나는 것도 중요하지만 태어난 후 건강한 신앙인으로 자라가는 일도 반드시 이루어져야 한다. 이처럼 믿음 안에서 장성하여 흔들리지 않은 신앙인으로 우뚝 설 때까지는 많은 노력과 인내가 필요하다. 영적 생명을 얻어 새롭게 태어났다고 해서 저절로 자라는 것이 아니다. 성숙한 신앙의 사람으로 커 가기 위해서는 영의 양식을 꾸준히 먹어야 한다. 세상의 그 어떤 것으로도 영적 생명을 성장시키고, 영적 건강을 유지하게 만들 수 없다. 오직 하나님의 말씀으로만 가능하다. "사람이 떡으로만 살 것이 아니요 하나님의 입으로 나오는 모든 말씀으로 살 것이라 하였느니라 하시니"(마 4:4). 믿음의 사람은 하나님의 입으로 나오는 말씀으로 살아야 한다. 그러면 어떻게 사는 것이 말씀으로 사는 것일까? 모유의 마이오이노시톨이 뇌의 신경망 형성에 결정적으로 작용하듯이 우리의 영적 삶을 튼튼하게 하고 성장시키는 필수적인 영의 양식은 무엇일까? "진실로 진실로 너희에게 이르노니 믿는 자는 영생을 가졌나니 내가 곧 생명의 떡이니라…. 살아계신 아버지께서 나를 보내시매 내가 아버지로 말미암아 사는 것 같이 나를 먹는 그 사람도 나로 말미암아 살리라"(요 6: 47-58). 영의 양식은 생명의 떡이고, 생명의 떡은 예수님 자신이라 말한다. 그래서 예수님을 먹는 사람이 예수님으로 말미암아 살게 된다고 가르친다. 그렇다면 예수님을 먹어야 한다는 말은 어떤 의미일까? 예수님이 누구신지 알고 인정하라는 것인가? 혹은 예수님의 행하신 일들을 알아가며 이해하라는 것인가? 혹은 예수님의 성품을 배우고 닮아가야 한다는 말일까? 이 모든 것이 다 필요하다. 예수님을 먹는 일, 즉 예수님의 살을 먹고, 예수님의 피를 마시는 것은 예수님과 한 몸을 이루라는 말로 이해된다. 말씀이 육신이 되어 성육신하신 예수님처럼 우리도 하나님의 말씀이 내 삶에서 이루어지는 성육신의 삶을 이루어야 한다. 그러기 위해서는 예수님의 이름이 갖는 능력과 행하신 일의 위대하심을 아는 것에서 그치지 않고, 예수님과 매일 만나며 예수님과 친밀한 교제를 나누고, 예수님의 마음을 갖고 살아가는 것이라 이해된다. 죽기까지 우리를 사랑하신 것처럼 우리도 예수님을 지극히 사랑하고, 이어서 예수님이 사랑하신 내 이웃을 뜨겁게 사랑해야 한다. 하나님의 입으로 나오는 말씀을 통해 예수님에 대해 점차 알아가고, 그 분을 사모하며, 예수님을 더욱 사랑하고, 예수님처럼 생각하며 살아가는 일이 영적 성장의 핵심이다. 예수님을 알면 알수록 그 분의 위대하신 성품과 가르침을 이해하게 되고, 예수님과 보다 더 인격적인 사귐이 있게 되며, 주님처럼 살아갈 수 있을 것이다. 어제보다 오늘 예수님을 더 사랑하고, 이 사랑이 나의 삶에서 매일 자라 가길 소원해 본다.

비만을 막으려면 모유를 먹이라

내가 아는 원로목사님은 손주를 향해 쏠리는 자신의 마음에 대해 말씀하시면서 '할아버지가 되어보지 않고는 인생에 대해 논하지 말라'고 웃으시며 얘기하신 적이 있다. 나도 어느덧 예쁜 손녀를 둔 할아버지가 되었다. 아들이 결혼하여 가정을 이루게 되었고 하나님께서는 손주딸을 허락하셨다. 손녀가 태어날 때, 아들은 미국에서 공부 중이었고, 며느리는 직장을 다니고 있었기에 아이 키우는 일을 얼마간 돕게 되었다. 마침 연구년을 가질 기회가 있어서 아들집으로부터 멀지 않은 곳의 학교에서 몇 달간 보내게 되어 손녀를 돌볼 수 있었다. 며느리는 출산휴가를 마치고 일터로 출근하고, 아들도 학교로 가게 되면 아내와 내가 손녀를 돌보아야 했다. 아이가 울면 얼른 안아 주고 흔들어주며 배가 고파 우는지 '응가'를 해서 우는지 살폈다. 젖병에 그려진 눈금에 맞추어 정확하게 물을 붓고 정해진 양의 분유를 섞어 먹였다. 안겨 있는 아이가 젖을 먹는 동안 스르르 잠을 자면 조심스럽게 요람에 뉘어 잠을 재우기도 하였다. 또한 배설물로 젖은 기저귀를 수시로 갈아주며 물티슈로 닦아 주기도 하고, 목욕을 시키며 깨끗이 씻기기도 하였다. 아이가 누워 있다가 몸을 뒤집으려는 시도를 할 때면 기뻐서 열심히 응원하였다. 온 힘을 다해 용쓰며 뒤집기를 시도하다가 마침내 성공했을 때 그 순간을 생각하면 아직도 가슴이 벅차다. 내 눈에는 세상에서 제일 예쁜 손녀딸인데 건강하게 무럭무럭 자라길 바라는 마음이다. 그런데 한 가지 걱정스러운 사실이 있다. 손녀는 엄마가 직장에서 일을 하는 관계로 모유보다 분유를 일찍부터 먹어 온 일이다. 모유 수유 기간이 짧으면 나중에 비만해질 확률이 높아진다는 사실이 2022년 네이처 메타볼리즘(nature metabolism) 저널에 발표된 것이다.

　지난 수십 년 동안 비만은 전세계적으로 유행병처럼 증가하고 있는데, 환경적, 유전적, 후성적 요인에 의해 영향을 받으며, 하나의 병리현상으로 간주되고 있다. 신생아 시절 겪은 사건이 어른이 되어서도 신경 발달과 행동 반응에 심각한 영향을 미친다고 알려져 있다. 마찬가지로 성인의 비만 유병률도 빠르게 증가하는데, 이것도 생애 초기에 겪게 되는 여러 요인들로 인해 비롯될 수 있다. 이러한 요인들 중에는 산모의 식습관과 신생아의 수유 상황 등도 포함된다. 엄마가 출산 후 생산하는 모유는 좋은 영양성분을 많이 가지고 있으며, 그 효과에 대해서는 광범위하게 연구되어 왔다. 하지만 모유 수유가 유년기 시절뿐만 아니라 성인 시절의 에너지 균형 시스템에 영향을 주는 사실에 대해서는 별로 알려지지 않았다. 모유 수유 중 엄마가 고지방식을 먹으면 모유의 구성성분에 변화가 일어나고, 이를 먹고 자란 아이는 성년기에 비만과 함께 포도당 항상성 장애를 경험할 수 있다. 이러한 대사 장애는 백색지방조직의 기능손상과 갈색지방조직에서의 열 발생 활성 억제, 그리고 뇌의 시상하부 기능의 손상과 관련이 있다. 이러한 현상이 모유 수유 기간에 따라 어떻게 변하는지 살펴보고자 연구팀은 한 배에서 태어난 쥐를 대상으로 3주 동안 혹은 4주 동안 어미젖을 빨도록 하였다. 모유 수유 기간의 차이에 따른 에너지 항상성의 재프로그래밍이 일시적으로 유지되는지 혹은 성체가 될 때까지 지속되는지 여부를 조사하였고, 이러한 대사 변화를 매개하는 분자 인자를 규명하고자 하였다. 실험 결과를 살펴보면, 오랫동안 어미젖을 빨았던 그룹은 고지방식을 먹더라도 비교 그룹에 비해 느린 체중 증가를 보였다. 이는 백색지방조직의 갈색화가 증가되었고, 갈색지방 조직에서는 열발생이 활성화되었기 때문이다. 이처럼 태어나면서 오랜 기간 어미젖을 먹으면 성인이 되었을 때도 식생활에 따른 비만이 쉽게 일어나지 않음을 보여주었다. 이때 관여하는 인자가 섬유아세포 성장인자 21(Fibroblast Growth Factor 21; FGF21)로 밝혀졌다. 뇌척수액이 들어 있는 뇌실에 FGF21을 주입하면 갈색지방 조직으로부터의 열생성이 증가하였다. 반면에 FGF21 유전자의 발현을 억제하면 장기간 어미젖을 먹게 하더라도 그 효과가 줄어드는 것을 확인하였다. 이렇게 간에서 생성된 FGF21은 뇌의 시상하부에서 도파민 수용체 2(D2R)를 발현하는 GABA 신호 뉴런을 활성화시킨다. 따라서 모유 수유를 오래 하는 경우, 간에서 시상하부로 정보전달이 일어날 때, FGF21의 작용으로 인해 시상하부에서는 대사기능을 조절하는 신경신호의 발생을 유도하였다. 그래서 장기적인 생리 변화에 영향을 줌으로써 비만을 억제하였다. 이는 출산 후 모체와 유아 사이의 상호작용이 말초 조직과 뇌조직 간의 신호전달회로를 재프로그래밍 할 수 있다는 것을 말해 준다. 그러므로 태어나면서 모유를 오래 먹으면 성인이 되더라도 뚱뚱해지지 않게끔 생리상태가 변하며 비만에 대한 저항력을 가지게 한다는 사실을 알 수 있다. 따라서 당뇨병이나 고지혈증과 같은 대사성 질환으로부터 보호받을 수 있음을 확인한 것이다.

엄마의 젖은 아이에게 줄 수 있는 최고의 식품이요 사랑이다. 장기간 모유 수유를 할 경우, 얻을 수 있는 혜택은 참으로 많은 것 같다.

아이를 출산하고 품에 안아 엄마젖을 먹일 때, 아이의 몸에서 변화가 일어나며 어른이 되더라도 대사성 질환을 줄일 수 있는 바람직한 생리기능을 보여줄 수 있다. 성경에도 어미와 아이의 깊은 교감을 보여주는 사실이 기록되어 있다. 이스라엘이 사사시대를 경험할 때, 아이를 낳지 못해 고통 당하던 한 여인이 있었다. 이 여인의 이름은 한나였다. 한나는 예루살렘으로부터 북서쪽으로 8km 떨어진 에브라임 산지에 살던 레위인 엘가나의 아내였다. 엘가나에게는 두 명의 아내가 있었는데, 첫째 한나와 둘째 브닌나가 있었다. 둘째 아내 브닌나로부터는 자식을 얻었지만 사랑하는 아내 한나로부터는 자식을 얻지 못하여 애를 태우고 있었다. 그런데 한나를 몹시 총애하였던 엘가나의 사랑을 질투하였던 브닌나는 한나의 불임을 거론하며 마음에 상처를 주고 번민케 하였다. 한나는 시간만 되면 실로에 있었던 회당으로 가서 하나님께 부르짖었다. 만일 '나에게 아들을 주시면 평생 하나님의 종으로 살아가도록 하겠다'고 서원하며 간절히 기도하였다. 한나의 기도를 들으신 하나님께서는 마침내 태의 문을 여시고 한나에게 아들 사무엘을 허락하셨다. 자신이 하나님께 서원한 것처럼 한나는 사무엘을 품에 안아 키우면서 젖을 떼기까지 기다렸다가 여호와의 집이 있던 실로로 보내고자 하였다. 한나는 그토록 고대하였던 아들을 품에 안고 키우면서 아이의 성장 과정을 곁에서 끝까지 지켜보고 싶었을 것이다. 하지만 하나님과의 약속 때문에 아이를 떠나보내야만 했다. "그 사람 엘가나와 그의 온 집이 여호와께 매년제와 서원제를 드리러 올라갈 때에 오직 한나는 올라가지 아니하고 그의 남편에게 이르되 아이를 젖 떼거든 내가 그를 데리고 가서 여호와 앞에 뵙게 하고 거기에 영원히 있게 하리이다 하니"(삼상 1:21-22)라고 표현되어 있다. 한나는 사무엘에게 언제까지 젖을 먹였을까? 어렵게 얻은 아들이기에 가능하면 오랫동안 품에 안고 키우고 싶었을 것이다. 그러므로 억지로 젖을 떼게 하지는 않았으리라 여겨진다. 자연스럽게 젖을 떼기까지 지켜보며 기다리지 않았을까 짐작된다. 당시에는 아이가 태어나 건강하게 자라는 것이 쉽지 않았다. 전쟁도 잦았고, 식량도 풍족한 형편이 아니고, 아이의 건강 문제도 원인으로 작용하여 유아 사망률이 높았던 시대였다. 그러므로 아이가 자라면서 겪게 되는 위기를 벗어나 정상적으로 성장할 때까지 기다렸을 것이다. 이와 아울러 하나님의 집에서 엘리 제사장의 말을 듣고 따르려면 의사소통이 가능할 정도까지 자라야 한다. 따라서 젖을 늦게 뗀 것으로 예상하면 적어도 5~6세 정도까지 엄마젖을 먹었으리라 짐작할 수 있다. 이렇게 오랫동안 엄마 품에서 젖을 빨던 사무엘은 어른이 되어서도 건강하게 자신의 임무를 수행했다. 그는 평생 동안 사사로서 이스라엘을 다스렸다. 사무엘은 미스바에서 블레셋과의 전쟁에서 승리하였으며, 사울 왕과 다윗 왕에게 기름을 부어 이스라엘의 왕조시대를 열었던 분이다. 사무엘은 일생 동안 하나님의 명령대로 순종하였으며, 청렴결백하였고, 민족을 위해 기도를 쉬지 않은 지도자였다. 사무엘이 죽은 때는 BC 1,017년경 83세 나이로 추정되는데, 그때까지 건강하게 하나님의 뜻을 좇아 충성스럽게 살았다. 오랜 기간 건강하게 하나님의 사사로서 임무를 충실하게 감당할 수 있었던 원인 중의 하나가 오랫동안 엄마 품에서 젖을 먹고 자랐기 때문이 아닐까? 사무엘과 같은 지도자로 아이를 키우고 싶다면 모유 수유를 오랫동안 하면서 아이와 눈을 맞춘 채 신앙교육을 하면 좋을 듯싶다.

제 5장

재미난 생물세계

박쥐는 바이러스가 무섭지 않다

현재 살아 있는 포유류 중에서 하늘을 날 수 있을 뿐만 아니라 독특한 생활방식 때문에 매우 특이한 동물로 손꼽히는 것이 박쥐이다. 날개 길이가 약 1.5m, 무게는 약 1kg 정도 되는 황금꼬리 과일박쥐로부터 가장 작은 2g 정도의 범블비박쥐(bumblebee bat)에 이르기까지 다양한 종류가 존재한다. 박쥐는 1,400종이 넘어 현존하는 포유류 다양성의 20% 이상을 차지하고 있다. 그리고 극지방을 제외하고 지구 전역에서 박쥐가 발견된다. 이처럼 박쥐는 많은 숫자와 아울러 매우 다양한 종들이 서식하고 있음에도 불구하고, 77종의 종들이 멸종의 위협을 받아 '멸종위기종'으로 분류되고 있다. 그리고 184종의 박쥐는 보존위협으로 인한 심각한 개체 감소 때문에 '멸종위기 근접종'으로 분류되고 있다. 우리가 잘 알고 있는 멸종위기종 가운데 하나가 황금박쥐이다. 황금박쥐는 붉은박쥐로서 1급 멸종위기종이다. 우리나라에서는 강원도 동해시 천곡동굴에서 발견되어 보호받고 있다. 박쥐는 생태계에서 중요한 역할을 담당한다. 과일박쥐는 꽃가루를 옮김으로써 열매 형성에 결정적인 꽃가루받이에 도움을 준다. 그리고 작은박쥐는 수많은 곤충을 잡아먹기 때문에 해충 조절에 기여하고 있다. 박쥐가 없다면 미국의 경우, 살충제 살포에만 연간 30억 달러 이상을 지출할 것으로 추산된다. 이처럼 이로운 동물이지만 박쥐가 치명적인 여러 질병의 숙주 역할을 한다는 사실이 밝혀지면서 경계대상이 되기도 한다. 광견병의 매개체로 보고되기도 하였고, 중서부 아프리카의 과일박쥐는 에볼라 바이러스의 원인으로 밝혀지기도 하였다. 또한 사스와 메르스 바이러스도 박쥐를 거쳐 감염되는 것으로 알려졌고, 2020년 크게 유행한 코로나 바이러스의 전파 역시 박쥐를 통해 이루어졌다고 추정하고 있다. 어떻게 박쥐가 인수공통 바이러스의 체내증식 및 보균자 역할을 할까? 박쥐는 바이러스에 감염되더라도 괜찮은가? 결론적으로 바이러스는 박쥐의 생존에 영향을 미치지 못한다. 감염되더라도 아무런 특이 증상이 나타나지 않는다. 이 사실은 박쥐가 바이러스에 대한 독특한 면역체계를 가지고 있음을 암시하고 있다. 이와 아울러 박쥐는 탁월한 수명을 가진다. 포유류의 경우 체중과 수명 간의 상관관계가 있는데, 수명은 체중의 4분의 1제곱에 비례한다. 즉 체중이 16배 늘어나면 수명이 2배 정도 늘어난다. 따라서 쥐는 겨우 몇 년밖에 살지 못하지만 코끼리는 100년 정도 산다. 그런데 박쥐는 작은 체구와 높은 신진대사율을 감안할 때, 예상되는 기간보다 10배나 더 오래 살 수 있다. 포유류 가운데 19종만이 인간보다 비례적으로 더 오래 사는데, 이 중 18종은 박쥐이다. 브란트박쥐는 체중이 7g 정도에 불과하지만 41년 이상 사는 것으로 보고되었다. 그리고 박쥐는 노쇠한 징후를 거의 보이지 않고 암 발병률도 매우 낮다. 건강하게 오래 생존하는 독특한 메커니즘을 가지고 있음을 시사하고 있다.

이처럼 박쥐가 바이러스 감염에도 끄떡없이 건강하게 장수하는 비결이 무엇인가? 이 문제에 대한 실마리가 박쥐들의 유전체를 분석함으로써 풀렸다. 아일랜드의 엠마 틸링(Emma C. Teeling) 교수를 비롯한 유럽의 다국적 연구팀이 6종의 대표적인 박쥐의 유전체를 분석하여 그 특징을 2020년 '네이처(Nature)' 지에 발표하였다. 연구진은 이집트 과일박쥐, 벨벳자유꼬리박쥐 등 대표적인 박쥐 6종의 유전체와 사람을 포함한 42종의 다른 포유동물의 유전체를 비교하였다. 분석해 보니 박쥐는 병원균이나 바이러스의 감염이 있을 때 발생하는 염증 반응을 매개하는 유전자 10개가 없었다. 그러므로 바이러스에 감염되더라도 강력한 염증 반응이 체내에서 일어나지 않는 것이다. 사람이 코로나 바이러스에 걸려 심각한 증상을 나타내고, 심지어 사망에 이르기까지 하는 이유는 바이러스 자체 때문이라기보다는 사람의 면역체계에 의한 급성염증 반응 때문이다. 따라서 박쥐는 바이러스에 감염되더라도 염증 유전자가 없어 증상 없이 무덤덤하게 넘기는 것이다.

연구진은 박쥐의 먹이사냥에 필수적인 유전자도 확인하였다. 박쥐는 야행성으로, 해질 무렵 활동을 시작하여 밤새도록 먹이를 찾는다. 작은박쥐류는 날아다니며 5만~10만 헤르츠(Hz)의 초음파를 매초 수회~수십 회 발사한다. 초음파는 물체에 부딪혀 반사되어 돌아오고, 이를 귀로 듣고 장애물이나 먹이 등의 방향, 위치, 움직임, 크기 등을 알아차린다. 후두에 있는 음파발생장치에서 초음파가 생성되고, 반사된 반향을 측정하는데 관여하는 유전자들도 이번에 알게 되었다. 즉 5종의 박쥐는 청각과 관련한 몇 개의 유전자를 동일하게 발현하는 것으로 확인된 것이다. 아마도 이들 유전자가 초음파 반향을 인식하는 능력을 가지게끔 할 것으로 추측하고 있다.

앞으로도 더 많은 종류의 박쥐에 대한 유전체 분석이 이루어지면, 박쥐의 독특한 특성에 대해 보다 더 잘 이해할 수 있을 것이다. 그리고 바이러스에 대한 내성과 노화 억제 등과 관련된 약물 개발에 단서를 얻을 수 있으리라 여겨진다. 박쥐는 바이러스에 대해 과민한 염증 반응을 일으키지 않으므로 바이러스 유행에도 큰 어려움을 겪지 않는다. 우리가 신앙의 삶을 살아가는 동안에도 너무 과민하게 반응하지 않아야 할 때가 있다. 우리는 살아가면서 끊임없이 우리를 공격하고 주저앉게 만드는 일들을 만나게 된다. 그때마다 신경질을 부리거나 낙심하고 좌절하는 경우가 많다. 이럴 때 우리는 너무 과민하게 반응할 필요가 없다. 예루살렘 성이 허물어지고 성문은 불타버린 상황에서 무너진 성벽을 재건하기 위해 팔을 걷어붙인 사람이 있었다. 바로 느헤미야 총독이다. 그는 페르시아의 아닥사스다 왕의 허락을 받아 예루살렘의 총독으로 파견되어 백성들과 함께 성벽 재건에 나섰다. 하지만 토후세력이었던 산발랏과 도비야와 아라비아 사람들, 암몬 사람들, 아스돗 사람들이 모함하고 음해하였으며, 조롱하고 방해하였다. 그들은 느헤미야와 건축자들을 낙담하게 만들어 성벽 쌓기를 포기하게 만들려 애를 썼다. 하지만 느헤미야는 낙심케 하는 자들의 소란과 비웃음을 마음에 깊이 두지 않았다. 그는 하나님께 이 사실을 아뢰고, 하나님께서 해결해 주시기를 바라며 마음에서 털어버렸다. "나를 두렵게 하고자 한 자들의 소행을 기억하옵소서"(느 6:14)라고 기도한 것이 느헤미야의 반응이었다. 이처럼 우리를 훼방하여 마음을 어지럽게 하고 낙심케 하여 주님의 일에서 멀어지게 하는 자들의 소행을 경험할 때, 너무 예민하게 반응할 필요가 없다. 내 주위의 사람이 나에게 지옥이 될 수도 있다. 또는 갑작스러운 상황 변화로 인해 나락으로 떨어지는 경험을 할 때도 있다. 그런데 이에 대해 고민하다 보면 두려움이 생기고, 깊은 좌절감으로 무너질 수 있다. 내가 주님 앞에 바로 서 있고, 하고 있는 일이 주님께서 기뻐하시는 일이라는 확신이 있다면, 나를 헐뜯어 넘어지게 하고 훼방하는 일을 경험하더라도 무덤덤하게 넘길 수 있는 여유가 있어야 한다. "내 영혼아 네가 어찌하여 낙심하며 어찌하여 내 속에서 불안해 하는가! 너는 하나님께 소망을 두라 나는 그가 나타나 도우심으로 말미암아 내 하나님을 여전히 찬송하리로다"(시 42:11). 나를 꺾어 버리기 위해 공격하는 자 앞에서 꿋꿋하게 설 수 있는 비결은 영적 면역반응이 과민하지 않고, 적절하고도 효율적으로 발휘되게 하는 것이다. 곧 하나님께 소망을 두고 주님께서 해결해 주심을 바라며 기도하고, 주님을 찬송하는 일이다.

코로나는 뇌기능도 손상시킨다

───────────⚮───────────

중국 우한에서 시작된 코로나 바이러스 유행은 우리의 삶에 엄청난 영향을 미쳤다. 바이러스는 변이를 지속적으로 일으키면서 계속 확산되는 와중에 나의 가정에도 바이러스의 공습이 몰아친 때가 있었다. 내가 먼저 코로나 감기에 걸려 심하게 앓던 중 사흘 후에는 아내도 감염되어 함께 끙끙 앓으며 지낸 기억이 있다. 처음에는 열이 나고 기침이 나며 목소리가 변했다. 그리고 식욕이 떨어졌다. 게다가 위산이 많이 분비되어 속이 더부룩하므로 음식을 먹지 못했다. 먹어야 견딜 수 있다는 아내의 채근에 죽 반그릇을 억지로 먹었는데, 속이 메슥거려 결국 토하고 말았다. 먹지 못하니 힘이 빠져 줄곧 누워지낼 수밖에 없었다. 누워 있기가 지겨워 잠시 일어나면 어지럼증을 느껴 몸을 가누기가 힘들었다. 그래서 다시 누워 버리고 말았다. 시간이 흐르면서 증상이 호전되는가 싶었는데, 이제는 설사까지 하게 되어 며칠 동안 또다시 힘들게 보냈다. 감기로 생각하여 얕보고 심각하게 여기지 않았지만 약 3주에 걸쳐 여러 부작용을 경험하며 힘든 시간을 보냈었다.

주위 사람들의 얘기를 들어 보면, 개인마다 조금씩 양상이 다른 다양한 부작용을 언급하고 있다. 전세계적으로 3년여에 걸친 코로나 감기의 유행은 노인들에게 사망에 이르기까지 심각한 위협을 주었다.

그리고 어떤 분은 머리가 멍하여 잘 돌아가지 않는다고 말한다. 코로나 감염이 기침을 하는 등 주로 호흡기 증상을 나타낸다고 알려져 있지만, 뇌신경학적으로도 해로운 영향이 있음을 시사하였다. 그래서 코로나 바이러스에 감염된 후 증상들을 조사해 보면 두통, 어지럼증, 후각 상실, 인지 문제, 심지어 일부 경우에는 섬망 증상까지 포함하여 몇 가지 신경학적 증상이 나타날 수 있음을 보고하고 있다. 특히 이러한 증상들 가운데 어르신들의 경우, 혼돈과 주의력 및 의식 수준의 변화를 포함하여 심각한 인지 장애를 발생시키는 섬망증을 겪는 경우가 자주 있었다. 이에 대한 원인 규명을 위한 연구가 영국 킹스 칼리지 연구팀에 의해 수행되어 2022년 분자심리학(Molecular Psychology) 저널에 발표되었다. 섬망은 일시적으로 나타나는 정신작용의 혼란증세로서 안절부절 못하고, 수면을 취하지 못하며 소리를 지르거나 과다한 행동을 보이기도 한다. 그리고 환각, 환청, 초조함, 떨림 등의 징후를 자주 경험하기도 한다. 코로나 바이러스 환자의 20~30%는 섬망과 같은 신경학적 증상을 나타내며, 중증 질환상태를 보이는 경우에는 60~70%의 비율로 나타난다. 섬망은 의학적으로 건강이 좋지 않은 상태에서 발생할 수 있는 정신적 혼란 상태로서 장기간 입원을 요하거나 사망에 이르게 하기도 한다. 이처럼 코로나 환자의 신경학적 증상이 유발될 때는 다중 염증성 단백질의 과도한 생성과 함께 사이토카인 폭풍(cytokine storm)이라고 불리는 과잉 면역 반응을 수반할 가능성이 높다. 일단 감염에 반응하여 신체의 면역세포들에 의해 염증 단백질들이 생성되면, 이들이 혈액에서 뇌로 이동할 수 있으며 뇌기능에 직접적으로 영향을 미칠 수 있다. 그런데 어떤 사이토카인이 이런 증상의 유발과 직접적인 관련이 있는지는 알려져 있지 않았다. 연구팀은 코로나 감염으로 입원한 환자로부터 혈청을 채취하여 인간 해마 전구세포에 직접 처리하였는데, 이때 나타나는 영향을 분석하였다. 섬망을 가진 18명 환자의 혈청 샘플을 세포에 처리한 경우, 섬망이 없는 18명 환자의 혈청 샘플과 비교할 때, 세포 증식과 신경 발생이 감소하고 세포 사멸은 증가한다는 것을 발견했다. 이는 섬망 환자의 혈청 검체에서 인터루킨 6(Interleukin 6; IL6)의 농도가 7배 정도 더 높았기 때문이었다. 실제로 IL6에 대한 항체를 사용하여 IL6를 무력화시키면, 세포 증식과 신경 생성의 감소 및 세포 사멸의 증가를 막을 수 있었다. 또한 섬망 환자의 혈청 샘플에서 IL6의 농도가 높을 때, 해마세포가 이에 반응하여 IL12와 IL13을 생성하였다. 그래서 IL12 또는 IL13에 대한 항체를 처리하여 이들의 작용을 중화시켰을 때도 세포 증식의 감소와 세포사멸의 증가를 억제할 수 있었다. 우리 몸에서 IL13의 발현은 신경 질환의 발달과 더불어 심각한 정신 질환을 앓게 만드는 경우도 있는 것으로 나타났다. 특히 IL13 발현량이 높은 사람은 파킨슨병과 같은 퇴행성 뇌질환에 걸릴 확률이 높았는데, 심각한 우울증 및 자살 시도 횟수도 IL13 수치와 관련이 있다는 보고도 있다. 코로나 바이러스 감염으로 인해 섬망 증세를 보인 환자의 혈청은 해마 의존성 신경신호 작용에 부정적인 영향을 미치는 인터루킨과 같은 면역관련 단백질을 함유하고 있으며, 이는 궁극적으로 염증성 사이토카인 단백질들에 의해 매개된다는 것을 보여주었다.

이처럼 코로나 바이러스의 감염은 잠재적으로 인지기능 및 신경학적 증상을 유발할 수 있음을 보여주었다. 우리 몸에 들어온 바이러스를 퇴치하기 위해 신체의 면역계는 활발히 작용하는데, 이 과정에서 조절되지 못한 과도한 염증 반응이 발생할 때, 뇌조직에까지 영향을 미쳐 신경정신 질환을 유발하는 것이다. 눈에 띄지 않는 작은 바이러스로 인해 사람의 정신작용도 훼손될 수 있음을 보면서 신앙의 삶에서도 금방 드러나지 않는 나쁜 버릇을 주의해야 함을 깨닫게 된다. 좋은 습관이나 나쁜 습관은 자신이 인지하지 못하는 가운데 형성된다. 습관은 개인의 삶에 지대한 영향을 미친다. 그리고 자신의 삶뿐만 아니라 소속한 공동체, 교회, 조직, 기업, 사회 전체에 영향을 미친다. 특히 불평과 짜증을 쏟아 내는 버릇은 자신과 아울러 그가 속한 공동체에 큰 재앙을 가져온다. 이스라엘 민족이 이집트에서 430년 동안 이주민으로서 살았을 때, 정당한 시민 대접을 받지 못하고, 노예신분으로 전락하여 고통에 몸부림치던 시기가 있었다. 이때 하나님께서는 모세를 보내어 자신이 택한 민족을 파라오의 손아귀로부터 구출하였다. 하나님께서는 모세를 통해 10가지 재앙을 차례로 내렸는데, 재앙이 내릴 때마다 파라오의 마음은 녹아내렸다. 이는 이집트 사람들이 숭배하는 대상들을 쳐서 굴복시키는 것으로서 그들이 믿는 신보다 하나님이 비교할 수 없을 정도로 강하고 능하시다는 것을 극명하게 보여주었기 때문이다. 그런데 모세의 영도하에 이집트를 떠난 히브리 민족은 광야로 들어서자 이런저런 불만을 표출하기 시작했다. 광야에서 마주치는 어려움을 겪을 때마다 짜증을 부리고, 모세와 하나님을 원망하였다. 홍해가 그들의 진행을 가로막고, 파라오의 전차군대가 뒤쫓아오자 '우리를 이곳 황량한 광야에서 죽게 하느냐? 어찌하여 우리를 이집트에서 이끌어 내어 이같이 하느냐?' 소리치며 불평을 쏟아냈다. 홍해를 갈라 길을 만들어 건너게 하신 하나님의 이적으로 파라오의 추격을 뿌리치고 광야에 들어선 이후에도 그들의 불평은 계속되었다. 마라에 이르렀을 때, 물이 써서 마시지 못하게 되니 원망하였다. 그리고 르비딤에 이르렀을 때에도 마실 물이 없으니 모세를 향하여 원망하였다. 하나님께서는 마라에서 쓴 물을 단 물로 바꾸셨으며, 르비딤에서는 호렙산의 반석으로부터 물이 솟아나게 하심으로써 갈증을 해결해 주셨다. 그렇지만 이스라엘 사람들의 불평과 원망은 지속적으로 발생하였다. 신광야에 이르렀을 때, 먹을 것이 떨어지니 불만을 토해 냈다. 그러자 하나님께서는 아침에 만나를 내려 떡을 만들어 먹게 하시고, 저녁에는 메추라기를 떨어뜨려 고기를 먹게 하셨다. 그리고 가나안 땅을 살펴보고 돌아온 정탐꾼들이 그 땅에는 강하고 장대한 백성들이 살고 있어 점령하기가 쉽지 않다고 보고할 때 '어찌하여 우리를 칼에 쓰러지게 하려 하는가?' 하며 원망하였다. 그리고 호르 산에서 홍해 길을 따라 에돔 족속의 땅을 우회하여 광야로 들어서니 그곳에는 먹을 것도 없고 물도 없다며 광야길에 대해 불평하였다. 이뿐만이 아니다. 모세의 지도력에 대해 불만을 가지고 공공연히 대적하기도 하였다. 고라를 중심으로 파당을 지어 모세의 뜻을 거슬러 행하였는데, 하나님의 진노를 받아 땅바닥이 갈라져 깊은 곳으로 떨어져 죽는 사건이 있었다. 그리고 모세의 누이 미리암도 모세의 권위에 도전하였다가 한센병에 걸리는 벌을 받기도 하였다. 이처럼 이스라엘 민족의 출애굽 여정은 고비마다 하나님과 모세를 향해 원망을 퍼부었던 불만의 역사였다. 한두 사람의 불평은 삽시간에 온 회중으로 번져 나갔다. 이처럼 불평하는 습관은 강한 전염력이 있다. 그래서 집단적으로 불만에 빠지게 만든다. 이는 문제의 해결은 고사하고, 멸망과 패배에 이르게 하는 나쁜 버릇인 것이다. 내 마음에 불만의 싹이 자라 원망의 소리를 쏟아 낼 때가 있지는 않은지 늘 근신해야 함을 명심하기 원한다. 오늘도 원망과 짜증의 버릇보다 작은 일에도 감사를 표현하는 습관이 몸에 배도록 살아가길 소원해 본다.

장내 미생물은 인간관계도 조절한다

∝

    미국의 철학자요 심리학자인 아브라함 해롤드 매슬로우(Abraham Harold Maslow)는 인간의 보편적 욕구를 5단계로 나누고, 강한 욕구부터 낮은 것까지 설명하였다. 가장 강하고 선천적인 욕구가 충족되면 다음 단계로 이동하며 이러한 욕구충족을 위해 동기가 유발된다고 하였다. 제일 아래 단계로서 가장 강한 것이 생리적 욕구로서 생존에 필수적인 음식, 물, 공기, 수면, 성욕에 대한 만족을 추구한다고 한다. 그리고 이러한 생리적 욕구가 충족되면 안전의 욕구가 나타난다고 한다. 즉 안전, 안정, 보호, 질서, 불안, 공포로부터의 해방을 원한다. 그래서 심리적 안정감을 얻으면 다음 단계인 소속감과 애정욕구가 지배적으로 나타난다고 한다. 특정 부류의 사람과 관계를 맺고, 특정 집단에 소속되고자 한다. 사람은 사회적 존재이므로 집단에 소속되어 동료로부터 인정을 받고자 하는 욕구가 강해진다는 것이다. 그래서 나타난 사회 조직은 많은 동물이 가지는 근본적인 특징 중 하나이다. 인간을 포함한 대부분의 영장류들은 복잡한 사회 집단 속에서 살고 있다. 집단 생활은 자원을 획득하거나 배우자에 대한 접근, 타집단의 약탈로부터의 보호와 같은 많은 이점을 수반하지만, 이러한 사회적 네트워크는 질병의 확산을 촉진할 수도 있다.

    그래서 사회 조직에서 건강한 관계 형성을 이루는 것은 매우 중요하다. 얼마나 풍성한 인간관계를 이루며 살아가는지에 대해 영향을 미치는 인자들 중의 하나가 장내 미생물이라는 연구가 있다. 세균은 병원성 전염인자로 기피해야 할 대상으로 초점을 맞추어 왔지만 동물과 공생하고 있는 장내 미생물은 해롭지 않고 오히려 건강과 생존에 이로울 수도 있음을 보여주고 있다. 실제로 포유류 동물의 장내 미생물은 숙주의 발달, 생리, 소화, 신진대사, 면역 및 행동을 조절할 수 있음을 보여주었다. 장내 세균과 동물은 상호관계를 이루고 있어서 장내세균이 숙주의 사회적 행동에 영향을 미칠 수 있고, 사회적 상호작용이 장내 세균의 분포에 영향을 미칠 수도 있다. 원숭이 집단에서 관찰한 결과, 털을 쓰다듬어 몸단장을 하는 그루밍 행동을 통해 서로 간에 관계를 맺는데, 같은 집단의 원숭이들은 장내 미생물 군집의 유사성을 보여주었다. 이는 개체 간에 상호작용하는 동안 미생물의 전달이 이루어졌음을 보여준다. 미생물의 전달은 사회적 상호작용뿐만 아니라 불안, 우울증, 사회성을 포함한 행동의 다양한 측면에 영향을 준다고 보고되었다. 장내 미생물 군집의 차이는 각 개체가 살아가는 환경이나 소속된 사회 안에서의 상호작용 및 생활방식으로부터 비롯된다.

    사람처럼 원숭이도 사회적 동물이다. 원숭이 사회에서 사교성이 좋을수록 유익한 장내 미생물을 많이 가지고 있다는 연구 결과를 옥스포드 대학교 연구진이 2022년 '미생물학 프론티어'라는 저널에 발표하였다. 연구팀은 푸에르토리코 동부 해안의 카요 산티아고 섬에 사는 붉은털 원숭이를 대상으로 사회성을 관찰하였다. 이 원숭이 집단은 대규모로 성별 혼합 집단을 이루고 있으며 사회구조의 특징이 잘 나타나 있다. 이들은 매우 사회적 동물이고, 그루밍 행동을 통해 개체들 사이에 관계를 만들고, 사회적 상호작용을 하는 좋은 지표를 제공한다. 이 섬에는 1,000마리가 넘는 원숭이가 집단생활을 하고 있는데, 이 중 6~20세 사이의 수컷 22마리와 암컷 15마리의 행동을 2년에 걸쳐 관찰하였다. 원숭이 집단에서 사회적 서열을 포함하여 그들의 행동, 즉 그루밍, 공격성, 먹이, 휴식기간 등을 기록하였다. 특히 개체간 그루밍 상호작용에 대해서는 시간과 그루밍 받는 개체와 제공하는 개체를 특정하여 기록하였다. 사회성 지수는 얼마나 많은 그루밍 파트너를 가졌는지와 그루밍을 주고받는데 소요되는 시간으로 점수를 매겨 데이터를 만들었다. 그리고 소변이나 물 또는 다른 분변으로 오염되지 않은 각 개체의 분변을 채취하여 장내 미생물의 DNA 염기서열을 밝힘으로써 박테리아의 종류와 다양성을 확인하였다. 이렇게 밝혀진 장내 미생물의 종류 및 분포에 대한 결과를 바탕으로 원숭이들의 사회성과의 연관성을 따져보았다. 그 결과 사교적이며 관계가 풍성한 원숭이의 장내 미생물로는 페칼리박테리움(Faecalibacterium)과 프레보텔라(Prevotella) 및 수테렐라(Sutterella) 박테리아가 많았다. 반면에 다른 원숭이와 접촉이 적은 그룹은 연쇄상구균인 스트렙토코쿠스(Streptococus)를 많이 가지고 있었다. 이처럼 덜 사회적인 동물에서 연쇄상구균의 수가 증가하는 것은 사회적 통합의 약화, 그리고 개체간 관계에서 오는 스트레스 및 건강 악화와 관련이 있을 수 있다. 원숭이들이 서로 간에 그루밍을 하면 심박수가 떨어지고, 스트레스 호르몬인 콜티솔의 분비가 감소하는 등 만성 스트레스의 해로운 영향을 완충시켜 주는 것으로 나타났다. 그리고 페칼리박테리움은 강력한 항염증 특성을 가진다고 알려져 있다. 사람의 장내 미생물 가운데 페칼리박테리움이 많으면 염증성 장질환, 만성 피로증후군, 우울증, 조울증과 같은 질병이 감소하는 것으로 나타났다. 이 박테리아는 부티레

이트(Butyrate)와 같은 짧은 지방산을 대사산물로 생산하는데, 이 물질은 혈-뇌 장벽을 넘어 뇌발달과 행동에 영향을 미친다고 한다. 따라서 장내 미생물 군집은 숙주의 면역 반응조절과 아울러 뇌기능을 통해 사회 통합과 개체의 건강상태에 기여하는 가능성이 있음을 보여준다.

이러한 연구 결과는 장내 미생물 집단이 숙주의 행동과 어떻게 연관될 수 있는지에 대한 우리의 이해를 증진시키고, 사회적 관계가 미생물을 통해 건강 및 면역 상태와 얽힐 수 있음을 보여준다. 신앙의 세계에서도 관계 형성과 교제가 중요하다. 태초부터 삼위 하나님께서는 서로 교제하셨다. 그래서 함께 천지만물을 창조하시고, 함께 통치하고 계심을 우리에게 보여주심으로서 조화로운 관계의 본이 되신다. 하나님의 자녀된 우리는 하나님과의 관계가 올바르게 이루어져야 하고, 이웃과도 건강한 관계를 가져야 한다. "믿는 사람이 다 함께 있어 모든 물건을 서로 통용하고 또 재산과 소유를 팔아 각 사람의 필요를 따라 나눠 주며 날마다 마음을 같이하여 성전에 모이기를 힘쓰고 집에서 떡을 떼며 기쁨과 순전한 마음으로 음식을 먹고 하나님을 찬미하며 또 온 백성에게 칭송을 받으니 주께서 구원받는 사람을 날마다 더하게 하시니라'(행 2:44-47). 초대교회 성도들은 서로의 필요를 채워주며 모이기를 힘썼다. 교회를 이루는 구성원으로서 끈끈한 관계를 맺고, 함께 먹으며 교제하였다. 성도들 간의 수평적 관계를 튼튼하게 만든 것이다. 성도들의 모임, 즉 교회를 이루고나서 한 일은 한마음으로 하나님을 예배하고 찬미하는 일이었다. 하나님의 위대하심을 찬양하고, 하나님의 뜻을 구하고, 그 뜻대로 순종하고자 애를 썼다. 그래서 하나님과의 수직적 관계를 통해 하나님의 성품을 닮아가는 자들이 되고자 힘을 쏟았다. 성도들의 모임이 교회다. 교회의 핵심요소

가운데 하나가 교제다. 서로 사귐이 있고, 서로 협력하며 서로 간에 나눔이 풍성해야 한다. 우리는 개별적으로 혼자 떨어져 있으면 연약해지기 쉽다. "두 사람이 한 사람보다 나음은 그들이 수고함으로 좋은 상을 얻을 것임이라. 혹시 그들이 넘어지면 하나가 그 동무를 붙들어 일으키려니와 홀로 있어 넘어지고 붙들어 일으킬 자가 없는 자에게는 화가 있으리라. 또 두 사람이 함께 누우면 따뜻하거니와 한 사람이면 어찌 따뜻하랴 한 사람이면 패하겠거니와 두 사람이면 맞설 수 있나니 세 겹 줄은 쉽게 끊어지지 아니하느니라"(전4:9-12). 성경의 전도서에는 주님과 이웃과 내가 함께 하는 세 겹 줄의 강함을 강조하고 있다. 우리는 주 안에서 서로 교제함으로써 힘을 얻고, 주님께서 맡기신 일을 열심히 수행할 수 있는 열심을 갖게 된다. 그래서 이 땅을 살아가면서 악에게 지지 않고 승리하며 유혹과 시험을 이기고 통과하게 된다. 주님께서 원하시는 수준에 이르기까지 성장하길 원한다면, 서로 아끼고 사랑하며 친밀한 교제를 가져야 한다. 따라서 하나님과의 관계와 아울러 나에게 허락하신 이웃과의 관계를 소중히 여기는 나자신이 되길 소원한다.

하이에나 무리에도 귀족계급이 있나?

아프리카 동물의 왕국에는 조직 폭력배 같은 존재가 있다. 바로 하이에나들이다. 동물의 왕 사자마저도 떼지어 나타나 공격하는 하이에나 무리 앞에서는 꼬리를 내린다. 최상위 포식자인 사자나 표범, 치타 등이 죽을 힘을 다해 사냥한 것들을 빼앗아 먹을 수 있는 동물이 하이에나다. 개처럼 생겼지만 성질은 몹시 사납고, 먹이 강탈하는 일에 몹시 집요하다. 하이에나는 점박이하이에나, 줄무늬하이에나, 갈색하이에나, 땅늑대로 나뉘어진다. 이 가운데 점박이하이에나(Spotted hyena)의 몸집이 가장 크다. 암컷이 수컷보다 몸집이 큰데 60kg 정도 되며 머리부터 몸통까지 1.8m에 달한다. 하이에나는 앞다리가 뒷다리보다 길어 몸이 뒤쪽으로 기울어져 있다. 몸통 앞 부분은 잘 발달되어 있고, 비교적 큰 머리에 강한 두개골과 강력한 이빨을 소유하고 있다. 그래서 먹이의 뼈까지 부서뜨린다. 하이에나는 체중의 1%에 해당하는 비교적 큰 심장으로부터 산소와 영양분을 공급받기 때문에 지구력이 강하다. 그래서 최고 시속 60km로 5,000미터나 달릴 수 있다. 뜨거운 낮에는 굴이나 숲에서 쉬다가 저녁이 되면 먹이 사냥을 시작한다. 후각과 청각, 그리고 시각이 뛰어나 사냥감인 얼룩말, 누우, 가젤 등을 잘 찾는다. 뿐만 아니라 10km 밖에서도 다른 포식자가 먹이를 잡아먹는 소리까지 들을 수 있다. 그래서 떼로 몰려와 덤벼들고 위협함으로써 잡아 놓은 먹이를 빼앗아 버린다. 하이에나 무리의 크기는 자신들이 살고 있는 서식지에 먹이가 얼마나 풍부한가에 따라 달라지며, 몇 마리에 그치는 소집단이 있는 반면, 백 마리 이상의 대단위 집단에 이르기까지 다양하다. 하이에나 부족은 일반적으로 여러 세대에 걸쳐 모계 혈족 그룹을 이루고 있다. 야생 점박이하이에나는 최대 26년까지 살며, 암컷이 수컷보다 몸집이 25% 더 크고 힘이 세며 성질도 거칠다. 그래서 하이에나 사회는 암컷이 통솔하는 모계사회이며 서열이 엄격하다. 새끼가 태어나면 어미의 사회적 지위를 대부분 물려받는 것으로 알려져 있다.

미국 펜실베니아 대학교의 애롤 아케이(Erol Akcay) 교수팀은 국제적 협력연구를 통해 하이에나 사회에 대한 폭넓은 조사를 하였고, 그 분석한 결과를 2021년 사이언스(Science) 잡지에 발표하였다. 연구팀은 점박이하이에나 73,767마리의 무리를 27년 동안 관찰하여 개체들 간의 사회적 상호작용에 대해 분석을 하였다. 집단 속에서 하이에나 개체의 사회적 지위뿐 아니라 누구와 더 많은 시간을 보냈는지를 관찰하여 사회적 관계를 파악한 것이다. 분석결과에 의하면 하이에나 집단 안에서 어미의 지위가 높을수록 새끼도 안정된 사회관계를 형성하였다. 지위가 높은 하이에나 새끼는 어미 곁에서 수년간 지내며 어미가 형성한 사회적 관계를 물려받는다. 이렇게 형성된 지위는 어미와 떨어지거나 어미가 죽더라도 6년 동안이나 우월적 지위를 지켰다. 이러한 사회적 계급의 상속은 최소한 세 가지 방식으로 영향을 미칠 수 있다고 보았다. 첫째로 상위 계급의 새끼는 하위권 새끼보다 사회적 동반자를 선택하는데 제약이 적을 것으로 예상되며, 이는 사회적 네트워킹에 더 많은 시간을 할애할 수 있기 때문이라는 것이다. 둘째로는 하위 계층의 어린 하이에나는 낮은 순위를 극복하기 위해 부모와는 다른 사회적 연관성을 형성함으로써 지위 향상의 기회를 얻을 수 있으리라 보았다. 마지막으로 상위 계급 어미들의 새끼는 어미들 간의 동맹을 활용하여 높은 지위를 강화할 수 있으리라 생각하였다. 이렇게 형성된 사회적 지위는 생존과 번식에도 큰 영향력을 미쳤다. 지위가 높을수록 오래 생존하고 번식률도 높았다. 이는 무리에서 더 많은 보살핌과 보호를 받았기 때문이다.

하이에나의 사회에서 보듯이 인간사회에서도 눈에 보이지 않는 사회적 계급들이 존재하는 경우를 본다. 권력과 재력이 있는 사람들끼리 혼인하여 자신들이 누리는 기득권을 유지하고자 노력하며, 이를 자녀들에게 대물림하고자 애를 쓰는 모습을 본다. 그렇지만 오늘날 우리가 살고 있는 자유민주사회는 누구나 자신의 꿈을 위해 노력할 수 있어야 하고 실현되어질 것을 기대할 수 있어야 한다. 평등한 기회를 얻고 공정한 경쟁을 통해 자신의 노력과 능력에 대한 보상을 받을 수 있어야 한다. 가난한 사람은 대대로 가난하게 살아야 하고, 힘없는 자는 억울한 일을 당해도 보호받을 수 없다면 건강한 사회라고 볼 수 없다. 오히려 구조적 기반이 매우 취약한 사회가 될 것이다. 뼈를 깎는 노력을 하고 다른 사람보다 더 많은 땀을 흘린 자에게는 그에 걸맞는 결과가 주어져야 한다. 지독하게 가난한 집에 태어나더라도 좌절하지 않고 치열하게 노력하면 가난의 질곡을 벗어나 경제적 풍요를 이룰 수 있는 사회가 되어야 한다. 입에 풀칠하기 바빠 정규학교에서 공부할 처지가 못 되더라도 시간을 쪼개어 형설의 공을 쌓아 나가면 얼마든지 사회적 신분 상승이 가능해야 건강한 사회라 할 수 있다. '개천에서 용 난다'라는 말이 있다. 어렵고 힘든 상황에서도 자신의 꿈을 이루는 모습을 일컫는다. 바람직하고 열려 있는 사회에서는 누구라도 개천에서 용이 될 수 있어야 한다.

우리의 영적 신분도 예수 그리스도로 인해 엄청나게 변했다. 차원이 다른 신분 변화가 일어났다. 죄의 종에서 하나님의 자녀가 된 것이다. "때가 차매 하나님이 그 아들을 보내사 여자에게서 나게 하시고 율법 아래에 나게 하신 것은 율법 아래에 있는 자들을 속량하시고 우리로 아들의 명분을 얻게 하려 하심이라. 너희가 아들이므로 하나님이 그 아들의 영을 우리 마음 가운데 보내사 아빠 아버지라 부르게 하셨느니라. 그러므로 네가 이 후로는 종이 아니요 아들이니 아들이면 하나님으로 말미암아 유업을 받을 자니라"(갈 4:4-7). 우리 모두는 죄로 인해 영원한 멸망의 자리로 떨어졌다. 하지만 예수님께서 우리 죄를 대신 담당하여 십자가에서 처절하게 죽으셨기에 그의 공로로 우리는 신분상승을 기대할 수 있게 되었다. 예수님께서 나의 죄값을 치러 주신 사실을 믿음으로 받아들이고 인정할 때 우리의 신분은 극적인 변화를 경험할 수 있다. 진노의 대상에서 하나님의 자녀로 급상승한다. 하나님과 전혀 상관없는 사람이었지만 이제는 하나님을 아빠라 부른다. 하나님의 양자가 된 우리는 하늘나라를 상속받는 특권까지 누리게 되었다. 죄의 종으로 살 적에는 영원히 꺼지지 않는 불못이 우리를 기다리고 있었다. 그러나 이제는 하나님께서 우리를 위해 예비하신 영화로운 천국을 소유하게 되었다. 그래서 이 땅의 수고를 마친 후 아버지 하나님이 계시는 하늘나라에서 세세토록 왕노릇 하며 살 것이다. 이뿐만 아니다. 하늘나라에 입성하기 전까지 이 땅에 사는 동안에도 주님과 동행하며 감사와 찬양이 넘치는 삶을 살아가는 특권을 누린다. 우리는 불확실성 시대에 살고 있다. 잠시 후 우리에게 어떤 일이 일어날지 모르지만 성령님께서 앞장서서 인도하심으로 더이상 불안해하지 않는다. 오히려 신령한 평안을 맛보며 살아갈 수 있다. 우리는 피조물에 불과하지만 만물을 창조하시고 만물의 주인 되시는 하나님의 자녀가 된 것이다. 이는 말로 표현할 수 없는 엄청난 신분의 변화이다. 극적인 신분상승으로 우리는 더이상 자신의 미래를 불안해 하지 않을 뿐 아니라 죽음마저도 겁나지 않은 존재가 되었다. 그래서 주를 믿는 우리는 진정으로 수지 맞은 자임이 틀림없다.

유난히 모기에 잘 물리는 이유

———— ✄ ————

　고등학생 시절 여름 수련회에 참여하면서 친구들과 즐겁게 지냈던 기억이 있다. 농촌 마을에서 구역을 나누어 청소하고, 밭의 풀도 뽑으며 땀을 흘렸다. 그리고는 동네 앞을 흐르는 냇가로 나가 땀을 씻고 물놀이도 하며, 친구들과 게임하고 장난치는 시간을 가졌다. 저녁 식사 후, 밤에 선포되는 길고 긴 목사님의 설교에 꾸벅꾸벅 졸기도 하였다. 취침시간이 되면 교회 본당의 마루바닥에 수십 명의 학생들이 쓰러져 잠을 잤다. 다음날 아침, 일어나 보면 밤새 모기에 뜯긴 자국으로 팔다리가 울긋불긋했다. 그런데 함께 잠자리를 했던 일부 친구들은 희한하게도 거의 물리지 않았다. 이 사실에 대해 부럽기도 하였고, 어째서 모기가 나만 물었는지 궁금하기도 했다. 모기에 물려 벅벅 긁던 나와 친구들은 멀쩡한 친구들을 향해 '사람이 얼마나 독하면 모기도 피해가냐?', '너희들 피에는 모기들이 싫어하는 고약한 게 있나 보다'라며 놀리기도 하였다. 그러면 모기에 물리지 않은 학생들은 우리를 향해 '아마도 모기가 특별히 너희들을 좋아하나 보다', '모기 눈에는 너희들이 너무나 이뻐 보여 밤새 찾아갔나 보다'라며 응수하였다. 이처럼 사람마다 모기에게 물리는 빈도에 많은 차이가 있음을 그때 알았다. 우리는 이런 사실을 경험적으로 알고 있는데, 왜 그런지는 수수께끼였다. 그런데 이에 대한 의문이 풀렸다.

미국 록펠러대학의 레슬리 보스홀(Leslie Vosshall) 교수팀은 모기를 끌어들이는 원인을 밝히고, 그 결과를 2022년 셀(Cell) 잡지에 발표하였다. 연구팀은 64명 지원자의 팔에 나일론 스타킹을 착용토록 하고 체취가 배도록 했다. 그리고 모기가 있는 곳에 사람의 체취가 담긴 스타킹 조각을 놓고, 어디에 모기가 몰려드는지 관찰하였다. 이 실험에서 특정 스타킹 조각에 모기가 유독 많이 몰려 드는 것을 발견하였다. 이 스타킹 조각에는 모기를 유인하는 물질이 묻어 있으리라 짐작하고, 그 사람의 체취를 질량분석 및 가스 크로마토그래피 방법으로 분석하였다. 그 결과 모기가 좋아하는 사람의 체취에는 다양한 '카르복실산'이 함유되어 있음을 알았다. 이는 피부에 살고 있는 유익균들이 피부 조직에서 분비되는 피지를 먹어 치우면서 부산물로 '카르복실산'을 생산하였기 때문이다. 피시험자들 가운데 모기가 가장 좋아하는 사람은 그렇지 않은 사람보다 거의 100배나 많은 양의 '카르복실산'을 생산하였다. 피부조직에서의 '카르복실산' 생성은 먹는 음식이나 몸을 세척하는 샴푸에 의해 영향을 받지 않았다. 또한 그 사람의 체취가 묻은 스타킹에 향수를 뿌려도 여전히 모기가 달려들었다. 즉 피부 냄새는 피부에 서식하는 세균에 의존적이라는 사실을 알았고, 몸을 씻는다고 세균집단이 변하지 않으며, 향수를 뿌리더라도 '카르복실산'에 의한 모기의 유인은 방해받지 않음을 알 수 있다. 따라서 피부에 존재하는 박테리아 군집의 변화가 없으면, 모기를 끌어들이는 경향성에 차이가 나타나지 않음을 알 수 있다.

모기는 바이러스나 병원균을 옮기는데 있어서 대단히 효과적인 운반체로 기능한다. 황열, 뎅기열, 지카 바이러스 등 다양한 바이러스의 숙주 역할을 한다. 뿐만 아니라 말라리아 균을 옮기는 매개체 역할도 한다. 한 마리의 암컷 모기는 3~6주 정도 사는데, 그동안 여러 사람의 피를 빤다. 이는 혈액으로부터 단백질을 확보하여 4일마다 알을 낳으며 번식하기 위한 영양분으로 사용하기 위해서다. 모기는 반복적으로 사람들을 물기 때문에 사람에게서 다른 사람으로 병원균을 전파시킬 수 있다. 따라서 모기에게 물리지 않는 방법을 고안하는 일은 전염병 예방에 대단히 중요한 일이다. 모기는 사람의 이산화탄소 배출이나 체온, 피부 냄새 등에 민감하다고 알려져 있다. 호흡으로 인한 이산화탄소의 발생과 체온은 항온동물의 공통적인 특성이므로 동물 간 차이를 보여주지 못한다. 하지만 피부 냄새는 각 개체마다 다르므로 모기를 유인하는 정도에 차별성을 띠게 된다. 어떤 사람들은 혈액형에 따라 모기가 좋아하는 경향이 다르다고 말하기도 하는데, 이는 실험적으로 뒷받침되지 못한 가설이다. 또한 비타민 B를 섭취하거나 마늘을 먹으면 모기가 달려들지 않는다는 민간처방도 있으나 이도 확실하지 않다. 다만 모기의 선호도가 피부에서 발생하는 '카르복실산'의 냄새 때문이라는 사실은 이번에 확인된 것이다.

따라서 모기가 달려들지 않도록 하려면 몸에서 나는 피부 냄새를 조절할 필요가 있다. 피부 냄새는 개인마다 다를 수 있다. 모기는 사람마다 발생하는 냄새의 특성을 파악하여 그 차이를 구별할 수 있는 것이다. 성경에도 몸의 냄새를 이용한 형제 간의 암투에 관한 기록이 있다. 아브라함의 아들 이삭에게는 쌍둥이 아들이 있었다. 이삭은 나이 많아 기력이 떨어지고, 눈도 어두워져 사물의 분간이 어려워지자 자신이 조상에게로 돌아갈 날이 멀지 않았음을 깨달았다. 그래서 맏아들 에서를 불러 장자로서 앞으로 누릴 축복을 마음껏 해 주기로 작정하였다. 그는 에서에게 사냥을 하도록 시키고, 잡은 짐승으로 맛있는 별미를 만들어 오게 하였다. 그 음식을 먹은 다음 축복해 주겠다고 약속하였다. 이를 엿들은 이삭의 아내 리브가는 에서가 사냥하기 위해 떠난 사이, 둘째 아들 야곱에게 자초지종을 얘기하고, 빨리 살찐 염소를 잡아오라고 말하였다. 그리고는 염소고기로 만든 요리를 야곱의 손에 들려주며 이삭에게 들어가도록 하였다. 어머니 리브가의 도움으로 아버지 이삭을 찾은 야곱은 형 에서의 흉내를 냈다. 목소리가 야곱과 비슷하다고 여긴 이삭은 의심이 들어 네가 어찌 이같이 속히 잡았느냐? 라고 묻자 하나님께서 순조롭게 짐승을 잡을 수 있게 하셨다고 야곱은 거짓말을 하였다. 하지만 이를 믿을 수 없었던 이삭은 야곱으로 하여금 가까이 오게 한 다음 만져 보았다. 털이 많은 맏아들 에서와 매끈한 피부의 야곱을 구별하기 위해서다. 그런데 야곱은 이에 대해 미리 대비를 하였다. 자신의 손과 목에 염소 새끼 가죽을 두르고 들어간 것이다. 몸에 털이 덮여 있었으므로 음성은 야곱이지만, 손은 에서의 손이로다 하며 머리를 갸우뚱하고 의심하였다. 촉각에 의지하여 맏아들을 구별하고자 했던 이삭은 여전히 확신을 갖지 못하고, 반신반의하며 고기와 포도주를 먹었다. 배부르게 먹은 이삭은 축복하기 전 마지막으로 다시 한번 확인하고자 하였다. 음식을 가져온 야곱에게 가까이 와서 자신에게 입맞추라고 명하였다. 냄새를 맡아 구별하려는 의도였다. 아비에게 입을 맞추기 위해 다가온 야곱은 형 에서의 옷을 입고 들어갔기에 속일 수 있었다. 에서의 채취가 묻은 옷 때문에 후각을 이용한 구별에도 들통나지 않았다. 옷에서 나는 냄새는 옷의 재료로 말미암은 냄새도 있지만, 옷 입은 사람의 땀과 피부 분비물의 체취도 묻어 있다. 이 냄새들의 독특한 조합이 각 사람에게 특이적인 체취로 형성되어 있었을 것이다. 에서에게서 나는 특유의 냄새를 맡은 이삭은 자기 앞에 있는 아들이 장남 에서라고 마침내 확신하였고, 마음껏 하늘의 복과 땅의 소산의 복, 그리고 만민의 주가 되며, 복의 근원이 되기를 빌며 축복하였다. 쌍둥이로 태어났지만 간발의 차이로 장자의 위치를 놓친 야곱은 털이 많은 형 에서의 피부 냄새를 이용하여 아버지를 속였다. 그래서 족장의 권위로 맏아들에게 베푸는 복을 가로챈 것이다.

각 사람은 자신만의 독특한 냄새를 갖고 있다. 그래서 냄새로 사람의 정체성을 확인할 수 있다. 우리 그리스도인에게도 독특한 냄새가 있다. "우리는 구원받는 자들에게나 망하는 자들에게나 하나님 앞에서 그리스도의 향기니 이 사람에게는 사망으로부터 사망에 이르는 냄새요 저 사람에게는 생명으로부터 생명에 이르는 냄새라 누가 이 일을 감당하리요"(고후 2:15-16). 그리스도인에게는 특유의 냄새가 있다. 이 냄새는 사망에 이르게도 하고, 생명에 이르게도 한다. 우리의 말과 행동에서 생명에 이르게 하는 냄새가 나야 한다. 썩고 죽은 냄새가 난다면 참다운 그리스도인이 아니다. 우리의 삶에서 거룩한 냄새가 나야 한다. 옳은 행실로 옷 입고, 주님의 사람으로서 정체성을 나타낼 수 있는 향기를 뿜어내야 한다. 오늘도 그리스도의 향기를 풍기는 삶이 되도록 힘써야 하겠다고 다짐해 본다.

마른 호수에서 살아남는 킬리피시의 비밀

$\longmapsto\!\!\!\!\!\!\raisebox{-2pt}{∝}\!\!\!\!\!\longmapsto$

    물이 없는 연못에서도 살아남는 물고기가 있다. 아프리카 모잠비크나 짐바브웨 지역의 연못에 사는 킬리피시는 극심한 가뭄이 지속되는 환경에서도 살아남는다. 비가 내리는 우기에는 물이 고여 연못을 이루지만 건기 동안에는 마른 바닥을 드러내는 환경에서도 킬리피시는 살아갈 수 있다. 과연 킬리피시의 생존비밀이 무엇일까? 호수에 물이 차면 킬리피시는 알에서 부화하여 성장하다가 가뭄이 올 때쯤 알을 낳고 죽는다. 그런데 산란 후 알의 상태로 말라 터진 호수 바닥에서 견디는 것이 아니다. 알이 발생을 시작하여 배아가 된 채로 마른 흙 속에서 견딘다. 배아는 근육, 심장, 원시 생식 세포, 뇌, 그리고 신경과 근육의 시냅스 접합과 같은 복잡한 시스템을 갖고 있다. 배아의 뇌에는 신경 줄기세포와 함께 분화된 신경세포들이 있다. 이처럼 여러 종류의 세포와 조직, 그리고 복잡한 구조를 지닌 배아가 발달을 멈추고 건조한 환경에서 견뎌낸다. 그 비밀이 무엇일까? 킬리피시의 배아가 혹독한 환경에서도 살아남아 생존하는 비결은 바로 휴면 능력 때문이다. 환경이 나빠질 때, 아프리카 청록색 킬리피시의 배아는 70% 이상이 휴면으로 들어가고, 이들이 자연적으로 휴면상태에서 벗어나기까지 5~6개월 정도 걸린다. 일부 배아들은 10개월 이상 휴면상태에 있기도 하고, 때로는 2년 동안 휴면을 유지하는 경우도 있다. 따라서 성체 물고기는 4~6개월 정도 사는데 비해, 배아의 휴면상태는 성체의 수명보다 훨씬 길다. 이는 예측 불가능한 기후변화로부터 자신을 보호하는 생존체계라 할 수 있다. 휴면기에 들어가는 배아는 단순한 세포 덩어리가 아니다. 휴면기에는 생리 및 생화학적 반응들이 모두 멈춘 것이 아니다. 휴면기 중의 배아에는 다양한 생명현상들이 여전히 지속되고 있다. 그런데 어떻게 휴면으로 스스로를 보호하는지 그 메커니즘은 아직도 베일에 싸여 있다.

그런데 한 가지 실마리를 제공하는 연구 결과가 발표되었다. 스탠포드 대학교 유전학과의 앤 브루넷(Anne Brunet) 교수팀은 휴면기의 킬리피시 배아의 유전자 발현 패턴에 대해 체계적 분석을 하였고, 이 결과를 2020년 '사이언스(Science)' 저널에 발표하였다. 연구팀은 휴면기간이 지속되는 동안 유전자 발현의 변화를 조사하였다. 심장 박동 패턴의 변화를 초기 휴면기의 특징으로 사용하여, 그때부터 3일, 6일, 1개월 후 배아를 대상으로 조사하였다. 유전자 발현을 조사한 결과, 세포 증식과 장기 발육에 관련된 유전자는 휴면기의 전체 기간 또는 후반부에 조절되었다. 하지만 한 가지 주목할 만한 예외는 근육이었다. 근육의 발달과 기능에 관련된 유전자는 초기에 발현이 증가되었고, 휴면기 후반에는 낮게 발현되었다. 그리고 자가식작용과 아미노산 및 핵산의 대사 경로에 관련된 유전자는 휴면 기간 내내 발현이 이루어졌다. 따라서 휴면 중에도 신진대사와 장기발달 관련 유전자들의 발현은 역동적으로 조절되고 유지되고 있음을 알았다.

휴면시기에 가장 높이 발현되는 유전자들 10개 가운데 3개는 후성유전학적으로 유전자 발현을 조절하는 인자들이다. 즉 DNA 염기서열의 변화 없이 유전자 발현의 변화를 유도하게끔 만든다. 이런 조절 메카니즘에는 염색사의 구조가 중요한 역할을 한다. 염색사의 구조가 느슨하게 풀리면 그 부위의 유전자는 발현하고, 염색사가 단단히 응축되어 있는 부위에서는 유전자의 발현이 억제된다. 히스톤 단백질의 변형에 의해 염색사 구조의 변화가 주로 유도된다. 히스톤 주위로 DNA 사슬이 감겨 있으며 히스톤의 생화학적 변화가 DNA 사슬의 응축 정도를 결정하기 때문이다. 킬리피시의 휴면기간 중 높이 발현되는 2개 유전자는 히스톤에 메틸기를 붙이는 효소들이다. 그리고 나머지 1개는 메틸기가 붙은 히스톤에 결합하여 그 부근의 유전자 발현을 억제하는 단백질을 만드는 유전자였다. 그래서 근육 발달 유전자의 경우, 히스톤 단백질의 메틸화가 휴면기 후반에 주로 발생하고 유지됨으로써 이들 유전자의 발현이 억제되고 있음을 확인한 것이다. 이처럼 휴면기간에도 생화학적 및 생리적 작용이 멈추지 않고 다양한 유전자의 발현이 조절되고 있다. 이와 아울러 배아가 5개월 이상 휴면 상태를 유지하더라도 휴면이 끝난 후 이어지는 성장, 생식, 그리고 수명에 부정적인 영향을 미치지 않았다. 이는 휴면기간의 길고 짧음은 향후 생존에 불리하게 작용하지 않는다는 사실을 말해 준다. 휴면은 척박한 환경이 지속될 때에 야기될 수 있는 조직 손상으로부터 장기를 보호하는 메커니즘인 것이다. 따라서 킬리피시가 휴면을 하는 것은 환경이 좋아질 때 성체로 발달하여 살아갈 미래의 삶을 위한 놀라운 적응현상임을 말해 주고 있다. 장기들과 신경근육 접합과 같은 복잡한 시스템, 그리고 다양한 세포 유형들을 불리한 환경 하에서도 장기간 보존할 수 있다는 것은 신기한 일이다.

킬리피시의 휴면은 척박한 환경에서 일시적으로 생명현상을 중지하여 장기적으로 개체를 보존할 수 있는 가능성을 보여준다. 그리고 극한 환경에 대해 내성을 가지는 생명체의 능력에 대해서 중요한 이해를 제공한다. 물고기가 물이 없어도 견디고 살아낼 수 있다는 사실에 경이감을 느낀다. 영적인 존재인 우리도 깊은 침체의 늪에서 살아내고 이겨낼 수 있는 능력이 필요하다. 사탄은 우리가 역동적인 신앙의 삶을 살아내지 못하도록 끊임없이 공격한다. 우리로 하여금 두렵게 하고 힘을 잃게 만든다. 세상이 주는 유혹이나 고난은 우리를 힘들게 한다. 또한 앞으로 나의 삶에서 무슨 일이 일어날지 모른다는 불안감은 우리로 하여금 두려움을 갖게 한다. 그래서 용기를 잃게 하고 주저앉게 만든다. 3차 전도여행을 마치고 예루살렘으로 왔던 바울은 유대인들로부터 모함을 받아 송사를 당하였고 살해 위협을 여러 차례 경험하게 되었다. 그러자 로마 군인들은 바울을 예루살렘으로부터 로마총독이 있는 가이샤라로 이송하였다. 그곳에서 바울은 2년 동안 구금되어 있었다. 여러 차례 심문을 받던 바울은 로마시민으로서 로마황제 앞에서 재판 받기를 총독에게 청원하였다. 이로 인해 바울은 죄수의 신분으로서 로마로 호송되면서 알렉산드리아 배를 탔다. 처음에 순항을 하던 배는 큰 광풍을 만나게 되었다. 밤새도록 바람은 미친 듯이 불었고, 배에 물이 차 올랐다. 사흘 동안 폭풍이 지속되자, 배 안에 있던 군인들과 선원들, 죄수들은 배에서 버릴 만한 것들을 모두 바다에 던져 버렸다. 맹렬한 파도는 멈추지 않았고, 돛대는 부러지고 돛은 찢어졌다. 망망한 지중해에서 일엽편주의 배는 좀처럼 균형을 잡지 못하고, 세찬 비바람과 격랑에 이리저리 흔들리며 부서질 듯하였다. 배 안의 사람들은 한순간도 쉬지 못하고 들이닥친 물을 퍼 내야만 했다. 이러한 극한 시련의 상황에서도 오직 한 사람, 바울은 절망하지 않았다. 왜냐하면 지난 밤에 천사를 만났고, 배 안의 생명이 하나도 다치지 않을 것이라는 예언을 들었기 때문이다. 그래서 바울은 폭풍우 속에서 오히려 사람들을 안심시키고 위로하였다. 배 안의 사람들은 14일 동안 아무 음식도 먹지 못하였고, 오로지 성난 파도와 사투하며 악전고투하였다. 정신없이 표류하던 배는 마침내 어느 해변 가까이 밀려왔고, 배는 이윽고 깨어지기 시작했다. 배에 더이상 머물 수 없었던 삼백여 명의 사람들은 바다에 뛰어 들었다. 그들은 널조각이나 물에 뜨는 물건을 의지하여 육지로 헤엄쳤다. 이때가 11월이었다. 살을 에는 차디 찬 바닷물에 늙고 지친 바울도 나무조각을 붙잡고 헤엄을 쳐야만 했다. 그 고통과 참담함을 어찌 상상할 수 있을까! 감사하게도 배에 탔던 모든 사람들은 무사히 멜리데 섬에 상륙할 수 있었다. 이렇게 한치 앞도 내다볼 수 없는 막막한 상황 속에서도 바울은 흔들리지 않았다. 차가운 바닷물의 한기에 덜덜 떨며 입술이 새파랗게 변하는 상태에서도 바울은 견고한 믿음의 사람으로 버틸 수 있었다. 당시의 바울은 육신적으로 강건한 사람이 아니었다. 그는 일개 죄수에 불과했고, 안질에 시달리며 늙고 병약한 사람이었다. 또한 물개처럼 수영에 자신만만한 사람도 아니었다. 그런 그가 정신적으로 영적으로 흔들리지 않는 거목으로 우뚝 설 수 있었던 이유는 그의 초점이 하나님께로 향해 있었기 때문이다. 이것이 담대함의 비밀이었다. 바울처럼 우리도 엄습하는 세상의 파도 가운데 옳은 방향을 잡을 수 있으려면 주님의 위로하심과 보호하심을 경험해야 한다. 하나님께서 함께 하심을 인식할 수 있는 자는 담대해진다. 나에게 어떠한 절망이 닥치더라도 먼저 주님 앞에 무릎을 꿇어야 한다. 절박한 상황을 주님께 아뢰고 도움을 요청해야 한다. 그 기도에 응답하시는 주님께서 해결해 주심을 목도할 수 있어야 한다. 그런 자가 용감하게 걸어갈 수 있다.

"내가 주의 인자하심을 기뻐하며 즐거워할 것은 주께서 나의 고난을 보시고 환난 중에 있는 내 영혼을 아셨으며 나를 원수의 수중에 가

두지 아니하셨고 내 발을 넓은 곳에 세우셨음이니이다"(시 31:7-8). 하나님께서 우리의 고통과 탄식을 들으시고, 주님의 은혜 베푸심을 경험하는 자가 진정으로 용기 있는 삶을 살아갈 수 있는 사람이다.

도토리가 번식하는 방법

주말이나 공휴일에는 아내와 함께 집 근처의 산을 가끔씩 오른다. 숲 속의 시원한 그늘과 상쾌함을 즐기며 걷다 보면 귀여운 다람쥐나 청설모들을 자주 보게 된다. 이들은 먹이를 찾아 부지런히 나무를 오르내리며 지나가는 사람들을 바라보기도 하지만 크게 경계하지 않는 듯하다. 우리나라 야산에는 참나무과에 속하는 떡갈나무, 신갈나무, 졸참나무, 굴참나무, 갈참나무, 상수리나무들이 많이 있어 도토리 열매가 풍부하다. 도토리는 겉이 단단하며 매끄러운 과피로 둘러싸여 있고, 녹말과 같은 탄수화물이 40%, 단백질이 3%, 지방이 5.5% 등 영양성분이 잔뜩 들어 있다. 이와 함께 쓰고 떫은 맛의 탄닌 성분도 10~20% 정도 함유하고 있다. 그래서 도토리는 곰과 멧돼지를 포함한 여러 야생동물들의 주요 먹거리가 된다. 다람쥐와 청설모도 도토리를 좋아하는데, 이들은 먹고 남은 도토리를 땅에 묻어 둔다. 이는 먹거리가 부족한 겨울을 위해 저장해 두는 습성 때문이다. 그런데 이들은 기억력이 좋지 않아 어디에 묻어 두었는지 잊어버린다. 이렇게 땅에 묻힌 채 잊혀진 도토리는 이듬 해 봄이 오면 싹을 틔어 자라는 것이다. 도토리뿐만 아니라 밤이나 잣도 이런 방법으로 전파된다. 이처럼 다람쥐의 망각은 식물의 번식에 큰 도움이 된다.

동물을 이용한 식물의 번식 방법은 여러 가지가 있다. 동물의 먹이로 열매가 먹힌 다음 배설될 때, 소화되지 않은 씨가 배출되어 전파되는 경우도 있다. 빨간 산수유 열매나 노란색의 겨우살이 열매는 새들의 좋은 먹이감이다. 새의 위장을 거쳐 배설된 씨는 멀리 옮겨져 새로운 장소에서 싹이 나고 자란다. 한편 도깨비바늘 씨앗은 갈고리 구조를 갖고 있어 동물의 털에 잘 달라붙을 수 있다. 반면에 진득찰과 같은 식물은 끈적끈적한 물질을 분비하여 동물의 몸에 찰싹 달라붙게 만든다. 이렇게 동물의 몸에 부착하게 되면 동물의 이동경로에 따라 전파될 수 있다. 동물의 행동반경이 크면 클수록 멀리 이동할 수 있다. 그리고 곤충을 이동수단으로 활용하는 씨앗들도 있다. 깽깽이풀, 금낭화, 제비꽃, 산괴불주머니 등의 씨는 개미가 좋아하는 물질을 부착하고 있다. 엘라이오솜(elaiosome)이라는 젤리 상태의 부착물이 씨 한쪽 모서리에 붙어 있다. 엘라이오솜에는 지방, 단백질, 비타민 등이 있어서 개미의 유충에게 좋은 영양이 된다. 그래서 개미는 씨앗들을 집으로 운반하여 엘라이오솜을 먹어 치운 후 남게 되는 씨앗을 더이상 쓸모가 없다고 판단하여 개미집 근처에 내다 버린다. 그래서 이듬해에는 개미집 주변에 새로운 싹이 돋고 꽃이 피는 것을 볼 수 있다. 이와 같이 동물은 식물로부터 영양이 풍부한 먹거리를 얻고, 식물은 동물을 이용하여 먼 곳으로 씨앗을 보내어 후손을 퍼트릴 수 있다. 씨앗은 스스로 움직일 수 없다. 하지만 이곳저곳 활보하거나 날아다니는 동물들에 의해 다른 지역으로 옮겨질 수 있다. 동일한 장소에는 같은 종류의 나무들이 이미 터를 잡고 있으므로 다른 지역으로 가서 성장하는 것이 유리하다. 씨앗의 입장에서는 경쟁을 피하여 살아남을 확률이 커진다. 그러므로 동물을 운반수단으로 활용하는 것은 훌륭한 생존전략인 셈이다. 씨의 전파는 동물뿐만 아니라 바람에 의해서도 가능하다. 씨앗의 크기가 작은 경우, 바람에 의해 쉽게 날아갈 수 있다. 또는 씨앗에 털이나 날개 같은 것이 달려 있어 바람에 잘 날아갈 수 있도록 설계되어 있는 것들도 있다. 대표적으로 민들레가 있다. 민들레 씨는 갓털을 부착하고 있어 바람에 흩날리기 좋게 되어 있다. 그리고 단풍나무 열매는 프로펠러 구조로 되어 있어 바람을 타고 빙빙 돌며 날아갈 수 있다. 바람뿐만 아니라 물에 의해 퍼지는 씨앗도 있다. 대개 수생식물들이 구사하는 전파 방법이다. 털 달린 작은 씨들이 바람에 날리다가 물에 떨어지면 물길을 타고 흘러간다. 그래서 하천 주변의 새로운 곳에 정착하는 것이다. 이뿐만 아니다. 식물 자체가 씨를 퍼트리는 물리적 장치를 가지고 있는 경우도 있다. 콩과 식물은 씨앗들이 꼬투리 안에서 익는다. 충분히 성장하고 나면 꼬투리가 비틀려 터지는 힘으로 튕겨진다. 이와 비슷하게 봉선화와 괭이밥과 같은 식물은 씨앗 주머니가 건드려질 때 폭발하듯 터지면서 씨앗을 퍼트린다. 그리고 풍년화 열매는 발사장치 같은 구조가 있어 멀리 떨어진 곳으로 씨를 날려 보내기도 한다.

이처럼 식물은 자신만의 독특한 방법으로 열매를 퍼트리며 생존해 나간다. 경쟁을 피해 자신이 자란 곳에서 멀리 이동하여 새로운 땅에 정착하고자 여러 전략을 구사한다. 아무것도 없는 새 땅에 정착하기도 하지만 기존에 다른 식물들이 자리잡고 있으면 이들과 치열한 경쟁을 벌여야 한다. 예수님께서 무리들을 가르치실 때, 씨 뿌리는 농부에 대해 말씀하셨다. 씨가 뿌려질 때, 길가에 떨어지기도 하고, 바위 위에 떨어지기도 하며, 가시떨기 속에 떨어지기도 하고, 좋은 땅에 뿌려지기도 하였다. 길가에 떨어진 씨는 새들이 와서 먹어 버리고, 바위 위에 떨어진 씨앗은 싹이 나다가 물기가 없어 말라 죽고 말았다. 가시떨기 속에 떨어진 씨는 가시덤불의 기운에 막혀 더이상 자라지 못한다. 하지만 좋은 땅에 떨어진 씨는 잘 자랄 수 있어서 백 배의 결실을 맺을 수 있었다고 말씀하셨다. 씨가 흩뿌려질 때 성공적으로 활착하기 위해서는 여러 방해조건들과 싸워야 함을 말해 주고 있다. 뿌리를 내릴 수 없는 딱딱한 지면에서는 씨앗의 발아조차 하기 힘들다. 돌이 많은 곳에서는 습기가 적고 메말라 씨가 가지고 있는 영양분을 충분히 녹여내지 못하므로 배아가 자라지 못한다. 가시떨기 속에 떨어진 씨는 이미 터를 잡고 있는 가시덤불과 생존경쟁을 해야 하므로 마음껏 성장할 수 없다. 그런데 옥토에 떨어진 씨는 자신이 가진 생명력을 충만하게 발휘할 수 있다. 제자들은 이 비유에 담긴 뜻을 주님께 물었고, 예수님께서는 소상하게 설명해 주셨다. 씨는 하나님의 말씀이요 뿌려진 장소는 말씀을 듣는 우리의 태도를 의미한다고 하셨다. 길가에 뿌려진 씨는 말씀을 들었지만 마귀가 그 마음에서 빼앗아 가버린 경우이고, 바위 위에 씨가 있다는 것은 말씀을 들을 때 기쁨으로 들었지만 뿌리가 없기 때문에 잠깐 믿다가 시련을 당하자 배반해 버리는 자라고 하셨다. 가시떨기에 뿌려졌다는 것은 살아가면서 겪는 삶의 염려나 재물에 대한 욕심, 세상의 향락을 좇는 태도로 인해 결국 결실을 맺지 못하는 것이다. 마지막으로 좋은 땅에 씨가 뿌려짐은 착하고 부드러운 마음에 말씀의 씨가 떨어졌음을 뜻하며 이는 말씀의 뜻을 깨닫고, 어려운 상황 속에서도 인내하며 말씀의 원리를 지켜나가는 자라고 하셨다. 하나님의 말씀에 정직하게 반응하여 말씀이 가르치는 대로 순종하는 사람이 결국에는 백배의 결실을 맺는다는 말이다. 오늘날 우리는 말씀의 홍수 속에서 살아가고 있다. 방송이나 인터넷을 통해 넘쳐나는 메시지를 들을 수 있다. 또한 신앙 서적이나 잡지를 통해 하나님의 말씀에 대한 해석과 가르침을 얼마든지 접할 수 있다. 말씀의 씨는 폭넓게 그리고 빈번하게 뿌려지고 있다. 그럼에도 불구하고 세상과 나는 변화가 없다. 이는 말씀이 없어서가 아니라 말씀에 반응하는 우리의 자세에 문제가 있기 때문이다. 성경말씀에 담겨진 삶의 원리들을 깨달을 때마다 실질적이면서도 온전하게 우리의 삶에 적용하는 경우가 많지 않기 때문이다. 말씀이 육신이 되어 이 땅에 오신 주님처럼 우리에게도 말씀이 삶에서 실현되는 성육신의 삶이 이루어지길 소원한다. 그래야만 나의 생각이 변하고 나의 말과 행동에 변화가 일어난다. 매일의 삶에서 작은 변화가 일어날 때, 주님께 조금씩 더 가까워지는 나 자신을 발견할 수 있으리라 믿는다. 나의 인생뿐만 아니라 내 주위 사람과 환경도 말씀의 씨앗을 진실하게 수용하길 원한다. 그래서 이 씨앗들이 자라고 결실하여 멋진 열매들로 풍성해질 것을 기대해 본다. 오늘도 거칠고 척박한 내 마음을 갈아 엎어 주님의 말씀에 신실하게 반응하는 좋은 땅으로 변화되고, 말씀의 깨달음대로 순종하는 자세 갖길 엎드려 기도한다.

갱년기는 인간에게만 있나?

———— ✦ ————

　폐경기는 여성에게서 생리가 끝나고 자연적으로 더이상 임신할 수 없는 시기를 말한다. 폐경은 45세에서 55세 사이 나타나며, 정상적이고 자연스러운 노화 과정이다. 여성의 자궁 내막은 임신을 위해 매달 수정란의 착상을 준비하면서 두꺼워진다. 그러다 배란된 난자가 수정되지 않고 자궁에 착상하지 않으면 내막은 탈락되면서 몸 바깥으로 유출된다. 이 작용이 한 달에 한 번씩 여성의 몸에서 일어나는 월경이다. 그런데 나이가 들면서 난자의 숫자는 줄어들고 배란과 생리, 임신도 중단된다.

　이처럼 갱년기는 인간 여성에게 찾아오는 두드러진 현상임을 잘 알고 있지만, 모든 포유류에게 공통적인 것은 아니다. 지금까지 인간과 소수의 고래, 즉 이빨이 있는 고래 종에서만 관찰되었다. 그런데 침팬지에게도 폐경기가 있으며 갱년기 이후에도 상당한 기간 생존하며 무리생활을 하고 있음이 2023년 사이언스(Science)지에 논문으로 발표되었다. 미국 로스앤젤레스의 캘리포니아 대학교 연구팀은 우간다 키발레 국립공원에 있는 응고고(Ngogo) 야생 침팬지 무리에 속한 185마리의 암컷 침팬지의 사망률과 출산율을 1995년부터 2016년까지 21년간 관찰하여 조사했다. 연구팀은 침팬지의 생식기간이 끝난 이후 갱년기 상태로 보낸 기간을 조사했다. 침팬지 암컷이 인간과 같은 폐경을 겪는지 평가하기 위해 임신 및 생식 상황을 파악하였다. 그리고 14살에서 67살 사이 66마리의 소변 샘플 560개로부터 호르몬 수준과 연령과의 상관관계를 분석하였다. 인간 여성의 폐경은 난소 난포의 고갈로 인해 난소 기능이 중단된다. 이로 인해 난포 자극 호르몬(FSH)과 황체형성 호르몬(LH), 그리고 난소 스테로이드 호르몬(에스트로겐 및 프로게스테론)의 감소를 경험하게 된다. 침팬지 개체군도 인간과 마찬가지로 30살 이후에는 생식력이 감소했으며, 50살 이후 암컷에게는 임신 및 출산이 관찰되지 않았다. 한편 응고고 침팬지 암컷의 경우, 50년을 넘어서도 살아가는 개체가 드물지 않았다. 생식활동 이후 갱년기 기간의 통계값은 0.195로서 성체(14살)가 된 암컷이 살아갈 향후 생애의 약 1/5에 해당함을 나타냈다. 이들에 대한 호르몬 측정 결과, 침팬지 암컷은 폐경기를 겪으면서 FSH 및 LH의 농도와 에스트로겐 및 프로게스테론의 수준이 변화되는 것으로 특징지어지는 인간과 유사한 생식기능의 전환을 경험하였다.

인간과 마찬가지로 침팬지도 폐경을 겪는데, 난소에서 에스트로겐과 프로게스테론 호르몬의 생성이 중단되면서 발생한다. 물론 이런 과정이 하루아침에 일어나지 않는다. 에스트로겐 분비량이 정상치보다 낮은 수준으로 감소하는데 몇 년이 걸린다. 다만 한 번 분비량이 떨어지기 시작하면 다시 늘어나지 않는다. 특히 사람은 평균 수명의 증가로 인해 여성들이 폐경기 이후 에스트로겐 결핍 상태로 인생의 3분의 1을 살아야 한다. 에스트로겐 분비가 줄어들면 피부와 근육의 탄력이 떨어지며 감정 변화가 수반된다. 또한 안면홍조가 생기거나 밤에 식은땀을 흘리기도 한다. 또한 수면 장애를 경험하기도 하고, 기분이 저조해지며 불안하고 신경질이 늘어날 수도 있다. 뿐만 아니라 질건조가 심해지고, 성관계에 대한 관심도 떨어진다. 이러한 증상들이 호르몬의 변화 때문에 일어난다. 에스트로겐이 부족하면 피부를 강하게 만드는 콜라겐 단백질과 피부에 탄력을 주는 엘라스틴 단백질의 생성량이 준다. 그래서 피부는 얇아지고 건조한 느낌을 받고 탄력이 떨어지게 된다. 어떤 사람에게는 피부 아래 벌레가 기어다니는 듯한 느낌을 받기도 한다. 평소에 우리 몸은 온도 변화에 잘 적응하는 편이다. 그런데 에스트로겐이 부족하게 되면 신체의 온도 조절 장치가 불안정해진다. 그리고 뇌조직에 에스트로겐 수용체가 있는데 이들의 활성화가 떨어지면 쉽게 불안해지고, 기분이 우울해지며 과민해지거나 짜증이 늘어날 수 있다. 뿐만 아니라 에스트로겐이 감소하면 골밀도가 줄어들어 골다공증이 생길 수 있는데, 이는 에스트로겐이 뼈 유지에 도움이 되기 때문이다. 특히 폐경 후 처음 5년간 골밀도는 급격히 감소한다. 그래서 뼈의 밀도가 줄어들고 약해지므로 넘어지거나 부딪혔을 때 골절되기 쉽다. 그리고 폐경 후에는 저밀도 지질단백질(Low Density Lipoprotein) 콜레스테롤 수치가 증가한다. 반면에 고밀도 지질단백질(High Density Lipoprotein) 콜레스테롤 수치는 폐경 전과 거의 마찬가지로 유지된다. 이러한 LDL 수치의 변화로 인해 피가 끈적하게 변하는 죽상경화증과 더불어 이와 연관된 관상동맥질환이 폐경기 이후 여성에게 찾아올 수 있다. 하지만 이런 변화가 노화나 폐경후 에스트로겐의 감소에 의한 것인지는 확실치 않다. 갱년기가 되면 에스트로겐뿐만 아니라 프로게스테론도 생산이 떨어진다. 프로게스테론은 매달 임신을 하기 위해 몸의 준비를 도와주며, 생리가 멈추면 이 호르몬의 생산도 멈춘다. 그리고 여성의 몸에서는 남성 호르몬인 테스토스테론도 낮은 수준으로 생산되는데, 성 욕구와 활력에 기여한다. 테스토스테론도 30대 이후부터는 줄어들게 된다. 그러므로 폐경기를 지나는 여성들은 뼈를 강화하고 심장을 보호하기 위해서 지방이 적고 칼슘이 많은 균형 잡힌 식사가 필요하다. 그리고 불안감, 스트레스를 줄이고 심장 질환 예방을 위해 정기적으로 운동해야 한다. 또한 안면홍조를 억제하기 위해서는 금연하고 술도 멀리해야 한다.

나이 들어가며 여성의 몸에는 호르몬의 생성에 변화가 발생하고, 이로 인해 많은 생리적 변화가 일어난다. 그중에 하나가 배란이 되지 않아 더이상 임신할 수 없는 갱년기로 접어드는 것이다. 성경에도 월경이 끊어지고 더이상 아이를 갖지 못하는 여인에 대한 기록이 있다. 신체적으로 임신이 불가능한 나이임에도 하나님으로부터 아들을 임신하게 될 것으로 약속 받은 여인이 있었다. "아브라함과 사라는 나이가 많아 늙었고 사라에게는 여성의 생리가 끊어졌는지라"(창 18:11). 하나님께서는 아브라함을 통해 큰 민족을 이루시겠다 약속하시며 그가 살던 갈대아 우르를 떠나라 하셨다. 아브라함 나이 75세 때, 아내 사라와 아버지 데라 그리고 조카 롯과 더불어 고향을 떠났고, 메소포타미아 지방의 변방인 하란에 머물렀다. 그곳에서 아버지 데라는 죽었다. 아버지의 죽음 이후 아브라함은 마침내 가나안 땅으로 들어왔다. 아브라함은 자신을 통해 큰 민족을 이루시겠다는 하나님의 약속이 사라의 몸을 통해 이루어질 것으로 기대하지 않았다. 왜냐하면 사라의 생리가 이미 끊어졌기 때문이었다. 이에 아브라함은 친족 혈육이던 조카 롯을 상속자로 삼아 그 뜻을 이룰 수 있으리라 기대하였다. 그러나 롯이 아브라함을 떠나 소돔으로 이주하면서 아브라함과 롯의 관계는 끝이 났다. 자신을 통해 큰 민족을 이루시겠다는 하나님의 약속이 있음에도 불구하고 시간만 자꾸 흘러갔다. 자녀 생산에 대한 기대를 더이상 할 수 없게 되자 다메섹 사람 엘리에셀을 입양하여 상속자로 삼을 생각을 하였다. 엘리에셀은 아브라함 집안에서 중요한 인물로 역할을 하였으며, 재정을 담당하는 청지기 혹은 집사의 아들로 여겨진다. 하지만 이도 하나님께서 인정하지 않으시고, 아브라함의 몸에서 날 자를 통해 이루실 것임을 분명히 말씀하셨다. 이에 사라는 자신의 종 하갈을 아브라함과 동침케 하여 상속자를 얻고자 하였다. 그래서 드디어 아브라함의 아들 이스마엘을 얻었다. 그러나 하나님의 의중은 이스마엘에게도 있지 않았다. 사라의 몸을 통해 난 아들이야말로 진정한 상속자가 되고, 그를 통해 민족을 이루시겠다는 구체적이며 분명한 약속을 다시 하셨기 때문이다. 이에 사라는 89세 되던 해 임신을 하게 되었고, 90세에 이삭을 얻었다. 아브라함이 100세가 되던 해였다. 자녀 생산에 대해서는 죽었던 사라의 몸을 하나님께서 다시 회복시키셨다. 그녀의 몸에서 배란이 일어나고, 수정이 되게 하시며 자궁에 착상케 하신 것이다. 그리고 태아가 건강하게 자라나 아들이 태어나게 하셨다. 그래서 믿음의 조상이 되게 하신 것이다. 하나님의 약속은 반드시 이루어진다. 상식적으로는 불가능한 일이라도 가능케 하시는 분이 하나님이시다. 기적을 상식이 되게 하시는 하나님이시다. 이분이 나의 아버지가 되심에 너무 자랑스럽다. 오늘도 하나님의 능력을 의지하고, 어려운 일을 만날 때마다 기도로 해결하는 믿음의 사람이 되길 원한다.

제 6장

신비한 자연세계

땅이 흔들릴 때

우리나라에서 땅과 건물이 심하게 흔들리는 것을 직접 경험하는 일은 흔하지 않다. 그렇지만 포항에 큰 지진이 발생했을 때, 당시의 공포스러운 순간을 나는 몸소 겪었다. 2017년 11월 15일 오후 2시 30분경이었다. 학교 사무실에서 글을 쓰다가 몸을 가누지 못할 정도의 흔들림을 경험하였다. 마침 의자에 앉아 있어서 넘어지지는 않았고 가까스로 중심을 잡을 수 있었다. 바로 건물 전체의 조명은 꺼지고 암흑천지가 되었다. 얼마 후 건물 밖으로 대피하라는 학교방송이 흘러나왔다. 하던 일을 멈추고 급히 바깥으로 나가던 중 잠시 화장실에 들렀는데, 깜깜한 실내에서 더듬거리다 벽에 앞머리를 부딪쳐 안경이 밀리는 통에 눈 위에 조금 찢어지는 상처를 입었다. 앞머리를 감싸 쥐고 밖으로 나오니 많은 사람들이 이미 밖으로 나와 웅성거리고 있었고, 각자 자신의 집으로 연락을 하며 가족의 안부를 확인하고 있었다.

이 지진의 진앙은 포항시 북구 흥해읍 남송리이고, 진원의 깊이는 7km였으며, 리히터 규모 5.4의 강진이었다. 이는 10개월 전 2016년 9월 12일에 발생한 리히터 규모 5.8의 경주지진에 이어 계기지진 관측 사상 두 번째로 큰 지진이었다. 포항에 지진이 발생하던 그날에 규모 2.2와 2.6의 지진이 먼저 일어났고, 그 뒤를 이어 규모 5.4의 강한 본진이 발생하였다. 이후 몇 차례 여진이 뒤따랐고, 2시간여 후에는 규모 4.3의 강한 여진이 또 한 번 일어났다. 이날의 지진 발생 이후 그 다음 해 2018년 5월 말까지 리히터 규모 2.0 이상의 여진이 총 100여 차례 발생했고, 미소지진을 포함하면 615회나 발생하였다. 진앙과 가까이 위치한 흥해읍의 오래된 아파트에는 심각한 균열이 발생하면서 기울어졌고, 한동대학교에서는 건물의 외벽에 붙어 있던 벽돌들이 무수히 떨어져 내렸다. 포항에서는 지진으로 인해 135명이 부상을 당했고, 재산 피해액만 3,300억 원에 이르렀다.

포항지진의 원인은 학자들의 세밀한 조사와 연구를 통해 이곳의 지열발전소에 의한 유발지진임이 밝혀졌다. 포항시 흥해읍 남송리에 세워진 지열발전소에서는 2012년부터 지하 4.3km까지 지름 21cm의 시추공을 2개 뚫었다. 그리고 지열로 뜨거워진 화강암 지층으로 물을 투입하여 수증기로 변하게 한 다음, 터빈을 돌려 전기를 생산하고자 하였다. 2016년부터 물을 주입하기 시작하였는데, 규모 2.2나 2.3 정도의 지진이 발생하여 잠시 중단하기도 하였으나 이후 다시 물 주입을 재개하였다. 그래서 총 5번의 주입이 있었는데 총 일만여 톤이 넘는 양의 물을 고압으로 주입하였다. 지하의 단층대에 직접 물을 주입했기 때문에 물이 지층으로 스며들면서 구조를 뒤틀리게 하였고, 작은 규모의 지진들을 유발하였다. 그리고 주입된 물은 지열에 의해 수증기로 변하면서 팽창하였고, 이로 인해 발생한 압력이 지층에 가해져 단층대를 활성화시킴으로써 큰 지진을 촉발한 것으로 밝혀졌다.

진도는 지진이 발생했을 때의 척도이다. 지진의 규모를 표현할 때 지진의 강도를 기준으로 하여 표시하는 것이 리히터 규모이다. 한편 사람의 느낌이나 주변의 물체 및 구조물의 흔들림과 피해 정도를 수치로 나타내기도 하는데 이를 수정 메르칼리 진도 계급이라 부른다.

진도 2~4까지는 사람이 느끼는 정도에 따라 나뉘고, 진도 5 이상은 건물의 피해도 포함된다. 진도 5는 거의 모든 사람이 진동을 느끼며 약간의 그릇과 창문 등이 깨지고 불안정한 물체는 넘어지는 정도이다. 진도 6이 되면 모든 사람이 바닥의 진동을 느껴 놀라서 뛰어나간다. 무거운 가구조차도 움직이며 벽의 표면에 바른 석회가 떨어진다. 진도 7은 대부분의 보통 건축물에 피해를 입힐 정도이며, 부실 건축물에는 상당한 피해가 발생한다. 그리고 진도 8은 설계가 잘된 구조물조차도 피해를 입으며, 일반 건축물에는 부분적 붕괴가 일어난다. 그리고 부실 건축물의 경우 아주 심한 피해를 입으며 창문이 떨어져 나간다. 또한 지표면에 모래와 진흙이 분출된다. 이러한 지진의 피해 정도는 지진 규모와 진앙과의 거리, 진원 깊이, 지진이 발생한 지역의 지질구조, 구조물의 형태에 따라 달라진다. 포항에서 지진으로 인해 발생한 피해는 내·외벽 파손, 담장 붕괴가 있었고, 벽외장재 탈락과 차량 파손 등이 많았다. 그리고 주택의 기둥, 벽체, 지붕 등 주요 구조부가 50% 이상 파손되어 수리하지 않고는 사용이 불가능한 경우도 있었고, 붕괴위험이 있어 위험하다는 판정을 받은 건물도 있었다. 또 특정 지역에서는 모래와 진흙이 분출되는 현상도 관찰되었다.

예수님께서 십자가에서 운명하실 때도 큰 지진이 발생하였다. 성자 하나님께서 하늘의 보좌를 버리고 이 땅에 인간의 몸으로 오셔서 우리 모두의 죄를 짊어 지시고 십자가 형벌을 몸소 당하셨다. 십자가에 달리신 그날 대낮이었던 정오에 갑자기 칠흑 같은 어둠이 내려앉았다. 이 어둠은 무려 3시간이나 지속되었다. 어둠의 끝자락에 주님은 '다 이루었다' 하며 외치셨고, 우리의 죄값을 대신 치른 사명을 온전히 수행했음을 선포하였다. "예수께서 다시 크게 소리 지르시고 영혼이 떠나시니라. 이에 성소 휘장이 위로부터 아래까지 찢어져 둘이 되고 땅이 진동하며 바위가 터지고 무덤들이 열리며 자던 성도의 몸이 많이 일어나되 예수의 부활 후에 그들이 무덤에서 나와서 거룩한 성에 들어가 많은 사람에게 보이니라. 백부장과 및 함께 예수를 지키던 자들이 지진과 그 일어난 일들을 보고 심히 두려워하여 이르되 이는 진실로 하나님의 아들이었도다 하더라"(마 27:50-54). 예수님이 이 땅에서 처절한 죽음을 맞는 순간 땅이 흔들리고 돌들이 부서지며 무덤이 갈라지는 지진이 있었음을 성경은 증언하고 있다. 이 당시 발생했던 지진의 규모가 상당히 컸다는 것을 짐작할 수 있다. 바위가 튀고 무덤이 나뉘어지며 성소에 걸렸던 휘장이 찢어질 정도였으니 사람들 모두가 두려워했던 것은 당연하다고 볼 수 있다. 예수님의 사형을 집행했던 백부장과 병사들은 흔들리는 땅으로 몸을 가누지 못하고 떨며, 십자가에 달려 있는 저 예수가 진실로 하나님의 아들이었다고 인정하며 고백하였다. 흑암이 덮인 지진의 현장에서 숨을 거두신 주님께서는 3일 만에 다시 부활하셨다. 이때도 예수님의 시신이 뉘어졌던 무덤은 땅이 흔들리는 지진으로 열렸다. 로마의 총독 빌라도는 경비병들을 보내어 예수님의 무덤을 굳게 지키라고 명령하였다. 그리고 무덤을 막는 큰 돌에 인봉을 하였다. 인봉을 뜯는 자에게 죄를 묻기 위함이었다. 하지만 어떤 사람도 그 인봉을 떼고 무덤을 열지 않았다. 하지만 무덤을 막고 있던 육중한 그 돌은 지진으로 속절없이 흔들리고 하나님의 천사가 굴려버렸다. "안식일이 다 지나고 안식 후 첫날이 되려는 새벽에 막달라 마리아와 다른 마리아가 무덤을 보려고 갔더니 큰 지진이 나며 주의 천사가 하늘로부터 내려와 돌을 굴려 내고 그 위에 앉았는데"(마 28:1-2)라고 당시의 상황을 알려 주고 있다. 돌을 굴려 무덤을 열어 제친 것은 부활하신 주님의 몸이 빠져나가기 위함이 아니었다. 무덤으로 찾아온 여인들에게 무덤은 비어 있음을 목격하도록 함이었다. 입구로부터 굴러 비껴난 돌 위에 천사는 앉아 있었고, 주님은 부활하셔서 이미 무덤을 떠나 갈릴리로 향했음을 여인들에게 증언하였다. 천지를 창조하신 하나님께서는 지진을 통해서 성자 하나님에 대해 증거하셨다. 초라한 모습으로 십자가에 달려 있었던 예수님이 만인의 죄를 구속하신 구주임을 극적으로 보여주신 것이다. 이뿐 아니다. 땅을 흔드는 지진을 통해 무덤을 막고 있던 돌을 치워버리고 빈 무덤을 세상에 보여주심으로써 예수님의 부활을 널리 알리셨다. 이처럼 하나님께서는 지진을 통해서 예수님을 온 세상의 구원자로 높이셨다. 내가 치러야 할 죄값을 대신 갚으사 나를 하나님의 자녀로 삼아 주시고, 죽음에서 부활하심으로 나에게 영생이 있음을 확증하여 주신 예수님께 어떻게 감사를 표해야 할지 모르겠다. 이제부터 내가 해야 할 일은 나를 향한 주님의 뜻을 알고, 남은 인생 주님께서 기뻐하시는 삶을 사는 것이다. 이것이 하나님께 감사하는 삶이라 생각한다.

보이저는 아직도 우주를 날고 있다

    여름의 밤하늘을 우러러보며, 수많은 별들의 향연에 압도당해 본 경험은 누구나 있을 것이다. 태양계가 속한 우리 은하의 무수한 별들이 강처럼 흐르는 은하수를 바라보며 사람들은 전설을 얘기한다. 여름 밤 마당의 평상에 올라 앉아 어른들이 얘기해 주는 견우와 직녀의 애틋한 사랑 얘기는 아직도 생생하다. 목동인 견우와 상제의 딸인 직녀가 서로 사랑을 하지만 신분의 차이가 너무 커 만나지 못하고 애타는 마음으로 떨어져 지내야만 했다. 이를 안타깝게 여긴 까마귀와 까치들이 은하수를 가로지르는 오작교를 7월 7석날 일 년에 한 차례 만들어 견우와 직녀로 하여금 해후할 수 있게 해준다는 슬픈 사랑 얘기이다. 실제로 7월의 여름철이면 견우성과 직녀성의 고도가 높아 밤하늘의 중천에 보인다. 그러면 봄, 가을에 지평선 근처에서 보일 때보다는 서로 가까이 있는 것처럼 보인다. 그래서 견우와 직녀가 만나는 것으로 생각했을 것이다. 이처럼 우리는 여름밤 별자리를 헤면서 각 별자리에 얽힌 전설을 얘기하며, 별들의 생성과 위치, 크기 그리고 어떻게 빛을 내며 반짝거릴까 궁금해한다.

    별들에 대한 궁금증을 조금이라도 풀어 보고자 태양계의 행성들을 탐사하려는 계획이 1960년대 말에 세워졌다. 탐사선 2개를 보내 목성, 토성, 천왕성, 해왕성, 명왕성 가까이 통과하면서 탐사하는 계획을 수립하였다. 캘리포니아 남부에 있는 제트연구소에서 미국 항공우주국(NASA)의 지원을 받아 우주선을 제작하였고, 보이저 1호와 2호로 명명하였다. 이들은 플로리다의 케이프 커내버럴 공군기지에서 우주로 발사되었다. 두 개 중 먼저 발사된 것은 2호로서 목성, 토성, 천왕성, 해왕성을 근접하여 통과하면서 탐사하는 궤도로 1977년 8월 20일에 발사되었다. 이 우주선은 3.3AU/년의 속도로 날고 있다. 천문단위 AU(Astronomical unit)는 태양과 지구 간의 평균 거리로서 약 1억 5천만km이다. 보이저 1호는 보름 후 1977년 9월 5일에 토성의 위성인 타이탄을 스쳐가는 궤도를 향해 발사되었는데, 보이저 2호보다 빠른 3.6AU/년의 속도로 비행하고 있다. 보이저 1호는 2호를 추월하여 빠른 경로를 통해 먼저 목성과 토성에 도달하게끔 발사 날짜를 조정하였다. 지구에서 발사된 순서가 아니라 목성에 더 빨리 도착하는 탐사선에 1호라는 이름을 붙였다. 보이저 1호는 이제 태양계를 벗어났으며 지구에서 바라볼 때 가장 멀리 날아간 인공물체가 되었다. 보이저 1호는 발사된 지 1년 6개월 만에 목성을 지났고, 목성을 통과한 지 1년 8개월 만에 토성에 도달하였다. 그리고 지구를 떠난 지 35여 년 만인 2012년 8월 25일에 마침내 태양권계면을 벗어나서 이제는 성간 세계로 날아가고 있다. 보이저 2호도 1호를 뒤따라 위대한 항해를 계속하고 있다. 목성, 토성, 천왕성, 해왕성을 통과하며 소중한 영상들을 전송하였다. 특히 천왕성과 해왕성을 방문하면서 처음으로 고화질의 사진을 찍어 지구로 전송하였다. 행성들에게 근접하여 구조와 구성물질을 조사하고, 고리가 존재한다는 사실을 확인하였다. 그리고 각 행성별로 수십 개씩 이르는 새로운 위성들을 발견하였다. 특히 목성의 위성인 이오, 유로파, 가니메데, 칼리스토와 토성의 위성 중 가장 큰 타이탄 등에 대한 상세한 정보를 보내왔다. 보이저 2호도 1호에 이어 2018년 11월 5일에 태양권계면을 마침내 벗어나 먼 우주를 향해 비행하고 있다. 이들 보이저 호는 이제 태양계 밖의 우주에 대한 정보를 보내오고 있다. 이와 아울러 지구에서 외계로 보내는 메시지를 담은 금속 레코드 판을 싣고 날아가고 있다. 외계의 지적 존재에 대한 호기심으로 지구의 문명정보를 담아 보낸 것이다. 자연의 소리와 음악, 그리고 55개 언어로 된 인사말이 보이저 호에 실려 있는 골든 레코드 판에 새겨져 있다.

보이저 1호는 1990년 2월 14일 명왕성 궤도를 지나며 태양계 가장자리에 이르렀을 때, 자세를 조정하고 카메라를 태양쪽으로 돌려 지구를 촬영하였다. 보이저 프로젝트에 참여했던 미국의 천문학자 칼 세이건의 제안으로 이 촬영이 이루어졌다. 처음에는 많은 반대가 있었다. 왜냐하면 엄청난 예산을 투입하여 발사한 보이저 1호가 손상될까 봐 염려하였기 때문이다. 만에 하나 카메라 방향을 반대로 돌렸다가 태양빛 때문에 카메라 렌즈가 망가질 것을 우려했던 것이다. 그런데 우주 비행사였던 당시 NASA 국장인 리처드 트룰리가 이 제안을 긍정적으로 받아들여 보이저 1호의 카메라를 돌려 지구 쪽으로 사진을 찍도록 하였다. 태양계 경계선, 즉 지구에서 61억km 떨어진 지점에서 바라본 지구의 모습은 어떠했을까? 영상에는 태양빛이 카메라에 반사되어 생긴 광선들 위에 희미하고 작은 점 하나가 찍혀 있었다. 칼 세이건은 이를 '창백하고 푸른 점(Pale Blue Dot)'이라고 표현하며, 자신이 지은 책의 제목으로 사용하였다.

태양계 가장자리에서 바라본 지구는 작고 희미한 점에 불과하였다. 그런데 지구로부터 약 1,350광년 떨어진 오리온 자리의 삼태성에서 바라본 지구는 어떨까? 아마 눈을 씻고 보아도 흔적조차 발견하지 못할 것이다. 우리 은하에는 1,000억~4,000억 개의 별이 있다. 나선들로 모양이 이루어진 원반 형태의 우리 은하는 지름이 약 10만 광년이나 된다. 이러한 은하가 이 우주에는 무수히 많다. 현재 관측 가능한 우주에 약 2천억 개의 은하가 있는 것으로 여겨진다. 하지만 측량하기 어려운 광활한 우주에 더 많은 은하들이 흩어져 있으며, 2조 개가 넘는 은하가 있다고 추정되기도 한다. 각 은하는 나선은하, 막대 나선은하, 렌즈형 은하, 타원은하, 불규칙은하의 다섯 가지 범주로 나눠지고, 우리 은하는 막대 나선은하로 분류된다. 광대한 우주에서 지구는 어떤 존재일까? 넓은 우주의 티끌에 지나지 않는다. 이렇게 작은 지구에서 우리는 서로 싸우고 죽이며, 사랑하고 시기하며, 경쟁하고 낙담하며, 좌절하고 분노하기도 한다. 80억 인간들이 이 작은 점 위에 옹기종기 모여 있으며, 그동안 이루어 놓은 문명에 교만하여 우쭐대기도 한다. 작은 먼지 위에서 벌어진 칭기스칸과 알렉산더의 대제국 건설은 어떤 의미가 있을까? 지금도 전쟁을 벌이며 자신의 영토확장을 위해 피 흘리는 나라들은 어떤 가치를 위해 싸우는가?

그런데 놀라운 사실이 있다. 이렇게 광활한 우주를 만드신 창조주 하나님께서 작은 티끌 위의 먼지만도 못한 우리를 기억하시고 사랑하신다는 것이다. "그가 홀로 하늘을 펴시며 바다 물결을 밟으시며 북두성과 삼성과 묘성과 남방의 밀실을 만드셨으며 측량할 수 없는 큰 일을, 셀 수 없는 기이한 일을 행하시느니라"(욥 9:8-10). 지극히 광대하고 위대하신 하나님께서 보실 때, 작은 점에 지나지 않는 지구는 아무런 의미가 없을지 모른다. 그럼에도 불구하고 하나님께서는 우리를 소중히 여기신다. 이는 기적 중의 기적이다. 하나님께서는 성자 하나님을 우주 속의 이 작은 지구로 보내사 우리를 위해 죽게 하시고, 구원의 은혜를 베풀어 주셨다. 그리고 우리를 자녀로 삼아 주셨다. 이게 가당키나 한 일인가? 밤 하늘의 별들을 바라보며 끝없는 우주보다 더 크신 하나님의 무궁한 사랑에 전율을 느낀다. 지극히 크신 하나님께서 발가락의 때보다 못한 나를 끔찍하게 아껴 주시고 돌보신다는 생각에 그저 감격하고 감격할 뿐이다.

우주로부터 날아오는 입자들

지구는 수성, 금성 다음으로 태양에서 세 번째 가깝게 위치한 행성으로서 태양의 주위를 일 년에 한 바퀴 공전하면서 스스로 매일 한 바퀴 돈다. 그래서 지구는 태양이 만들어내는 빛을 끊임없이 받는다. 태양빛에는 700~1,000nm의 파장을 지닌 적외선과 우리의 눈으로 감지할 수 있는 파장영역의 가시광선(380~780nm)이 있다. 그리고 가시광선보다 짧은 파장대인 100~400nm의 자외선도 들어 있다. 빛 에너지는 진동수에 비례하기 때문에, 파장이 짧을수록 에너지가 커지고, 길어질수록 에너지가 작아진다. 그래서 자외선이 가시광선보다 에너지가 크고, 적외선은 에너지가 작다. 하지만 적외선은 열을 잘 전달하는 특성을 가진다. 반면에 파장이 100~280nm 영역의 고에너지 자외선은 오존층과 대기 중의 산소에 의해 대부분 흡수된다. 이런 보호효과 때문에 지상의 생명체는 살아갈 수 있다. 태양은 자외선보다 파장이 짧은 X선과 X선보다 파장이 더 짧고 에너지가 큰 감마선도 방출한다. 그런데 태양에서 만들어진 빛들 외에도 다양한 입자들이 지구로 들어오고 있다. 이들 입자들은 대부분 전하를 띠고 있기 때문에, 지구 자기장에 의하여 진로가 휘어지면서 지구로 들어오지 못하고 비껴 지나간다. 그러므로 지구의 자기장도 오존층처럼 지상의 생명체들을 보호하고 있는 셈이다. 지구로 들어오는 방사선과 입자들을 우주선(宇宙線, cosmic ray)이라 부르는데, 낮은 에너지의 입자들은 대부분 태양에서 출발하지만 높은 에너지의 입자들은 태양보다 멀리 떨어져 있는 은하에서 방출된 것으로 추정한다. 우주선 가운데 가장 먼저 발견된 입자가 양전자이다. 그 다음으로 발견된 것이 뮤온(muon)이라는 입자이다. 전자와 전하량이 같지만 전자보다 무겁기 때문에 뮤온을 무거운 전자라고 한다. 세 번째로 발견된 입자가 파이온(pion)이며 핵력을 매개하는 입자로 밝혀졌다. 태양으로부터 오는 양성자들이 지구의 대기와 충돌하면서 붕괴되어 빠르게 파이온이 생성되고, 이어서 뮤온을 거쳐 전자로 붕괴된다. 이렇게 양성자가 붕괴되며 생성된 전자가 소나기처럼 쏟아지면서 빛을 만드는데, 이것이 황홀한 빛의 잔치로 보여지는 오로라(Aurora)이다. 그리고 우주의 입자들 가운데 마지막으로 발견된 것이 케이온(kaon)과 람다 중입자(λ baryon)이다. 이들은 먼저 발견된 입자들보다 무거운 것들이다. 이처럼 우주선의 주된 성분은 양성자(P)이고, 그 외 10% 정도의 헬륨(He)과 적은 양의 리튬(Li), 베릴륨(Be), 붕소(B) 등이 함유되어 있는 것으로 파악되고 있다. 지구로 날아오는 입자의 에너지가 크면 클수록 지상에 도달하는 빈도가 작다. 10^{16}eV(전자볼트, electron-volt) 이상의 에너지를 가진 우주 방사선 입자는 1m²당 1년에 1개 정도 검출된다. 전자볼트는 전자 하나가 1 볼트의 전위를 거슬러 올라갈 때 필요한 에너지를 말한다. 그러므로 엄청나게 큰 에너지를 가진 고에너지 우주선 입자들은 은하계에서 초신성과 같은 천체의 폭발에 의해 발생하는 것으로 여겨진다. 이들 입자들의 에너지의 상한선은 이론적으로 $10^{16} \sim 10^{17}$eV이다. 따라서 이보다 더 큰 에너지를 가진 입자가 지상에서 검출된다면, 이는 우리 은하계를 벗어난 다른 은하에서 발생되어 날아왔다고 생각된다.

그런데 이론적으로 설명하기 어려운 초고에너지 우주 입자가 지상에서 포착되었다. 미국, 일본을 비롯한 국제천문연구단이 2023년 사이언스(Science) 잡지에 발표한 바에 따르면, 희귀하고도 극도로 높은 에너지를 가진 입자가 지구로 떨어지는 것을 측정하였다고 한다. 아마테라스(Amaterasu)라고 이름 지어진 이 입자는 지금까지 발견된 것 중 가장 높은 에너지를 가진 우주선 중 하나이다. 아마테라스 입자의 에너지는 240EeV(엑사전자볼트, exa electron-volt=10^{18}eV)를 초과하며, 이는 지금까지 만들어진 가속기 중 가장 강력한 가속기인 대형 강입자 충돌기에서 생성된 입자의 수백만 배에 달하며, 시속 95마일로 이동하는 골프공의 에너지와 맞먹는다. 이는 1991년에 검출된 320EeV의 또 다른 초고에너지 우주선인 오마이갓(Oh-My-God) 입자 다음으로 에너지가 높은 것이다. 이러한 입자들의 에너지 수준은 이론적으로 설명이 불가능하다. 현대물리학 이론에서 입자가 다른 은하에서 우리 은하로 이동할 때 가질 수 있는 에너지의 상한선을 50EeV로 추정한다. 이는 양성자가 빛의 속도에 99.99% 정도로 빠르게 움직일 때 가질 수 있는 에너지의 크기로, 이 한계선을 '그레이젠-자트세핀-쿠즈민(Greisen-Zatsepin-Kuzmin(GZK))' 한계라고 부른다. 그런데 오마이갓 입자와 아마테라스 입자는 이 한계를 훨씬 뛰어넘은 것이다. 이런 에너지 수준의 입자를 생성시킬 잠재적인 후보는 다른 은하 중심부에 있는 초질량 블랙홀이다. 이 거대한 실체의 근처에서 물질은 아원자 구조로 벗겨지고 양성자, 전자와 핵은 거의 빛의 속도로 우주를 가로질러 날아간다. 초고에너지 우주선 입자들은 격렬한 천체 폭발사건의 메아리로서 지속적으로 발생할 수 있다. 하지만 초고에너지 우주선이 지구에 도착하는 경우는 매우 드물기 때문에 이를 감지하려면 큰 수집 영역을 가진 장비가 필요하다. 미국 유타주 서부 사막에 입자 검출기 507개를 700km² 면적에 일정하게 배열해 만든 '코스믹 어레이(cosmic array)' 장치가 있는데, 이를 통해 입자들을 검출한다. 오마이갓이나 아마테라스 수준의 에너지를 가진 입자들은 은하계와 은하계 외 자기장에 의해 상대적으로 구부러지지 않은 은하계 간 공간을 통해 진행한 것으로 예상한다.. 그런데 이들의 발생 지점을 알기 위해 궤적을 추적해 보았을 때, 뜻밖에 빈 공간으로 나타났다. 아무런 실체가 없는 것이다. 이처럼 고에너지 입자의 발생 지점이 국부적으로 공허한 공간으로 예측된다는 사실은 물리학에 대해 우리의 이해가 온전치 못하다는 것을 보여준다. 다시 말해서 우주의 구조에 대한 이해가 아직도 부족하고, 현대물리학 이론으로는 설명할 수 없다는 말이다. 초고에너지 우주 입자가 지상에 도달한 것이 측정되었지만 이들이 어떻게 강력한 에너지를 가질 수 있는지 그리고 이들 입자들의 출처는 어디인지 여전히 수수께끼일 뿐이다. 아직도 초고에너지 입자의 정체와 출처에 대해서는 현대물리학이 전혀 설명하고 있지 못한다.

광활한 우주는 존재 그 자체로 창조주 하나님을 증거하고 있다. 밤하늘의 반짝이는 수많은 별들은 어떻게 생겨나서 어떻게 공간에 배치되고 각자의 위치에서 빛을 발하고 있는지 그저 신비롭기만 하다. "여호와 우리 주여 주의 이름이 온 땅에 어찌 그리 아름다운지요. 주의 영광이 하늘을 덮었나이다…… 주의 손가락으로 만드신 주의 하늘과 주의 베풀어 두신 달과 별들을 내가 보오니 사람이 무엇이기에 주께서 그를 생각하시며 인자가 무엇이기에 주께서 그를 돌보시나이까!"(시 8:1-4). 시편기자는 하나님께서 지으신 온 땅과 만물을 바라볼 때 하나님의 이름을 알 수 있고, 하나님의 아름다운 성품을 발견할 수 있음을 고백하고 있다. 우주의 존재는 하나님의 영광을 나타내기 위해 지어졌음을 가르치고 있다. 하늘에 있는 해와 달, 별 등 거대한 천체는 하나님의 위대하심과 권능을 찬양하고 있다. 측량할 수 없을 만큼 넓은 우주를 창조하면서도 주의 손가락으로 섬세하게 만드셨다. 비록 물리학 이론으로 온전히 이해할 수 없지만 한 치의 오차도 없이 질서정연하게 별들은 자신의 위치에서 빛을 발하며 운행하고 있다. 만물이 여호와 하나님으로 말미암았으며, 이처럼 위대하신 하나님과 비교할 때, 인간은 지극히 작고 보잘 것 없으며 깨어지기 쉬운 존재임을 인정할 수밖에 없다. 그럼에도 불구하고 하나님께서는 우리를 생각하시고 돌보신다. 우주에 비할 때 하찮은 먼지에 불과하지만 하나님께서는 우리를 높이셨다. 이 땅의 피조물을 통치하는 권한을 우리에게 위임해 주셨다. 본질상 미미하고 비천하며 무의미한 존재이지만 만물 가운데 가장 존귀한 존재로 만들어 주셨다. 그리고 우리에게 하나님을 알고자 하는 열망을 심어 놓으셨다. 밤하늘을 수놓으며 영롱하게 반짝거리는 수많은 별들을 바라볼 때마다 하나님의 창조의 손길과 더불어 만물 가운데 나를 고귀하게 만들어 주신 하나님의 은혜와 사랑에 감격하게 된다.